Herbert Hupka

Schlesien lebt

Herbert Hupka

Schlesien lebt

Offene Fragen – kritische Antworten

Mit einem Geleitwort
von Christian Wulff

Langen Müller

Besuchen Sie uns im Internet unter:
www.langen-mueller.de

© 2006 by Langen Müller in der
F. A. Herbig Verlagsbuchhandlung GmbH, München
Alle Rechte vorbehalten
Schutzumschlag: Wolfgang Heinzel
Umschlagmotiv: dpa, München
Satz: Fotosatz Völkl, Türkenfeld
Gesetzt aus der 10,3/12,7 Punkt Garamond BQ
Druck und Binden: GGP Media GmbH, Pößneck
Printed in Germany
ISBN 3-7844-3045-7

Inhalt

Geleitwort

Die Geschichte Niedersachsens ist eng mit dem Schicksal heimatvertriebener Schlesier verbunden. 1946 wurde Niedersachsen von den Briten gegründet. Zu dieser Zeit – unmittelbar nach Kriegsende – hatten bereits viele Heimatvertriebene und Flüchtlinge hier Zuflucht gesucht. 1949 lebten fast 1,8 Millionen Flüchtlinge und Vertriebene in Niedersachsen, was einem Viertel der Gesamtbevölkerung entsprach. Um die enge Verbundenheit des Landes mit den Schlesiern und den heimatvertriebenen Schlesiern in der Bundesrepublik zum Ausdruck zu bringen, übernahm Niedersachsen am 3. Oktober 1950 die Patenschaft für die Landsmannschaft Schlesien. Niedersachsen hat den Heimatvertriebenen sehr viel zu verdanken. Sie trugen mit ihrer Leistungsbereitschaft und ihrer Arbeitskraft maßgeblich zum Aufbau des Landes bei und bereichern mit ihren Traditionen unser Leben.

Herbert Hupka hat sich von Anfang an intensiv um das Schicksal seiner Landsleute gekümmert. Zunächst als Landesvorsitzender in Bayern, als stellvertretender Bundesvorsitzender, von 1968 bis 2000 als Bundesvorsitzender und seitdem als Ehrenvorsitzender der Landsmannschaft Schlesien.

In die Zeit seines Wirkens fielen wichtige politische Weichenstellungen der deutschen und europäischen Politik: die Gründung der Bundesrepublik Deutschland und der DDR sowie der Mauerbau, mit dem die Teilung zunächst fest zementiert erschien. Die Bundestagsdebatte über die Ostverträge bewegte die Republik. Als Bundestagsabgeordneter wechselte Herbert Hupka, weil er die damalige Regierungspolitik nicht mittragen konnte, seine politische Heimat. Die

Wiedervereinigung Deutschlands und zuletzt die Osterwei-
terung der Europäischen Union schließen diesen Kreis und
haben auch seinen Einsatz verändert.

In all dieser Zeit hält Dr. Herbert Hupka die Erinnerung
an Schlesien und die deutsche Kultur Schlesiens durch zahl-
reiche Publikationen wach. Er ist wie kein anderer die »Stimme Schlesiens«. Nahezu alle Publikationen zum Thema
Schlesien wurden und werden von ihm rezensiert. Er ist damit wohl der beste Kenner der wissenschaftlichen und po-
pulären Veröffentlichungen über Schlesien.

Insbesondere für die jüngere Generation und vor allem
die Menschen, die schlesische Vorfahren haben und wenig
über das Schlesien von gestern und heute wissen, ist auch
dieses Buch wieder eine umfangreiche Quelle an Informationen. Gerade die Jugend ist oftmals konfrontiert mit der
Sprachlosigkeit der von Vertreibung unmittelbar betroffenen
Generation.

Seinen eigenen Standpunkt zu finden, erfordert die Auseinandersetzung mit verschiedenen Meinungen. Man muss
sich selbst treu bleiben, aber auch notwendige Weichenstellungen im eigenen Lebenslauf erkennen. Bewegt man sich nicht,
verpasst man womöglich Chancen für neue Wege. Herbert
Hupka ist immer seinen Weg gegangen und ist stets auf Menschen zugegangen, um zu verbinden – nicht, um zu trennen.

Sobald es möglich war, hat es Herbert Hupka zu vielen
Besuchen in seine oberschlesische Heimat gezogen. Er begann früh mit der grenzüberschreitenden Kulturarbeit. Die
tiefe Verbundenheit zu Schlesien ist ungebrochen. Die Stadt
Ratibor hat ihn zu ihrem Ehrenbürger ernannt. Er hat als
einer der Ersten überzeugend die Brücke zwischen Deutschland und dem heutigen Schlesien geschlagen. Auch das
Land Niedersachsen hat seine Verbundenheit mit Schlesien
durch die Partnerschaft zur heutigen Woiwodschaft Niederschlesien bekräftigt. Die Liebe zu Schlesien eint diejenigen,
die heute dort leben, genau wie die, die dort lebten oder die
es heute zu Besuchen immer wieder dorthin zieht.

Das Buch birgt die Chance einer Auseinandersetzung mit der Frage, wie unser Verhältnis zu unseren Nachbarn in Polen zukünftig aussehen soll. Widerspruch zu den Thesen des Autors wird nicht ausbleiben; aber kritische Auseinandersetzungen sind notwendig, um zu einem wirklichen europäischen Miteinander zu kommen.

Das Buch weckt auch die Neugier, sich mit Polen zu befassen: mit dem Land, mit den Menschen, mit den durchaus häufig unterschiedlichen Positionen, mit den Befürchtungen und Sorgen unserer unmittelbaren Nachbarn. Solange wir einen Austausch pflegen und fördern und uns füreinander interessieren, sind wir auf dem richtigen Weg.

Die vielfältigen Leiden und die Menschenrechtsverletzungen an den Heimatvertriebenen sind bis heute nicht vergessen. Der Verlust der Heimat und die Vertreibung sind zu ächten. Ich schließe damit ausdrücklich alle Menschen ein, die von Vertreibungen betroffen waren und sind. Aus diesem Grunde setzt sich auch die niedersächsische Landesregierung für ein Zentrum gegen Vertreibungen in Berlin ein. Nicht um Geschichte umzudeuten oder aus Tätern Opfer zu machen. Die Schuld Deutschlands am Zweiten Weltkrieg und an den Kriegsfolgen ist unbestritten. Aber das Unrecht an Vertriebenen zu dokumentieren, zu erinnern und zu mahnen – und zwar nicht ausschließlich auf Deutschland bezogen, sondern europaweit –, ist wichtig und notwendig, um zukünftig Vertreibungen zu verhindern und achtsam die Entwicklungen in der Welt zu beobachten.

Dr. Hupka hat sich immer dafür eingesetzt, und er tut es auch mit diesem Buch, dass Schlesien unvergessen bleibt. Er berichtet, dass und wie »Schlesien lebt« und somit als »alte und neue Heimat« liebenswert ist. Er lässt uns teilhaben an dem Reiz, den dieses Land für die Generationen von gestern, heute und morgen ausmacht. Er macht neugierig darauf, sich mit Schlesien zu befassen und das Land zu besuchen, das für viele Menschen geistige Heimat bleibt. Gerade die junge Generation könnte angeregt werden, Polen zu besu-

chen oder an einem der zahlreichen Schüleraustauschpro-
gramme, die auch in Niedersachsen angeboten werden, teil-
zunehmen. Im freundschaftlichen Kontakt liegt die Chance
eines versöhnlichen Miteinanders.

Wegen seines besonderen kulturellen und kulturpoliti-
schen Engagements hat das Land Niedersachsen Dr. Herbert
Hupka den Sonderpreis des Kulturpreises Schlesien 2005
verliehen. Bei dieser Gelegenheit erzählte er eine kleine
Anekdote, die deutlich macht, wie sehr er mit Schlesien verbunden ist und bleiben wird. Er führte aus: »Als ich von
einer jungen polnischen Journalistin gefragt wurde, wie es
sein könne, dass ich mich heute noch als Schlesier fühle, obwohl ich nunmehr 60 Jahre in der Bundesrepublik lebe,
habe ich geantwortet: ›Ein Schlesier bleibt immer ein Schlesier, wie ein Bayer immer ein Bayer bleibt, gleich ob er in
Bayern oder an einem anderen Ort lebt.‹«

In diesem Sinne möge das Buch insbesondere auf alle die
wirken, die dieses Heimatgefühl teilen.

Hannover im Dezember 2005

Christian Wulff
Niedersächsischer Ministerpräsident

Vorwort

Viele Gespräche werden geführt, bis Autor und Verlag über-
einstimmen und sich auf einen Titel einigen. Das sind keine
Streitgespräche, sondern gründliche Erwägungen, ob der
vom Autor vorgeschlagene Titel dem Inhalt des geplanten
Buches auch entspricht.

Mit meinen Vorschlägen, um einige Titel herauszugreifen,
erhielt ich stets die Zustimmung des Verlegers. Es waren in
den 60er-Jahren zwei bald hintereinander erschienene Bände
mit Erinnerungen bedeutender Schlesier an die Heimat, unter ihnen auch einige Emigranten, die eine Einladung zur
Mitarbeit gern wahrgenommen haben: »Leben in Schlesien«
hieß der eine Band, »Meine schlesischen Jahre« der andere.
Es folgte »Schlesisches Panorama« als Porträt des Landes mit
Essays über Städte und Landschaften. In den 70er-Jahren
lauteten mit vordergründig tagespolitischen Aussagen Titel
und Buch »Schlesisches Credo«. Das Buch mit der höchsten
Auflagenzahl hieß 1981 »Letzte Tage in Schlesien«, Berichte
über die in der Heimat Schlesien erlebten und erlittenen Tage
und Wochen vor der Vertreibung und mit vordergründig tagespolitischen Aussagen während der Vertreibung. Der Titel
wurde dann sogar beispielgebend für Bände über Pommern,
Ostpreußen und das Sudetenland. In all diesen Fällen hatte
stets der Verleger dem Titelvorschlag des Autors zugestimmt.

Bei dem jetzt vorliegenden Buch verlief es gleichfalls so,
denn dem Autor fiel in gewissen Abständen ein neuer Titel
ein, der an die Stelle des vorbenannten gesetzt werden sollte.
Mein erster Vorschlag lautete: »Schlesien lebt«, und dies
wurde auch schließlich der endgültige Buchtitel. Aber dann
fand ich, dass noch verständlicher würde, was der Autor mit

seinen Aufsätzen meint und vorhat, zu titeln: »Schlesien im Präsens«. Schließlich widersprach ich mir selbst, weil ich meinte, das klinge doch zu sehr nach schulischer Grammatik. Schließlich offerierte ich einen dritten Titelvorschlag, und der hieß: »Schlesien kennt kein Amen«.

Der Verlag stimmte zunächst gerne zu, brachte dann aber den Vorschlag »Schlesien bleibt Heimat« ins Gespräch. Zum Titel »Schlesien kennt kein Amen« hatte ich allerdings kirchlichen Widerspruch befürchtet, aber dieser blieb erfreulicherweise aus. Der Verlag meinte jedoch überzeugend, dass das Wort und der Begriff des Amens bei der jüngeren Generation nicht so recht zu vermitteln sei. Den Vorschlag »Schlesien bleibt Heimat« hielt ich hingegen für zu statisch und nur auf Vergangenheit und Gegenwart bezogen. Aber das Buch mit »Offenen Fragen – Kritischen Antworten« muss zwar die Vergangenheit deutlich genug einbeziehen und sollte auch die Gegenwart schildern, aber vor allem ist es in die Zukunft gerichtet.

Die Vertreibung darf nicht das letzte Wort über Schlesien sein. Es ist aber vielfach an dem, dass die Vertreibung aus der Heimat gleich einem Testament einen endgültigen Schluss für das eigene Leben als Schlesier, als Deutscher bedeutet. Das Wort »Schlesien lebt« war gleich 1945 und nach der Vertreibung eine Selbstaussage, ein Bekenntnis. Schlesien lebt, weil wir vertriebene Schlesier leben und überleben wollen. Es mag zunächst ein nur zu verständlicher Trotz in diesem Satz zum Ausdruck gebracht werden sollen. Aber folgerichtig ist die Behauptung und Feststellung, dass Schlesien nicht untergegangen ist. Es gibt kein ehemaliges Schlesien. Geografie, die Schönheit des Landes, die Geschichte bis in unsere Tage hinein, die Städte und Gemeinden, man denke nur an Breslau, gestern, heute und morgen, an die Denkmäler und Stätten der Kultur, vor allem aber an die Menschen, die gleichsam wieder gestern, heute und morgen in Schlesien gelebt haben, in Schlesien leben und morgen in Schlesien leben werden. Und das ist kein totes Schlesien.

Von Schlesien können und werden die bis zur Vertreibung in Schlesien heimisch Gewesenen nicht lassen und auch nicht lassen können. Die heute in Schlesien ansässig gewordenen Polen nennen ganz bewusst Schlesien ihre Heimat. Es steckt geradezu etwas Irrationales in diesem Schlesien und seiner Zauberkraft. Und morgen in einem Europa der freien Völker wird auch das Recht auf die Heimat als Realität, ohne damit neues Unrecht zu verschulden, zur politischen Wirklichkeit gehören.

Es ist darum leicht nachzuvollziehen, dass das Wort aus dem Märchen »Schlesien, es war einmal« nicht stimmt. Weder das Präteritum noch das Präsens sind ein Schlusswort über Schlesien. Wir dürfen seine Vergangenheit nicht leugnen und umschreiben wollen. Wir haben uns in der Gegenwart um Schlesiens willen zu bewähren, und wir sollten gemeinsam, Deutsche und Polen, Schlesien Zukunft geben.

Es ist in der Tat so, für Schlesien gibt es kein Amen, keinen wie auch immer begründeten Schlusspunkt. Wie das lebendige Schlesien sein Leben lebt, ist uns, den Bürgern in einer freien Welt, aufgetragen. »Schlesien lebt«, das ist kein Wort für Pessimisten und Nörgler, es ist ein optimistisches Wort.

Herbert Hupka

Zwei Nachbarn

Schlesien, polnisch Śląsk genannt, ist nicht Vergangenheit, sondern unmittelbare Gegenwart. Es besteht nur die Gefahr, dass wir, die Deutschen, Schlesien verleugnen, vergessen, Schlesien zur »terra incognita« erklären, als fern, fremd und unbekannt behandeln. Es war einmal, aber das ist lange her. Schlesien heute: 60 Jahre polnischer Souveränität unterstellt, und diesen 60 Jahren gingen 700 Jahre deutscher Geschichte voraus. Beides sind Fakten, sowohl die Gegenwart als auch die Vergangenheit. Es wäre vermessen und töricht, wollten die einen nur die Gegenwart im Visier sehen, die anderen nur die Geschichte in Erinnerung rufen. Es sei zugegeben, dass es für manchen, besser gesagt für viele, nicht ganz einfach ist, beides, Gegenwart und Vergangenheit, mitsammen und gleichzeitig in den Blick zu nehmen. Es ist aber so, dass die Deutschen, unter ihnen vor allem die aus der Heimat Vertriebenen, sich nur auf die Vergangenheit beziehen und dass die heute polnische Bevölkerung Schlesiens sich dagegen wehrt, in die Jahrhunderte zurückzuschauen. Obwohl dem mehrheitlich so zu sein scheint und wohl auch so ist, darf dies kein Kanon sein und auch nicht dazu werden.

Einige Daten: Vor dem Ersten Weltkrieg zählte Schlesien mit seiner Hauptstadt Breslau 5.500.319 Quadratkilometer mit 4,9 Millionen Einwohnern, im Deutschen Reich nur von Bayern an Größe der Fläche und Einwohnerzahl überragt. Nach dem Ersten Weltkrieg verlor Schlesien 3733 Quadratkilometer mit 900.000 Einwohnern an Polen, Ost-Oberschlesien, und 316 Quadratkilometer an die Tschechoslowakei, das Hultschiner Ländchen. Nach dem Zweiten Weltkrieg wurden von seinen Einwohnern nahezu vier Millionen vertrieben, das heißt unmittelbar ganz persönlich als Deutsche vertrieben oder durften, nachdem sie während der letzten Kriegsmonate hatten fliehen müssen, nicht mehr die Oder-Neiße-Linie überschreiten und in die Heimat zurückkehren. Die vor allem in Oberschlesien zurückgehaltenen oder zurückgebliebenen Deutschen, etwa eine Million, galten als Autochthonen und wurden einer gewaltsamen Polonisierung ausgesetzt.

Es sei auch gleich angemerkt, dass entsprechend der jeweiligen Besatzungsmacht der Sieger des Zweiten Weltkriegs die Heimatvertriebenen sich landsmannschaftlich und politisch organisieren konnten, mit Beginn der Koalitionsfreiheit 1948/49 in den westlichen Besatzungszonen, während in der sowjetischen Besatzungszone die Vertriebenen über eine Million Schlesier unter ihnen, nicht so genannt werden durften und als Aus- oder Umsiedler bezeichnet wurden.

Die Schlesier fanden sich in zwei Landsmannschaften wieder, in der Landsmannschaft Schlesien – Nieder- oder Oberschlesien – und in der Landsmannschaft der Oberschlesier. Beide Landsmannschaften laden zu großen Treffen und Kundgebungen ein, einmal zum Deutschlandtreffen der Schlesier, das andere Mal zum Tag der Oberschlesier. Während der Jahrzehnte der kommunistischen Diktaturen von Ost-Berlin bis nach Warschau, ebenso in Prag und in Moskau, wurden sie in den Nachrichten und Kommentaren als »Zusammenrottungen von Revanchisten« attackiert und verleumdet.

Die Wende des Jahres 1989/90 schuf ein neues Klima für das nachbarliche Nebeneinander von Deutschen und Polen, befreite den so genannten Heimwehtourismus von allen Schranken. Aus den Patenschaften, die seit den 50er-Jahren des 20. Jahrhunderts zwischen den Städten und Gemeinden der Bundesrepublik Deutschland mit den Heimatvertriebenen gestiftet wurden, sind seit der Wende Partnerschaften zwischen den deutschen Partnerstädten für die Heimatstädte und -kreise mit den polnischen Kommunalverwaltungen in den Heimatstädten entstanden. Es gibt jetzt Heimatkreistreffen der aus der Heimat vertriebenen Schlesier in ihren Heimatorten.

Während viel, vor allem aus offiziellem Mund, über Aussöhnung, Versöhnung zu hören ist, offenbart sich längst Verständigung, Aussöhnung, Versöhnung, gleichsam von unten, als ein realistisches Zueinanderfinden. Die größte Schwierigkeit hierbei ist die sprachliche Barriere. Da und dort ist man darum besorgt, es könnte das Deutsche den polnischen Zuschnitt solcher Begegnungen überrollen. Es fällt allerdings jedem nach wie vor immer noch schwer, die Vertreibung bei diesem Namen zu nennen. Hier darf aber zur Erklärung eingefügt werden, dass die über vier Jahrzehnte der kommunistischen, nationalistisch operierenden Diktatur ihre ideologischen Spuren hinterlassen hat. An unterschiedlichen sprachlichen Wendungen sollte man jedoch das Neben- und Zueinander nicht scheitern lassen. Erfreulich ist, dass ein Pole, der Deutsch spricht, ohne jedes Bedenken Breslau mit seinem deutschen Namen nennt, obwohl es im Polnischen Wrocław heißt.

Es geht um mehr als um Begegnungen in der Heimat, um Wiedersehen und Pflege der Erinnerung, hierin auch Friedhöfe, Gedenksteine, Gedenktafeln eingeschlossen, es geht um die Verwirklichung der deutsch-polnischen Nachbarschaft, um einen deutsch-polnischen Dialog. Und es sollte eine Selbstverständlichkeit sein oder werden, dass Schlesien, so, wie es heute ist und gestern war, mit einbezogen wird, mit einzubeziehen ist.

Das kann umso leichter vonstatten gehen, als Schlesien nicht nur in den Jahrhunderten die Deutschen als Schlesier geprägt hat, sondern weil die heutigen Bewohner Schlesiens sich als polnische Schlesier empfinden und bezeichnen. Dem Charakteristikum dieses Schlesiens mag etwas Irrationales innewohnen, aber dem Satz ist nicht zu widersprechen, die Provinz Schlesien, das Land, die drei Wojewodschaften mit dem Namen Schlesien, Śląsk, bilden den Schlesier, über die Jahrhunderte hinweg den deutschen und jetzt den polnischen Schlesier.

Mit dem Rücken zur Oder

»Mit dem Rücken zur Oder«, so lautete die Überschrift eines
Artikels, in dem über das Verhältnis der Deutschen zum
Nachbarn Polen berichtet wurde. Wie weit sind die Deutschen überhaupt an den laufenden Ereignissen in Polen in-
teressiert, vom allgemeinen Wissensstand war darin gar nicht
die Rede. Der Autor des Artikels war der Korrespondent der
»Süddeutschen Zeitung« in Warschau. Es ging ihm darum,
einmal zu registrieren, auf welche Anteilnahme seine Berichte aus Polen bei den Lesern dieser überregionalen deutschen Zeitung stoßen. Hier das Zitat: »Umfragen zufolge
interessieren sich nur zehn bis 20 Prozent der Leser ernst-
haft für polnische Themen. Hierbei handelt es sich meis-
tens um Vertriebene, Übersiedler oder Freunde der Solidar-
nosc-Bewegung. Die übrigen Deutschen interessieren sich
in der Regel nicht für Polen.« Im Gleichklang berichteten
die »Potsdamer Nachrichten«, die in dem Bundesland erscheinen, von dem bekanntlich ein Teil heute in den Republik Polen liegt: »Die Geschichte dieses Teils von Brandenburg ist hier weitgehend unbekannt, obwohl sie doch
zur Landesgeschichte gehört und eine Verbindung nach
Polen darstellt. Das Interesse endet anscheinend an der
Oder.«
    Aber auch dies ist festzuhalten: Die tägliche oder immer-
hin regelmäßige Berichterstattung über Polen ist in unserer
Öffentlichkeit, das sind die Medien, sehr gering, man muss
sogar von glücklichen Ausnahmen sprechen, dass wenigstens einige überregionale Zeitungen mit Korrespondenten in
Warschau vertreten sind, und Gleiches gilt für ARD und
ZDF. Obwohl Polen unser größter unmittelbarer Nachbar

im Osten ist, ist der Fluss an Informationen sehr gering. Das
hat verbreitetes Unwissen zur Folge.

Die Landsmannschaft Schlesien ist die einzige Organisation der Vertriebenen, die in ihrem offiziellen Organ »Schlesische Nachrichten« alle 14 Tage eine Rubrik mit Nachrichten
aus und über Polen veröffentlicht. Darin haben selbstverständlich auch Informationen über die deutsche Minderheit in der Republik Polen ihren Platz. Aber es bereitet dem
Verfasser dieser Rubrik Schwierigkeiten, auch regelmäßig
Wichtiges aus dem Nachbarland vermittelt zu bekommen.
Als nach dem Beitritt Polens zur Europäischen Union ein
Sprecher der Vertriebenen eingeladen worden war, vor der
Abiturientenklasse eines Gymnasiums über das deutsch-
polnische Verhältnis innerhalb der EU zu referieren, und er
dieses Thema auch auf die Position Schlesiens aus heutiger
Sicht erweiterte, stellte er doppeltes Unwissen fest. Polen
war ein fernes und fremdes Land, und nicht anders erging es
Schlesien. Hier gleich mit Klage oder Anklage, gleichsam
mit Schuldzuweisung zu antworten, wäre falsch. Die Voraus-
setzungen sind nicht gegeben. Man könnte es so formulieren: Die Lehrkräfte, um den Vorgang zu verallgemeinern,
können nichts über unseren polnischen Nachbarn vermitteln, weil sie selbst über ihn nichts Aktuelles erfahren. Und
sie vermitteln nichts über Schlesien, weil Schlesien nach den
beiden Verträgen von 1990 und 1991 nicht mehr zu Deutschland, dies auf die Gegenwart bezogen, gehört. Darum sind
sowohl Polen als auch Schlesien innerhalb des heutigen
Polens weit entfernt. Allerdings sei nicht unterschlagen,
dass hier ein Mangel an Geschichtsbewusstsein mit im
Gange ist.

Wenn wir es ernst mit unserer Nachbarschaft meinen, es
sei hier nur der Position des Rechts auf die Heimat Erwähnung geschuldet, müssen wir über Polen heute und morgen
Bescheid wissen. In einem sind uns die polnischen Nachbarn bestimmt überlegen: Es gibt viele Polen, die auch die
deutsche Sprache beherrschen, aber es gibt nur wenige Deut-

sche, die das Polnische beherrschen. Darum ist es ein großer
Gewinn, dass die in den letzten Jahrzehnten zu uns gekommenen Landsleute das Polnische als zweite Sprache sich zu
Eigen gemacht haben. Man kann nur immer dazu aufrufen,
diese polnischen Sprachkenntnisse nicht versanden zu lassen. In Diskussionen mit Polen helfen uns diese deutschen
Aussiedler schon deswegen, weil sich viele in der Diskussion
um heiße Themen zu Recht lieber auf die Muttersprache
stützen.

»Mit dem Rücken zur Oder« gilt leider seit langem für den
Umgang mit der Aussprache der polnischen Namen, Perso-
nen- oder Ortsnamen. Wir sind als Deutsche darauf bedacht, jeden französischen oder englischsprachigen Namen
richtig auszusprechen. Was die Aussprache polnischer Namen betrifft, fehlt es an diesem intellektuellen Ehrgeiz. Man
muss erst immer wieder darauf hinweisen, dass man in Polen
auf der vorletzten Silbe betont, Also Gerémek und nicht
Géremek, wie ein polnischer Außenminister hieß. Und
der erste polnische Premierminister nach der Wende hieß
Mazowiecki (Mazowijétzki und nicht Masowiezki gesprochen). Dieser falsche Umgang mit den Namen entspricht bestimmt nicht der so gern polnischerseits behaupteten deutschen Arroganz, denn Mutwillen liegt hier nicht vor, wohl
aber die deutsche Blickrichtung nach dem Westen, schärfer
formuliert, nur nach dem Westen. Auch mancher oberschlesische Name hat darunter zu leiden. Man will damit auch
gar nicht leugnen, dass zwischen den Oberschlesiern sprachliche Verbindungen zum polnischen Nachbarn bestehen.
Der frühere Oberpräsident der Provinz Oberschlesien und
erster Vertriebenenminister unter Konrad Adenauer sprach
sich so aus: Lukaschek und nicht mit der Betonung auf der
ersten Silbe, eine Betonung, die wir Deutsche mit den
Tschechen, unserem anderen Nachbarn, gemeinsam haben.

Das Aufrechnen und Abrechnen

Es geht nicht um das Aufrechnen oder Abrechnen, wenn die wichtigsten herausragenden und tragischen Ereignisse des deutsch-polnischen Verhältnisses genannt werden, genannt werden müssen. Es sind der Ausbruch des Zweiten Weltkriegs und die Vertreibung. Der Zweite Weltkrieg ist durch den Größenwahn des deutschen Diktators und Tyrannen Adolf Hitler entfesselt worden. Da gibt es keine Korrektur an der geschichtlichen Wahrheit. Allerdings halten es Gewaltherrscher so, dass sie weder ein Parlament noch das Volk befragen. Ich kenne das Argument: Die Deutschen haben doch Hitler gewählt. Auch das ist nicht zu bestreiten, aber haben sie mehrheitlich auch den Krieg gewählt? Der Weltkrieg von 1914 bis 1918, damals noch nicht der Erste Weltkrieg genannt, hatte wohl in fast jeder Familie Opfer an Toten, Gefallenen und Schwerverwundeten hinterlassen, sodass gefolgert werden darf, nach einem neuen Weltkrieg stand nicht der Sinn der Mehrheit des deutschen Volks, wäre es nur gefragt worden. Zum Verbrechen der Entfesselung des Zweiten Weltkriegs, nach dem 1. September 1939 am 17. September 1939 durch den sowjetrussischen Tyrannen und Diktator Josef Stalin, kommen dann die über fünfeinhalb Jahre währenden Taten der grausamen Unmenschlichkeit, deren Opfer die nur in Millionen zu beziffernde Zahl von Polen und Juden gewesen sind.

Aber auch das, was 1945 und in den Jahren danach geschehen ist, die Vertreibung von Millionen Deutschen aus ihrer Heimat, war ein Verbrechen gegen die Menschenrechte. Waren aber nicht zuvor Adolf Hitler und die nationalsozialistische Praxis der Verfolgung, Vertreibung und des Mordes?

Das stimmt, aber das erstgenannte Verbrechen rechtfertigt nicht das folgende Verbrechen. Wäre dem so, dann hätte der Verbrecher Adolf Hitler für die folgenden Generationen das Maß gesetzt, wie Völker miteinander umzugehen haben. Es wäre die Moral der Rache, des Dschungels. Wenn mein Nachbar mein Haus in Brand gesteckt hat, habe ich jetzt das Recht, nun meinerseits des Nachbarn Haus in Flammen aufgehen zu lassen?

Man hört immer wieder, angesichts dieser Ereignisse, Entfesselung des Zweiten Weltkriegs und Vertreibung, die Täter von gestern wollten sich zu Opfern von heute erklären. 1939 und danach hat es Täter und Opfer gegeben, aber auch 1945 und danach hat es Täter und Opfer gegeben. Eine Kollektivschuld darf es nicht geben. Nicht die Völker waren die Verbrecher, sondern die Verbrecher in den Völkern sind die Schuldigen, um hier ein Zitat der jüdischen Philosophin Hannah Arendt abzuwandeln. Roman Herzog, der siebente Präsident der Bundesrepublik Deutschland, sprach, als er in Polen war, das Wort von der »kollektiven Verantwortung«. Ein Wort, das Bestand hat. Nicht oft genug kann vor jeglicher Aufrechnung und Abrechnung gewarnt werden. Hierzu eine aufschlussreiche Episode. Während der Diskussion um das »Zentrum gegen Vertreibungen« und dessen Stationierung in der deutschen Hauptstadt Berlin erinnerte der frühere polnische Außenminister Wladyslaw Bartoszewski, in der Geschichte Polens blätternd, an die erste Teilung Polens von 1772, an der sich die drei Nationen Russland, Österreich und Preußen beteiligt hatten, an die Geschichte Preußens im Verhältnis zu Polen und an Preußens Hauptstadt Berlin, um zugleich einen Bannspruch über Berlin auszusprechen. Zur gleichen Zeit war überall in Breslau ein für die Musikwoche »Wratislawia cantans« werbendes Plakat in bester Farbproduktion zu sehen, das Bild des Malers Adolph von Menzel »Das Flötenkonzert von Sanssouci« mit Friedrich II. von Preußen, einem Mitbeteiligten an der Teilung von Polen im Jahre 1772. Die Rückblende in die Geschichte des 18. Jahrhundert hätte keinen deutlicheren Widerspruch, man schrieb das Jahr 2003, erhalten können!

Zur verwerflichen Methode des Aufrechnens und Abrechnens gehört auch ein treffliches Zahlenspiel. Das 20. Jahrhundert zeichnet sich, Gott sei es geklagt, durch Zahlen von Ermordeten, Verhungerten, durch die gewaltsame Verfolgung zu Tode gekommenen Menschen in Millionenhöhe zu unserer aller Entsetzen aus. All die genannten Zahlen konnten und können statistisch exakt belegt nicht nachgewiesen werden. Darum muss man auf annähernde Schätzungen zurückgreifen. Aber man beginnt jetzt nicht auf der einen Seite hochzurechnen, auf der anderen Seite absichtlich niedrigere Ziffern zu nennen. Immer war es ein Ermordeter zu viel. Auch schon deswegen ist das Operieren mit Millionenziffern, auch wenn sie ihre ungefähre Richtigkeit haben sollten, von Übel, weil das grausame Einzelschicksal nicht mehr vergegenwärtigt wird. Not tut, sich der Opfer zu vergewissern, sie zu würdigen und davon auch Kunde zu geben. »Über Gräber vorwärts!«, ein militaristisches Wort. Richtig und besser: Über Gräber zueinander finden!

Die Ambivalenz des 8. Mai 1945

Triumph und Untergang, beides charakterisiert den 8. Mai 1945, dieses viel zitierte Datum unserer Geschichte. Es ist ein Tag des Kriegsendes und der Befreiung von der nationalsozialistischen Gewaltherrschaft, aber es ist auch ein Tag des Beginns einer neuen Diktatur über viele Länder Europas, einschließlich Deutschlands jenseits von Elbe und Werra. Viele unserer Mitbürger, vornehmlich die Angehörigen der jungen Generationen, stimmen dieser in der Tat zwiespältigen Haltung vieler Deutscher zu diesem Datum 8. Mai 1945 nicht zu. Sie bringen auch kein Verständnis dafür auf, dass sogar Anstoß daran genommen wird, den 8. Mai nur als Jubeltag zu begehen.

Richtig ist zunächst, dass Männer und Frauen diesen Tag, wenn sie sich dessen erinnern, recht unterschiedlich, geradezu gegensätzlich erlebt und erlitten haben. Bereits eine geografische Skizze vermag Auskunft über die Unterschiedlichkeit des persönlichen Urteilens zu geben. Selbstverständlich war dieser 8. Mai für unsere Nachbarvölker ohne Ausnahme ein Tag der Befreiung von fremder Herrschaft, ein Tag der Befreiung von allen Ängsten, man könnte auch noch in das nationalsozialisitische Imperium mit einbezogen werden. Und gleichzeitig konnte man den zunächst nur militärischen Sieg über die Hitlerdiktatur feiern. Diese Stunde der Befreiung schlug auch für das deutsche Volk, wenn auch hier gleich bedrückende Einschränkungen zu nennen sind.

Zunächst muss, auch im Rückblick, eine positive Bilanz gezogen werden. Der Zweite Weltkrieg hatte sein Ende gefunden. Die Konzentrationslager wurden aufgelöst, die

Häftlinge, die überlebt hatten, strömten in die Freiheit. Der Bombenkrieg war endlich zu Ende. Die Luft der Freiheit wehte in diesem bitter zerstörten Deutschland.

Aber zur gleichen Zeit hatte über Teile von Deutschland die Rote Armee der Sowjetunion Macht und Herrschaft übernommen. Dies war begleitet von Mord, Erschießungen, Vergewaltigungen, Plünderungen, Raub, Brandschatzung. Am 8. Mai 1945 schossen die Soldaten der Roten Armee jubelnd und triumphierend in die Luft, aber die Menschen erlitten schlimmste Not und waren von Angst geplagt, nicht wissend und befürchtend, was ihnen am nächsten Tag widerfahren werde.

Die Aussage war ebenso einfach wie bedrückend: Die braune Diktatur ist zu Ende, von ihr sind wir Gott sei Dank befreit, aber jetzt beginnt die rote Diktatur. Um von Schlesien zu reden, es begann auch gleich eine polnische Administration, ohne an irgendein Recht und eine Gesetzlichkeit gebunden zu sein. Willkürliche Eingriffe, gewaltsame Vertreibung aus den Wohnungen, Verhaftungen bestimmten die Tagesordnung.

Die Ambivalenz dieses 8. Mai 1945 kann ich, auf meinen Lebensweg bezogen, sehr deutlich machen. Meine Mutter war seit Januar 1944 im Konzentrationslager Theresienstadt. Also hoffte ich auf den Tag des Endes der Hitlerdiktatur, aus dem ganz egoistischen und verständlichen Grund, dass meine Mutter wieder ein freier Mensch werde, nicht länger unter den so genannten Nürnberger Gesetzen als ein Mensch minderen Rechts behandelt wird. Ich wusste am 8. Mai 1945 noch nicht einmal, ob meine Mutter Theresienstadt überlebt hat. Aber gleichzeitig war ich in meiner Heimatstadt Ratibor als jetzt total Unfreier einem anderen Regime unterstellt und ausgeliefert, vogelfrei. Die Freude über Befreiung und Freiheit wurde durch Schrecken, Angst, Gewalttätigkeiten zerstört. Und es begannen, kaum hatte man seine Existenz gerettet, die Vertreibung, oder man entzog sich dem Furchtbaren für den Augenblick durch das Hinüberwechseln in das benachbarte Hultschiner Ländchen, das zwar gleich wieder der Tschechoslowakei zugeordnet worden war, aber wo wir Deutsche jedenfalls zunächst als Flüchtlinge vor dem polnischen Nationalismus aufgenommen und human behandelt wurden. Dies ermöglichte mir auch, eine Fahrt innerhalb der Tschechoslowakei nach Theresienstadt zu unternehmen, mit der frohen Kunde am Zielort, dass meine Mutter lebt. Auch hier die Doppeldeutigkeit: In der Heimatstadt Ratibor war ich vogelfrei, hier herrschten die Soldaten der Roten Armee. Aber gleichzeitig hatten die Soldaten der Roten Armee das Konzentrationslager Theresienstadt und damit auch meine Mutter befreit.

Man muss immer wieder, und das ist angesichts der offiziell an diesem Tag gern angestimmten Jubeltöne, wofür man Verständnis aufbringen kann, wenn sie nicht so einseitig, eindeutig verkündet würden, auch die andere Seite, milde ausgedrückt, in Erinnerung rufen. Es wird schon so gewesen sein, dass die einen diesen Tag nur als Tag der Befreiung sehen und preisen, während die anderen diesen Tag nur als Beginn eines persönlichen und nationalen Verhängnisses erfahren haben.

Es gibt kein Gebot der Political Correctness, nur Dank- und Preisgesänge anstimmen zu wollen und auch zu müssen. Nichts von all dem zu Rühmenden darf verschwiegen werden. Aber der 8. Mai 1945, wenn wir ehrlich miteinander umgehen wollen, und das sollten wir, ist ein Tag des Sowohl-als-auch. Man muss stets auch den anderen 8. Mai 1945 in sein Sagen und Rühmen mit einbeziehen. Der Tag der Befreiung war gleichzeitig ein Tag der Unterdrückung.

Die Bewohner Mitteldeutschlands, der späteren DDR, und die Bewohner Ostdeutschlands jenseits von Oder und Görlitzer Neiße erlebten nur den Tag der Unterdrückung am 8. Mai 1945. Selbstverständlich darf man das eine, den Triumph, nicht gegen den anderen Tag, den der erneuten Unterdrückung, je nach dem eigenen Lebensweg und dem der Familie miteinander abwägend, in Rechnung stellen. Wichtig scheint es jedoch zu sein, dass man diesen Tag unterschiedlich in Erinnerung behält, sei es persönlich oder durch Erzählung und Berichte. Man darf nicht nach Gefälligkeit zurückblenden. Auch das sind unauslöschliche Spuren dieses Tages. Die Absolutheit des Nationalismus war bezwungen, war am Ende. Aber zur gleichen Zeit wucherte erneut der Nationalismus, und Gleiches gilt für die Ideologie. Die Ideologie des Nationalsozialismus war tot, aber es entstand gerade für die davon betroffenen Deutschen die kommunistische Ideologie. Auch das gehört zu einer objektiven Darstellung dieses Tages mit seinen Folgen.

Die Ohnmacht des Menschen, des Individuums wurde erneut deutlich. Konnten die einen noch gestern verhaftet und der Freiheit beraubt werden, erniedrigt und zum Tode verurteilt, so geschah dies, in der Stunde der Freiheit, für die anderen, dass sie einem System, das dem brutalen Beispiel der jetzt Abgelösten folgte, unterworfen wurden. Es sei hier nur an die unzähligen Konzentrationslager und Arbeitslager, an Deportation und Verurteilung all derer erinnert, die jetzt von der neuen Gewalt unterdrückt wurden. Es muss an dieser Stelle an die Vertreibung der Deutschen aus ihrer Heimat erinnert werden. Viele Wochen vor den Beschlüssen der Potsdamer Konferenz vom 2. August 1945 setzen die so genannten wilden Vertreibungen von Hunderttausenden ein. Der Sieg über das Unrecht hatte einen Sieg neuen Unrechts zur Folge.

Es gibt keine Ausschließlichkeit, wie der 8. Mai 1945 zu erinnern und zu begehen sei. Wir sollten uns stets der Ambivalenz gewiss sein und damit jede Einseitigkeit im Begehen und Erinnern dieses historischen Ereignisses ausschließen.

Die Gegenwart ist gefragt

Kein Autofahrer darf, so notwendig es auch ist, nur mit dem Rückspiegel fahren, sondern muss den Blick nach vorn richten, und dies mit unverminderter Aufmerksamkeit und ohne sich davon ablenken zu lassen.

Die aus der Heimat vertriebenen Schlesier und wortführend für sie die Landsmannschaft Schlesien schauen gern, was nur zu gut zu verstehen ist, zurück. Damit ist das Land, die Heimat Schlesien, gemeint, aber selbstverständlich auch die Geschichte. Es ist, was gerade die Jahrzehnte des 20. Jahrhunderts betrifft, eine tragische Geschichte. Dies ist bereitwillig nachzuvollziehen, Rückbesinnung soll und darf nicht infrage gestellt werden. Aber die Bedenken ergeben sich aus einem in Anspruch genommenen Nur, aus der leider zu beobachtenden Ausschließlichkeit dieser rückwärts gerichteten Blickrichtung.

Zwei große Namen der deutschen Literaturgeschichte und zugleich der Weltliteratur seien, um ein Beispiel für die Rückschau zu nennen, aufgerufen: Joseph von Eichendorff und Gerhart Hauptmann. Um Schlesien zu rühmen, werden diese Namen unter vielen anderen genannt, aber gleichzeitig weiß man nicht Bescheid, was sich inzwischen, in den letzten Jahrzehnten, sagen wir in der Literatur deutscherseits ereignet hat. Die Gegenwart einschließlich der jüngsten Vergangenheit sind nicht präsent, man bemüht sich auch gar nicht um all das, was in der Dichtung, in gleicher Weise in Malerei, Musik, Baukunst geschieht und mit schlesischen Namen besetzt werden kann. Und es fehlt nicht an bedeutenden Namen, einige seien kurz angeführt: August Scholtis, Horst Lange, Heinz Piontek, Ernst Günther Bleisch, Monika Taubitz, Horst Bienek, Otto Mueller, Alexander Camaro, Günter Bialas. Es soll damit nur angedeutet werden, dass das Verhältnis zur Gegenwart und zu den Jahrzehnten zuvor unterbelichtet, ja geradezu gestört ist. Die berühmten Namen von Angelus Silesius und Jakob Böhme bis zu Adolph von Menzel und Gustav Freytag werden ausführlich gewürdigt und zitiert. Man tut sich dabei auch leicht, weil bekannte und feststehende Urteile bereits vorliegen. Aber wo bleibt die Aneignung der Gegenwart, der Mut, jetzt selbst urteilen zu müssen?

Zum Politischen muss mit einem Fragezeichen geantwortet werden. Vergangenheit ohne Gegenwart? Man muss die Gegenwart, Schlesien heute unter polnischer Souveränität, sehen wollen, am besten gleich selbst durch eigene Inaugenscheinnahme, durch persönliche Präsenz in sich aufnehmen. Sicher ist es immer wieder reizvoll, im Laufe einer unmittelbaren Begegnung mit der schlesischen Heimat, falls man diese noch selbst als Kind und Heranwachsender erlebt hat, Vergleiche anzustellen: Wie sah es früher aus, wie heute? Dem soll auch gar nicht widersprochen werden. Aber es geht um mehr. Man sollte und muss, gleichsam unbelastet von gestern, zur Kenntnis nehmen, wie es heute ist, was sich heute tut. Hier sei eingefügt, dass es nicht angemessen ist, alles, aber auch alles, was und wie sich Schlesien jetzt darstellt, als unbegreiflich, als nicht zu verstehen streng kritisch abzutun. Es gibt bekanntlich den zeitbezogen natürlichen Fortschritt wie auch hierzulande in Städten und Gemeinden.

Zunächst muss man sich auch innerlich darauf einstellen, dass heute in der Heimat Polnisch gesprochen wird, selbst in Oberschlesien mit mehrheitlich deutschen Gemeinden ist das Polnische, wie schmerzlich wir es auch empfinden mögen, die Umgangssprache. Breslauer Emigranten, die heute in New York leben, können es sich gar nicht vorstellen, wenn man über einen Aufenthalt in Breslau berichtet, dass jedermann in der geliebten Heimatstadt nur Polnisch spricht. Sie würden darum auch nie, so hört man es am Telefon, Breslau wieder besuchen können.

Übrigens fehlt es angesichts des Polnischen nie an deutschen Übersetzern und sprachlichen Hilfen.

Die Wiederbegegnung mit der Heimat während des so genannten Heimwehtourismus ist schön und gut, aber das reicht für eine Vergegenwärtigung Schlesiens von heute mit dem Blick auf morgen nicht aus. Man muss sich kundig machen, um zu erfahren und zu wissen, wie sind die politischen Verhältnisse, was tut sich überhaupt bei unserem Nachbarn. Und man muss versuchen, Kontakte zu schließen, was leichter als Wunsch geäußert wird denn es auch in die Wirklichkeit umzusetzen ist. Man darf vor dem Disput, der geistigen Auseinandersetzung, nicht zurückschrecken, sondern im Gegenteil diese geradezu suchen. Man muss aus dem Stand der Gegenwart argumentieren und als Wissender unterrichtet sein.

Unter wirklicher Nachbarschaft werden nicht die vielen offiziellen Erklärungen und fernsehgerechten Umarmungen gemeint. Weil heute Schlesien polnischer Souveränität unterstellt ist, wäre es aber in die Zukunft hinein verheerend, wollte man sich abschotten und stolz nur in der Vergangenheit verharren.

Die Landsmannschaft Schlesien hat sich, bereits vor Jahrzehnten beschlossen, stets verstanden als Landsmannschaft der Schlesier und als Landsmannschaft für Schlesien, das heißt der vertriebenen Schlesier, und zugleich auch sich um das Land und seine Bürger sorgend. Darum wurde die Forderung nach Freiheit immer verstanden zugleich als Freiheit für Deutschland, in Opposition zur SED-Herrschaft in der DDR, und als Freiheit für Polen. Mein jahrzehntelanges Engagement für die Freiheit der Heimat, für die Freiheit Polens enthält, wie mir Polen auch immer wieder bestätigen, keine antipolnische Wendung, wohl aber kämpferische Parolen gegen den obwaltenden Kommunismus und Nationalismus.

Darum versteht sich auch, dass ich in den 90er-Jahren des letzten Jahrhunderts mich für eine dringend notwendige Kläranlage für meine Heimatstadt Ratibor bei der Deutsch-Polnischen Stiftung für Zusammenarbeit in Warschau persön-

lich engagierte, und dies mit sichtlichem Erfolg. Ratibor erhielt die modernste Kläranlage des heutigen Polen. Der Be-
weggrund war der, dass es nach meiner Überzeugung den heutigen Einwohnern meiner Heimatstadt so gut wie nur möglich
ergehen soll. Diese Bemühungen waren wohl auch der Anlass,
dass mich die Stadt Ratibor, aufgrund eines Mehrheits-
beschlusses im Stadtrat, zum »Verdienten Bürger der Stadt«
ernannt und geehrt hat.

Indem nach der Wende viele Patenschaften von Städten
und Gemeinden der Bundesrepublik Deutschland mit den
Heimatorten zu Partnerschaften ausgebaut werden konnten,
ist es zu gemeinsamen Aktivitäten zwischen hüben und drüben gekommen, unter starkem Engagement und vorantreiben-
der Beteiligung der vertriebenen Schlesier. Das ist gelebte
Nachbarschaft, das verdient die Charakterisierung einer europäischen Solidarität. Hier erwachsen angesichts dieser Bezo-
genheit auf die Gegenwart Aufgaben, die das kulturelle Erbe
der Vergangenheit mit einbeziehen. Das Vergegenwärtigen der
Vergangenheit durch eigenes Handeln ist somit gegeben.

Darum ist es nicht zu verstehen, dass die deutsch-polnischen Gesellschaften, bereits schon grundsätzlich, die vertriebenen Schlesier von ihrer Arbeit fernhalten, sie ausschließen.
Es könnten vielleicht doch, so mag man denken, »Revanchisten« unter diesen vertriebenen Schlesiern am Werke sein.

In der Gegenwart, in der Gegenwart des heutigen Schlesiens mitzuwirken ist das Gebot der Stunde. Wir als Schlesier
und als Deutsche dürfen uns nicht in die Vergangenheit
zurückziehen und uns in diese Vergangenheit verkriechen.
Um es deutlich zu sagen, Deutsche und Polen kennen sich
noch gar nicht recht, jede Seite hat manches Vorurteil im
Kopf. Mit Enttäuschungen, wie dies im menschlichen Leben
ist, wird jedoch zu rechnen sein.

Ich selbst erlitt eine schwere Enttäuschung durch den ehemaligen polnischen Außenminister Wladyslaw Bartoszewski, als er plötzlich, um zum »Zentrum gegen Vertreibungen«
Stellung zu nehmen, tief in die Geschichte zurückgriff. Wir

sind uns oft begegnet, auch in den Jahren, als Bartoszewski Gastprofessor in der Bundesrepublik Deutschland war, zur Zeit der kommunistischen Diktatur in seinem Vaterland. Nach seiner Rede im Deutschen Bundestag 1995 fand ich im Anschluss während des Gesprächs in der Lobby einen ironisch-spöttischen Ton, indem ich bemerkte, weil Bartoszewski den Ausdruck Vertreibung bewusst vermieden hatte, dass Adam und Eva aus dem Paradies nicht zwangsumgesiedelt worden seien, sondern vertrieben wurden. Als Bartoszewski in den 90er-Jahren in Breslau die Ehrendoktorwürde verliehen bekam, war ich auch dank seiner Zustimmung in der Aula Leopoldina zugegen, mit der Folge, dass er mich in seiner Dankesrede ausdrücklich begrüßte und meinte, dass Deutsche und Polen trotz unterschiedlicher Standpunkte und Meinungen zueinander gefunden hätten. Nach der Ehrung stand ich plötzlich im Mittelpunkt der Medien. Nach der Philippika von Bartoszewski gegen das für Berlin geplante Zentrum waren gleich Stimmen von eigenen Landsleuten zu hören: So steht es wirklich um das deutsch-polnische Verhältnis, Hupka hat sich blenden lassen und hat als Optimist Schaden genommen.

Man darf jetzt nur nicht den deutsch-polnischen Dialog abbrechen oder auch nur unterbrechen. Die Politik ist keine Einbahnstraße. Das Notwendige, dieser deutsch-polnische Dialog, ist zu suchen und zu führen. Die Gegenwart ist gefragt, mein Verhalten und Tun in der Gegenwart. Nicht zuletzt um Schlesiens willen, wollen wir Schlesien Zukunft geben.

Nationalbewusstsein wider Nationalismus

Wir Deutsche tun uns schwer mit Deutschland, unserem Vaterland. Sogleich kommen die Fragen, allerdings von den Medien und einer Minderheit im eigenen Volk, uns nicht nur soufflierend, sondern penetrant und lauthals darauf bestehend. Was ist das mit dem Vaterland, was soll das bedeuten, hat der Begriff Vaterland nicht längst ausgedient, wissen Sie nicht, wie das Wort Vaterland während der zwölf Jahre des Nationalsozialismus gebraucht und missbraucht worden ist? Das hört sich dann so an, dass man als demokratischer Deutscher nicht mehr von diesem altertümlichen Begriff sprechen sollte und darf. Ehrlich ausgedrückt, wir alle leiden darunter, dass alles und jedes, wozu auch das Wort Vaterland und der Inhalt dieses Begriffs gehören, in Beziehung zum Jahrzwölft der Hitlerdiktatur gesetzt und beurteilt wird. Das ging unter anderem so weit, dass der Wortführer der SPD im Deutschen Bundestag, Hans-Jochen Vogel, daran Anstoß genommen hatte, dass sich die offizielle deutsche Politik für die Souveränität der Teilstaaten Jugoslawiens engagiere, was zu verurteilen sei, denn wir Deutsche seien doch während des Zweiten Weltkriegs militärisch über Jugoslawien hergefallen.

Selbstverständlich ist nichts dagegen einzuwenden, dass man im politischen Handeln heute nicht ausgrenzen und vergessen machen kann und sollte, was einmal von Deutschen und im deutschen Namen geschehen ist. Aber widersprochen werden muss, dass wir unser gegenwärtiges Verhalten und Handeln ständig in der Rückblende auf das Geschehen von 1933 bis 1945 einzurichten und zu vollziehen haben. Solches Rückblenden lähmt uns und stört jede Chance, als freie Bürger sich auch frei entscheiden und äußern zu können und dies auch zu wollen.

Es gibt das Vaterland Deutschland. Das Wort von Charles de Gaulle aus der Zeit, als er der Staatspräsident Frankreichs war, sei hier zitiert, dass er sich als Franzose nur ein Europa der Vaterländer vorstellen könne, nicht aber ein Europa als Zentralstaat oder Neutrum. Wer vom Vaterland spricht, darf auch gleich vom Patriotismus reden, ein Begriff, der gleichfalls mit dem Vermerk ausgestattet ist, überholt, ausgestorben, gefährlich. Als plötzlich die Opposition zur Bundesregierung Schröder/Fischer das Wort Patriotismus gebrauchte und Patriotismus einforderte, war die Aufregung groß, viele Fragezeichen wurden gesetzt und ein Nein mobilisiert. Um dennoch bei denen dabei zu sein, die Patriotismus fordern und sich dazu bekennen, sagte Bundeskanzler Gerhard Schröder: »Patriotismus ist das, was ich jeden Tag tue.« Die pflichtschuldige tägliche Arbeit sollte jetzt bereits als Patriotismus verstanden werden. So schnell sollte man sich nicht davonschleichen, um sich dem Patriotismus als einem Grundgefühl bewusst zu entziehen. Zum Patriotismus gehört eben nicht nur des Tages Pflicht, sondern Geschichte und Zukunft des eigenen Volks, Geschichtsbewusstsein und Vision mit dem Blick in die Zukunft.

Wie es geradezu erregend schlecht um ein Geschichtsbewusstsein bestellt ist, offenbarte sich, als Bundeskanzler Gerhard Schröder den Beschluss fasste, den »Tag der Deutschen Einheit« aus dem Kalender der Bundesrepublik Deutschland als Feiertag zu streichen, denn man müsse auf Sparsamkeit bedacht sein, weshalb sich der 3. Oktober eines jeden Jahres anböte. Nicht minder erschreckend, dass die seinerzeitige Koalitionspartei der Bundesregierung, Bündnis 90/Die Grünen, aus dem einzigen Grund widersprach, dass sie zur eigenmächtigen Entscheidung des Bundeskanzlers nicht mitberatend einbezogen gewesen sei. Dem Einspruch des Bundespräsidenten Dr. Horst Köhler (recht unkonventionell zum Ausdruck gebracht) haben wir es zu danken, dass man widerrief, was schon geplant war und dass das nationale Geschichtsbewusstsein den »Tag der Deutschen Einheit« weiterhin am 3. Oktober begehen darf und wird. Nach den Ereignissen des 17. Juni 1953, unmittelbar nach dem Aufstand in Mitteldeutschland, in der DDR, wurde spontan vom Deutschen Bundestag der 17. Juni zum nationale Feiertag, später nationaler Gedenktag genannt, erhoben. Jetzt sollte nach dem Zusammenschluss mit der gottlob überwundenen DDR der 3. Oktober unser Nationalfeiertag sein. Ohnehin haben wir Deutsche es uns mit einem Nationalfeiertag seit der Kaiserzeit, Weimarer Republik, Diktatur nicht gerade leicht gemacht. Es gehört zur Identität eines Volkes, sich wenigstens an einem Tag im Jahr seiner Geschichte und bestimmter Ereignisse in dieser Geschichte dank eines kollektiven Gedächtnisses zu erinnern und zu gedenken.

Zur eigenen Nation gehört dieses Deutschland »in allen seinen Teilen«, wie es der spätere Bundespräsident Karl Carstens während der Jahrzehnte der zwangsweisen Teilung formuliert hat. Das bedeutet auch für heute und morgen, dass zu diesem Deutschland als historischer Begriff ganz Deutschland einschließlich Mitteldeutschland, jetzt als Begriff sich leider im Aussterben befindend, und Ostdeutschland, jetzt angesichts einer neuen Souveränität über Ostdeutschland als historisches Ostdeutschland benannt, gehören.

Wer aber so spricht, muss sich, weil er in nationaler Verantwortung und treu seinem Nationalbewusstsein handelt, dagegen rechtfertigen, nicht als nationalistisch eingestuft zu werden. Nationalistisch ist ein ganz anderer Begriff als national. Wer nationalistisch agiert, tut dies in Überheblichkeit gegenüber anderen Nationen, in Rechthaberei und gleichzeitiger Aggressivität. Die gottlob überwundenen Diktaturen auf deutschem Boden zeichneten sich durch ungehemmten Nationalismus und mit dem Begriff »antifaschistisch«, ein nicht minder ungehemmtes Freund-Feind-Denken, aus. Wir sind die Besseren und Größeren, ja die Besten und Größten. Während bei uns das Nationale als anrüchig und mit der Gefahr des Ausuferns verdächtigt wird, nehmen wir ohne jedes oppositionelle Contra den Nationalismus unserer Nachbarn Polen und Tschechien entgegen. Seit Kriegsende hat sich

überkommener Nationalismus nicht nur nicht überlebt, sondern bietet immer wieder Zeugnisse seines virulenten Beste-
hens und Wirkens. Es seien hier nur aus Tschechien das Festhalten und sogar Rühmen der Beneschdekrete und die
Lobpreisung des einstigen Staatspräsidenten Eduard Benesch
und aus Polen das Aufblühen der dem Nationalismus ver-
schworenen Parteien genannt. Dieser Nationalismus ist nicht
minder verwerflich, als es ein deutscher Nationalismus war.
Aber offensichtlich findet man sich schweigend mit nachbar-
lichem Nationalismus ab! Übrigens verdankt auch dieser Nationalismus seine Existenz der Rückblende auf die Zeit vor
und während des Zweiten Weltkriegs, so, wie in Deutschland
das Nein zum Bekenntnis zur eigenen Nation seine Begründung in der Hypotrophie des Nationalismus findet. Wir
Deutsche wie jedes Volk sind eine »Schicksalsgemeinschaft«,
um ein Wort aufzugreifen, mit dem Patriotismus erklärt und
verständlich gemacht wird. Man spricht dann auch von
einem »kritischen«, von einem »aufgeklärten Patriotismus«. In
einer Rede, nennen wir sie eine patriotische Rede, sagte Edmund Stoiber, Bayerns Ministerpräsident: »Wer nicht an sich
glaubt, wer nicht an sein Land und seine Menschen glaubt,
der kann auch die Probleme des Landes nicht lösen. Diesen
Glauben an uns, diesen Glauben an unser Können, an unsere Kreativität, an unsere Fähigkeit, Deutschland wieder nach
oben zu bringen, den brauchen wir in unserem Land.« Das
mag tagespolitisch klingen, bezieht sich auf die Identität des
Einzelnen, des ganzen Volkes mit sich selbst. Das ist in das
Heute und Morgen übersetzt Vaterlandsliebe.

Zur Vaterlandsliebe, zum Nationalbewusstsein, gehört die
eigene Geschichte mit ihren Höhen und Tiefen. Aber es gibt
nicht nur über Tiefen zu berichten, wie uns seit 1945 begeis-
tert angesichts dieser ständigen Selbstanklage und eines kollektiven Selbstschuldspruchs eingeredet wird. Zum nationalen
Ich einer Nation gehört auch der Stolz, dieser seiner Nation
anzugehören. Es scheint so, dass das Nationale nur noch dem
Sport zugestanden wird. Eine große Mehrheit in unserem

Volk will, was gut zu verstehen ist, die Deutschen bei internationalen Fußballspielen, während der Olympischen Spiele, siegen sehen und sich darüber freuen. Dieser Nationalstolz ist gestattet und wird als ganz natürlich empfunden, warum aber nur dieser!

Zum nationalen Bewusstsein gehört auch das Leid, das Mitbürgern zugefügt worden ist. Warum fehlt es an der Solidarität angesichts der Vertreibung der Deutschen mit den Vertriebenen, sodass Bundeskanzler Gerhard Schröder in seiner Rede zum Tag der Heimat des Jahres 2005 vor Vertriebenen von den »einst Vertriebenen« sprechen konnte, als sei das Schicksal der Vertreibung nur noch eine nichts besagende Notiz der Geschichte. Das Nationale darf unsere Demokratie nicht den Radikalen überlassen, weil wir nicht selbst das Nationale in der Politik und im Alltag vorgelebt und uns dazu bekannt haben, mit der Folge, dass uns dann das in den Nationalismus ausufernde Fühlen und Denken entgegenschlägt. Das Nationale ist ein uns Demokraten verbindendes Grundgefühl, und es fragt sich, warum wir immer wieder einer argumentativen Rechtfertigung bedürfen, wenn wir uns ganz selbstverständlich zum Vaterland Deutschland, zum Nationalen, bekennen.

Angesichts des werdenden Europa gewinne die Region, die Heimat, das kleine Vaterland, wie es die Polen ausdrücken, dank der so großen Europäischen Union an Bedeutung und Einfluss. Aber man erklärt andererseits, die Nation habe sich zu integrieren, von ihr zu sprechen, sich ihrer bewusst zu bleiben, sei überholt und nicht mehr zeitgemäß. Das ist zu kurz gedacht, denn ein zentral regiertes Europa kann es schon infolge der jeweils anderen strukturierten Geschichte der Nationen nicht geben. Was Not tut, ist, keine Angst vor dem Bekenntnis zur Nation, gerade auch als Mitglied der Europäischen Union, zu haben, gleichzeitig aber fest entschlossen, jeglichem Nationalismus zu widersprechen und ihn zu bekämpfen. Nation, Nationalbewusstsein, Identität mit der Geschichte des eigenen Volks, kurz gesagt, das Nationale darf und sollte das Selbstverständliche sein und bleiben und mancherorts erst wieder werden.

Offene Fragen, die unbeantwortet bleiben

In meiner Rede, die ich zum letzten Mal als Bundesvorsitzender der Landsmannschaft Schlesien am 11. Juli 1999 in Nürnberg gehalten habe, sprach ich Sätze, die auch in den drei Jahrzehnten während meiner Tätigkeit in dieser Eigenschaft wiederholt von mir zu hören waren: »Mit der Vertreibung der Deutschen aufgrund der Dekrete von Wladyslaw Gomulka, einem Bruder im Ungeist von Eduard Benesch in der Tschechoslowakei, war die Enteignung der Deutschen, war der Eigentumsentzug, der Eigentumsraub verbunden. Die Achtung des Eigentums gehört zu den Werten unserer freiheitlichen und rechtlich geordneten Gesellschaftsstruktur. Darum war es gut, dass der amerikanische Kongress der USA am 13. Oktober 1998 ausdrücklich die postkommunistischen Staaten und Regierungen in den freien Staaten des ehemaligen sowjetischen Ostblocks an die Pflicht erinnert hat, derartigen Eigentumsentzug rückgängig zu machen und das Eigentumsrecht wiederherzustellen. Ich wiederhole, was ich bereits auf früheren Deutschlandtreffen gesagt habe: Es geht zunächst um die moralische und rechtliche Verurteilung dieses Eigentumsentzugs und die Ankündigung und Bereitschaft, Lösungen zu suchen und zu finden, die gerade diese schmerzliche Wunde zu heilen vermögen.

Selbstverständlich ist hier die Frage zu stellen: Wie kann, was in der Folge des Krieges 1945 und danach den Menschen, in vorliegendem Fall den Deutschen, geschehen ist, wieder gutgemacht werden? Neue Verbrechen wie Vertreibung und Eigentumsentzug als Gegenmaßnahme, womöglich als neues Recht verkündet, scheiden aus. Soll an eine neue Vertreibung gedacht werden? Antwort: Nein. Soll

Eigentum wiederhergestellt werden, indem der jetzt zum
Eigentum gewordene Besitz aufgegeben werden muss? Antwort: Nein. Dieses zweimalige Nein zu sprechen fällt bestimmt und aus nur zu verständlichen Gründen sehr schwer.
Aber es gibt Wiedergutmachungen, die rechtlich geboten
und notwendig wären, aber als Wiedergutmachungen deswegen ausscheiden, weil durch sie altes Unrecht durch neues
Unrecht fortgesetzt würde.

Aber die Verurteilung von Vertreibung und Eigentumsentzug offiziell von den politisch Verantwortlichen in Polen
ausgesprochen (Gleiches gilt auch für Tschechien) fehlt.

Eine deutsche Journalistin hat durch eine moralische Aufforderung erreichen wollen, dass möglichst viele bekannte
Namen des gegenwärtigen gesellschaftlichen Lebens in
Deutschland eine feierliche Verzichtserklärung auf ihr Eigentum abgeben sollten. Auch Erben des Eigentums in der Heimat sollten angesprochen werden, also die zweite und dritte
Generation. Dieses Kollektiv der vorgeblichen Eigentümer
und des öffentlich ausgesprochenen Verzichts war nicht
recht disponiert und brachte dünne Zeilen in den Medien
ein. Wer soll schon erklären, ob und welches Eigentum sein
ist. Hier gibt es doch wohl so etwas wie ein Börsengeheim-
nis.

Eine Anekdote, die auf einem wirklichen Erlebnis beruht,
sei eingeblendet. In den 90er-Jahren fragte mich ein polnischer Journalist, wie ich es persönlich mit dem Eigentum
und der Rückforderung in der Heimat halte. Meine Antwort: Meine Mutter, die frühzeitig Witwe geworden ist, hatte gar kein Eigentum, und aus diesem Grund habe ich auch
kein Eigentum. Meine Mutter musste von einer kleinen Pension leben, denn mein Vater hatte kaum Dienstjahre. In der
polnischen Presse war dann zu lesen: Hupkas Mutter unter-
hielt lediglich eine kleine Pension! So entstehen lustige
Missverständnisse.

Wiederholt, was nicht verschwiegen werden soll, bin ich
nach Reden und Kundgebungen gefragt worden, welche

Chancen denn bestünden, wieder und endlich zu seinem
Eigentum zu gelangen. Meine Antwort, die ich dann auch in
einem Artikel publizierte, enthielt ein herausforderndes Fragezeichen: Muss es denn immer um Geld gehen, wenn wir
uns in Treue zur Heimat Schlesien bekennen? Ich meine die
Frage des Eigentumsentzugs und die Forderung nach Wiedergutmachung sollten nicht vordergründig Ziel der Heimatpolitik sein. Das materielle Denken, wer wollte das bestreiten!, ist weit verbreitet. Idealismus in Ehren, aber es
muss doch auch etwas herausspringen! Ich will mit dieser
Bemerkung niemanden abkanzeln und moralisch abwertend
be- und verurteilen. Aber die Menschen sind so, wie sie sind.

Nun gibt es jetzt die Handelsgesellschaft »Preußische Treuhand«, zu Beginn unseres Jahrhunderts aus der Taufe geho-
ben. Das Hauptkapital zur Gründung brachte die Landsmannschaft Ostpreußen auf, und die Landsmannschaft
Schlesien trug wohl zehn Prozent bei. Inzwischen ist die
Landsmannschaft Ostpreußen wieder ausgestiegen. Grund:
nicht gewollter politischer Wirbel im Inland und draußen, Schaden für die Landsleute daheim, Verkrustung der
deutsch-polnischen Beziehungen, Gegensatz des die Landsmannschaften übergreifenden Bundes der Vertriebenen zu
diesem Unternehmen und offenkundige Distanzierung, Ungewissheit, wann und wo mit welchem völkerrechtlichen
Sachverstand Klage erhoben werden soll, welche Ziele mit
der Klage verfolgt werden? Im Gegensatz zu diesen Reaktio-
nen wird von den Initiatoren erklärt, dass es eine breite Zustimmung unter den Betroffenen gebe, weshalb einen auch
nicht störe, dass die Regierungsparteien und die Opposition
in der deutschen Öffentlichkeit zu dieser Handelsgesellschaft ganz bewusst auf Distanz gegangen sind. Auffällig
auch, dass die Landsmannschaften unbeteiligt lediglich zu-
schauen. Außerdem fällt auf, dass es unter Berufung auf diese Handelsgesellschaft keinen Zustrom, noch nicht einmal
einen bemerkbar stärkeren Beitritt zur Landsmannschaft
Schlesien, gegeben hat.

Mit Kollektivklagen wird wahrscheinlich nichts zu erreichen sein, es beruhigt nur scheinbar die Gemüter, wenn trot-
zig erklärt wird, dass doch endlich etwas geschehe. Ich habe
für die Landsmannschaft Schlesien stets zum Ausdruck gebracht, dass wir für alle unsere Mitglieder da sind, ohne
Rücksicht auf Eigentum, und schon deswegen für alle und
nicht in besonderem Maße für Eigentümer tätig werden
können und sollen. Die überwältigende Mehrheit der
Landsleute waren, um es grob zu sagen, Untermieter und
nicht Hausbesitzer.

Wirbel löste aus, gerade auch unter den Vertriebenen, dass
es zu einer Identität des Amtes eines Vorsitzenden der Landsmannschaft Schlesien mit dem Amt des Aufsichtsratsvorsit-
zenden der Handelsgesellschaft gekommen ist. Beides sollte
und müsste getrennt sein, die Verantwortung für ein rechts-
politisches Kollektiv und für die Landsmannschaft, die für
alle Mitglieder ohne jeden materiellen Unterschied präsent
sein soll. Die Landsleute in Schlesien klagen, weil sich ihre
Situation daheim durch die »Preußische Treuhand« arg ver-
schlechtert hat, denn diese Handelsgesellschaft in Deutschland hat polnische Nationalisten auf den Plan gerufen.

Handlungsbedarf gibt es jedoch, so wird in Schlesien ver-
lautbart, angesichts des Schicksals von Landsleuten, die sich
zur Aussiedlung entschlossen hatten und denen gleichzeitig
mit der Ausreise widerrechtlich das Eigentum genommen
worden ist, was sie sogar schriftlich beurkunden mussten.

Dieses Problem will die Handelsgesellschaft auch behandeln. Vordergründig jedoch besteht eine ausführliche Punk-
tation, die jedes neue Unrecht vermeiden will, aber in den
Aussagen eher schwammig denn realitätsbezogen. Aber es
gibt auch Stimmen: Ich will wieder in mein Eigentum
zurück, ohne dass gefragt wird, was mit dem gegenwärtigen
Besitzer dieses Eigentums geschehen sollte. Ein abgesicher-
tes Konzept, dies zunächst einmal intellektuell und juristisch realpolitisch gemeint, gibt es bislang nicht, kann es
wohl auch nicht geben.

Ich zitiere immer wieder und dies aus Überzeugung, wenn
zum »Vertrag zwischen der Bundesrepublik Deutschland
und der Republik Polen vom 17. Juni 1991« im Briefwechsel
zwischen den beiden Außenministern unter demselben Datum ausgeführt wird: »Beide Seiten erklären übereinstim-
mend: Dieser Vertrag befasst sich nicht mit Fragen der
Staatsangehörigkeit und nicht mit Vermögensfragen.« Die
Frage der Staatsangehörigkeit ist in Übereinkunft geregelt.
Die Vermögensfrage ist, wie die Bundesregierungen bislang
stets nachgesprochen haben, nicht geklärt, also offen. Natürlich gibt dieses Offensein viel Anlass zur Interpretation.
Aber diese Nichteinigung in den Vermögensfragen erlaubt
doch den Satz: Es ist nichts geregelt und entschieden, also
besteht nach wie vor die Möglichkeit, darüber zu reden,
auch zu streiten, also auch eine Lösung zu finden. Jedenfalls
ist nichts endgültig geregelt und abgeschlossen. Da man die
Möglichkeiten, besser gesagt die Unmöglichkeit kennt, lässt
sich doch damit leben.

Es fragt sich, ob die polnische Reaktion auf dieses Unternehmen einer »Preußischen Treuhand«, ebenso groß ange-
legt wie als dringend gebotene Gegenmaßnahmen geplant,
nicht als Überreaktion einzustufen ist. Mit einer geschlosse-
nen Mehrheit verlangten die Parteien im Sejm, angestiftet
dazu durch die auf der Rechten operierenden Nationalisten,
von der Bundesrepublik Deutschland die Zahlung von Reparationsleistungen. Die polnische Regierung widersprach
dem, denn gegenüber Deutschland, damals Bundesrepublik
Deutschland und Deutsche Demokratische Republik, hätte
Polen auf derartige Forderungen längst verzichtet. Der seinerzeitige Sejm-Marschall Józef Oleksy widersprach zwar für
den Sejm dieser Haltung der Regierung, aber dabei blieb es.

Fest steht, dass dem deutsch-polnischen Verhältnis einer
guten Nachbarschaft, so schwer diese auch zu gestalten sein
mag, Schaden zugefügt worden ist.

Ein willkürlich gezogener Schlussstrich

Muss es einen Schlussstrich geben, darf es einen Schlussstrich geben? Mit dem Rückblick auf die schrecklichen Ereignisse der Zeitgeschichte gibt es nicht nur divergierende
Beurteilungen und Haltungen, sondern politisch Handelnde
der Gegenwart nehmen für sich selbst und ihr Wirken in der
Öffentlichkeit je nach der Blickrichtung unterschiedliche
Standpunkte ein.

Um es vorauszuschicken, der Verfasser der folgenden Darstellung bekennt sich zu dem Satz: Es gibt keinen Schlussstrich angesichts des Unrechts, das gerade in diesen Jahrzehnten unserer Zeitgeschichte zu notifizieren ist. Es gehört
zwingend zur geschichtlichen Wahrheit, dass das, was
tatsächlich geschehen ist, nicht plötzlich verschwiegen werden darf. Haftung und Verantwortung gelten über die Ereignisse hinaus. Auch schon deswegen, weil der Satz wie ein
ehernes Gebot gilt: Es darf sich das Grausame der Vergangenheit nicht wiederholen, unmenschliches und widerrecht-
liches Handeln muss geächtet werden. Das Buch der Geschichte darf nicht zugeschlagen werden, um dann in einem
neuen Geschichtsbuch Seiten für das gegenwärtige Geschehen frei zu haben. Wenn in grenzübergreifenden Aktivitäten
an Jahreszahlen und -tagen bewusst erinnert wird, ist das ein
unmissverständliches Zeichen dafür, dass Fakten der jüngsten Vergangenheit wieder zur Kenntnis genommen werden
sollen, nicht vergessen werden dürfen, dass es notwendig ist,
sich nicht nur zu erinnern, sondern auch Verschulden und
Schuld zu debattieren, über die Ereignisse zu reden, zu
schreiben, zu informieren, in den Medien diesbezügliche
Programme zu senden. Das heißt, die Öffentlichkeit greift
ein Thema der Vergangenheit auf, weil es sich geradezu auf-
drängt, dieses besondere Thema auf keinen Fall zu ver-

schweigen. Aber man darf nicht mit gespaltener Zunge das
eine Mal die Vergangenheit beschwören und das andere Mal
auf einen Schlussstrich setzen. Die Aktivitäten der Erinnerung signalisieren, dass es keinen Schlussstrich gibt, auch
nicht geben soll. Es seien hier nur einige Daten genannt:
30. Januar 1933, Anschluss Österreichs, Schaffung des Protektorats Böhmen und Mähren, Kriegsbeginn mit den beiden Daten 1. September und 17. September 1939, Schaffung
eines Generalgouvernements in Krakau, Expansion »Groß-
deutschlands«, Rassismus und Judenverfolgung, Vertreibung
der Deutschen aus der Heimat, neue Nationalismen, der
Kalte Krieg, Zwei-plus-Vier-Vertrag in Moskau, Grenzbestätigungsvertrag mit Polen – dies eine Addition denkwürdiger
Ereignisse. Und bestimmt keine Einladung, einen Schlussstrich zu ziehen.

Aber wir kennen Äußerungen von Politikern, hier ist gerade an deutsche Politiker gedacht, die das eine Mal für
einen Schlussstrich plädieren, aber in demselben Atemzug
sich gegen jeden Schlussstrich zur Wehr setzen. Bundeskanzler Gerhard Schröder, 1998 bis 2005, und er steht mit
seiner Doppelzüngigkeit nicht allein, nahm in Stockholm
dafür Stellung, dass man in der Aufarbeitung der nationalsozialistischen Schuld an Verfolgung und Unterdrückung
fortfahren müsse. In Warschau verkündete er, dass ein
endgültiger Schlussstrich bezüglich der jüngsten Vergangenheit im deutsch-polnischen Verhältnis bereits und zu
Recht gezogen sei, ja, man dürfe den deutsch-polnischen
Dialog nicht dadurch unterbinden oder gar aufkündigen,
indem man die Vergangenheit mit einbezieht. Auch im
Verhältnis zu Tschechien und unter Bezug auf das
deutsch-tschechische Verhältnis wurde dringend ein
Schlussstrich gegenüber der Vergangenheit zur Leitlinie
der Politik erklärt.

Es kann nur als unglaubwürdig bezeichnet werden, wenn
einmal eine offene Behandlung der jüngsten Vergangenheit
das Gebot politisch verantwortlichen Handelns sein soll, und

das andere Mal der Schlussstrich unter die jüngste Vergangenheit das Gebot der Stunde.

Die von der Geschichte, und diese ist keine anonyme Macht, geschaffenen Tatsachen, dieses Menschenwerk der Geschichte kann nicht, darf nicht als nicht geschehen abgeschüttelt, geleugnet oder gar nur im Glanz des Erfolgs gesehen und beurteilt werden. Die Ereignisse der Geschichte müssen aufgearbeitet werden, unterschiedliche Sichtweisen und Urteile werden selbstverständlich impliziert. Das verlangt die faire und nachbarliche Auseinandersetzung. Aber man hüte sich vor einem bewussten Verschweigen und einer absolut, gleichsam als unfehlbar gesetzten Beurteilung, der nicht widersprochen werden darf.

Schon die eigene Lebenserfahrung und das kollektive Gedächtnis des Volks begründen unterschiedliche Ausgangspositionen in der Beurteilung der jüngsten Vergangenheit. Man muss daher um eine Ausgewogenheit der sicherlich unschwer zu begründenden unterschiedlichen Perspektiven bemüht sein. Es wäre allerdings falsch gesehen, wollte man die Deutschen, 1. September 1939 und die Folgen, ausschließlich als die Täter sehen wollen und die Deutschen, Stichwort die Vertreibung der Deutschen, nur als Opfer beurteilen. Allerdings darf die Täterschaft nicht verschwiegen werden, genauso wenig wie das Opfersein.

Auch das Geschehen, das 1990 und 1991 zu den Verträgen zwischen Deutschland und Polen geführt hat und völkerrechtlich verbindlich ist, wird entsprechend dem persönlichen und zugleich nationalen Standort unterschiedlich, ja gegensätzlich bewertet werden. Aber gerade diese subjektiv anders beurteilten Fakten gehören, jeweils um gegenseitiges Verständnis bittend, in das Gespräch zwischen den Nachbarn.

Es gibt aber Tatsachen der Geschichte, die man zwar aus gutem Grund für ungerecht hält und auch erklären muss, die aber hingenommen werden müssen, so, wie sie sind. Ich nenne beides, die Inbesitznahme des zum Deutschen Reich

gehörenden Territoriums durch Polen und die Vertreibung
der Deutschen. Die Grenze an Oder und Görlitzer Neiße
rückgängig machen zu wollen bedeutet Krieg. Jeglicher
Krieg ist zu verurteilen und zu verdammen. Trotzdem werden die Deutschen nicht dem zustimmen können, die Oder-
Neiße-Linie eine gerecht gezogene Grenze nennen zu
müssen. Das Urteil über die faktisch völkerrechtlich bestehenden Grenzen gehört jedoch zur Freiheit der Meinung.
Die Vertreibung, der Eigentumsentzug, bestimmt keine
Handlungen des Menschenrechts, sondern zu verteilende
Menschenrechtsverletzungen, könnten nur rückgängig gemacht werden, wenn dem zu beklagenden und anzuklagenden Unrecht erneut Unrecht und Verbrechen folgten. Das
kann niemand wollen. Aber man darf es den Deutschen
nicht verwehren, nicht verweigern, Unrecht Unrecht zu
nennen. Auch hier darf, ja muss das Recht der freien Meinung in der Demokratie, in unseren Demokratien Deutschland und Polen, in Anspruch genommen werden.

Es wäre vermessen und geradezu selbstgerecht und hy-
brid, wollte man das große Schweigen und den Schlussstrich
proklamieren und zur Pflicht erheben.

Aber es gibt Möglichkeiten, dass man zueinander findet
und miteinander gut auskommt, gerade auch als deutsch-
polnische Nachbarn, wobei nicht schöngeredet werden soll,
denn schwierig und schwer ist es genug. Vielleicht hilft das
Primat der Wirtschaft gerade auch in der Europäischen Union. Die Freizügigkeit als Gebot der Werteordnung in der
Europäischen Union sei aufgerufen. Das Stichwort »Recht
auf die Heimat« sei als Banner für die Zukunft aufgezogen.
Und man lerne sich als Nachbarn besser, vielfach überhaupt
zum ersten Mal kennen! Dies schließt nicht nur jeglichen
Nationalismus einer Überheblichkeit aus, sondern meint
auch den ehrlichen Umgang mit der geschichtlichen Wahrheit. Ob die so hinderliche sprachliche Barriere leicht und
vielleicht sogar schnell überwunden werden kann, sei mit
einem großen Fragezeichen beantwortet.

Ein verordneter Schlussstrich oder ein Schlussstrich aus Gründen der Nachlässigkeit provoziert Obsession, öffnet nationalistischen Kräften das Feld, anstatt argumentativ zu opponieren. Die freie und offene Rede ist gefordert.

Gern gesprochener Monolog

Adam Rotfeld, polnischer Außenminister unter dem jetzt sich nicht mehr im Amt befindenen Premierminister Marek Belka, sprach in einem Interview mit der »Frankfurter Allgemeinen Zeitung« über das deutsch-polnische Verhältnis, wobei er den Begriff des »Überheblichkeitskomplexes der Deutschen gegenüber den Polen« gebrauchte. Der deutsche Interviewer bemerkte dazu, dass der polnische Außenminister dieses Wort bewusst als deutschen Begriff benutzte. Die Deutschen, so meinte der Außenminister, hätten gegenüber den Franzosen im Westen wegen der kulturellen Ausstrahlung ein Minderwertigkeitsgefühl. Mit diesem Hinweis meinte der Außenminister, indem er sich auf Gesine Schwan bezieht, deutsche Selbstbestätigung wiedergegeben zu haben. »Sie habe«, so zitierte der Interviewer Adam Rotfeld, »in einer Zeitung beklagt, die deutschen Eltern seien nicht mehr bereit, sich Asche aufs Haupt zu streuen«.

Entscheidend ist für diesen Standpunkt, der unerschütterlich zu sein scheint, dass ohne Differenzierung oder Einschränkung alles und jedes auf die Verbrechen des deutschen Tyrannen Adolf Hitler und den Beginn des Zweiten Weltkriegs mit dessen Entfesselung durch den Angriff auf Polen abgeleitet wird. Eine Trennung des einen Verbrechens von dem anderen, den verschuldeten Kriegsbeginn von dem verschuldeten Unrecht der Vertreibung, wird verworfen und nicht akzeptiert.

Es ist übrigens das erste Mal, dass ein polnischer Außenminister das Wort und den Begriff der Vertreibung gebraucht. Gleichzeitig identifiziert er sich mit dem Wort des polnischen Essayisten Jan Józef Lipski, den auch sein Vor-

gänger im Amt (zwischen beiden hat es mehrere Außenminister gegeben), Wladyslaw Bartoszewski, 1995 im Deutschen
Bundestag in Bonn zitiert hatte: »Das uns angetane Böse,
selbst das größte, ist keine Rechtfertigung und darf auch keine sein für das Böse, das wir selbst anderen zugefügt haben.«
   Diesen Satz kommentierend, fügt der Außenminister hinzu: »Man darf nicht vergessen, dass Millionen von Unschuldigen die Opfer eines historischen Prozesses wurden – all
die, die in Breslau oder Niederschlesien lebten. Für diese
Leute war es kaum möglich, zwischen den Entscheidungen
Hitlers und ihrem privaten Schicksal eine Verbindung zu sehen. Dennoch, und das wird in Deutschland oft total igno-
riert: Hitler ist gewählt worden.«
   Hier muss man deutscherseits anmerken, dass der Diktator 1933, nicht mit über 50 Prozent der Stimmen gewählt
wurde, es waren 43,9 Prozent, so dass er eine Koalition mit
den Deutschnationalen, allerdings gleich ihm, eingeschwore-
ne Gegner der Republik, eingehen musste.
   Das so genannte Ermächtigungsgesetz vom 23. März 1933
gab dem Reichskanzler Hitler die erschreckende Vollmacht.
Aus der nicht unbegründeten Angst, Schlimmes angesichts
des Drucks von der durch die Nationalsozialisten mobilisier-
ten Straße zu verhindern, stimmten die Parteien zu, nur die
Sozialdemokraten widersprachen. Jetzt kann gefragt werden:
Wie konnte es überhaupt zu diesen 43,9 Prozent Stimmen
für Hitler kommen? Im Zeitraffer seien als Antwort genannt:
hohe Arbeitslosikiet mit sieben Millionen (und das waren
durchweg Alleinernährer, Doppelberufe gab es in den Familien nicht); das Ende des Weltkriegs mit einem Friedensvertrag von Versailles, der ein Diktat war; Reparationsleistungen
über Jahrzehnte hinweg; eine keineswegs von der Mehrheit
im Volk innerlich akzeptierte Republik; im politischen Alltag Feindschaften anstelle von Gegnerschaft; Errettungspro-
phezeiungen, Sehnsucht nach einer allein entscheidenden
Führungspersönlichkeit – aber hier soll abgebrochen werden. Die demokratischen Parteien wurden aufgelöst, muss-

ten sich zwangsweise auflösen. Alleinherrschaft einer Partei, der NSDAP, und eines Mannes, Adolf Hitler, obsiegten. Und das war so bis zum Ende des Zweiten Weltkriegs. Hitler konnte nicht wieder abgewählt werden, denn dazu gab es in der Diktatur keine Möglichkeit.

Auch Josef Stalin, zwar überhaupt nicht gewählt, konnte niemals abgewählt werden. Zur Entfesselung des Zweiten Weltkriegs musste das stumm gemachte und stumm gewordene deutsche Volk schweigen.

Aber man macht es sich andererseits zu einfach, Gebietszuwachs, also die Annexion Ostdeutschland jenseits von Oder und Görlitzer Neiße und die Vertreibung der Deutschen aus ihrer Heimat, mit Hitler zu erklären und verständlich machen zu wollen. Diese historischen Fakten können nicht ausschließlich und überhaupt nicht auf diesen Hitler bezogen werden. Es gibt erstens viele polnische Dokumente, vom Nationalismus geprägt, die Polens Ausdehnung, wie im Osten des Landes mit der Überschreitung der Curzon-Linie an Bug und San vollzogen, auch und gerade weit nach Westen (auch unter Beziehung auf Ortsnamen slawischen Klanges, sogar jenseits von Oder und Neiße) gefordert haben. Man darf auch nicht vergessen machen wollen, dass die Ausdehnung Polens der von Stalin betriebenen Kompensation entspricht: Ich erhebe Anspruch auf Euer Ostpolen, die westliche Ukraine, und verschaffe Polen Genugtuung durch die Annexion von Ostdeutschland bis zur Oder und Görlitzer Neiße. Festzuhalten ist, dass die Vertreibung nicht nur mit Namen genannt wird, sondern dass signalisiert wird, dass es für die von der Vertreibung so hart Betroffenen notwendig sein soll, das eigene grausame Schicksal wie eine Einbahnstraße auf Hitler als Urschuldigen zurückzuführen.

Es drängt sich einem leider der Eindruck auf, dass immer noch und immer wieder ein Monolog geführt wird, wie es auch in den Jahrzehnten unter kommunistischer Bevormundung der Fall war. Aber gefordert ist der Dialog, dessen Inhalt unter anderem gerade auch die Zwiespältigkeit der Argumente sein sollte. In den bisherigen Ausdrucksformen des Dialogs, der bislang leider in Wahrheit kein Dialog ist, wird zu viel Höflichkeit investiert. Deutsches Schweigen, wenn unser polnisches Gegenüber so einseitig das Wort nimmt, und polnisches Entsetzen, wenn einmal auf der deutschen Seite eine verlogene Höflichkeit hintanbleibt und, selbstverständlich möglichst leise, die Sicht der Deutschen kundzutun und zu vermitteln gewagt wird.

Als das Zweite Deutsche Fernsehen seine Sendung im Jahre 2001 für das Jahr 2002 vorbereitete, sagte der hierfür Verantwortliche: »Man kann heute ohne ideologische Scheuklappen an das Thema (der Vertreibung) herangehen ... Unterschwellig gab es ja ein Grundgefühl, dort, wo der Krieg entfesselt wurde, zieme es sich nicht, an eigene Opfer zu erinnern.«

Die geschichtliche Wahrheit ist zwar in vieler Munde, aber diese geschichtliche Wahrheit ehrlich aufzuarbeiten und darüber genau so ehrlich zu sprechen, davon sind wir noch weit entfernt. Den einen, uns Deutschen, kann man Feigheit vorwerfen, den anderen, den Polen, Beharren auf einem Kanon, einem nicht zu erschütternden Dogma.

Auch wenn das viel berufene historische Gedächtnis des einen Volkes im Vergleich zu dem des anderen Volkes nicht identisch ist und auch nicht sein kann, sollte die Generation, die die Nachgeborenen sind, immer wieder den Versuch wagen, Gemeinsames gerade auch angesichts der jüngsten Vergangenheit im Begrifflichen, Historischen und im nachbarlichen Miteinander zu suchen, anzustreben, wie es so schön in den Medien heißt, »mit offenem Ende«.

Die Angst vor der Wahrheit

Erstaunlich und zugleich erschreckend, wie man, Polen und Deutsche, Kommunisten und Demokraten unterschiedlich, besser gesagt gegensätzlich, sich dem historischen Faktum der Vertreibung der Deutschen nach dem Zweiten Weltkrieg stellt, es historisch behandeln und einordnen. Da ist zunächst der sprachliche Begriff »Vertreibung« zu nennen. Die Kommunisten im sowjetischen Ostblock verwarfen das Wort »Vertreibung« grundsätzlich. Da gab es lediglich »Umsiedler«, »Aussiedler«, vielleicht noch »Zwangsaussiedler«, »Zwangsumsiedler« als Folge einer nicht registrierten Vertreibung. Vertreibung, diese durfte es nicht gegeben haben.

Aber diese Tabuisierung von Vertreibung und Vertriebenen hatte auch in der freien Bundesrepublik Deutschland sprachmächtige Gefolgsleute. Das war in den Jahrzehnten des Kalten Kriegs die eine von bestimmten Kreisen gepflegte Ausdrucksweise, indem man meinte, in irgendeiner Form dem Gegner und Feind auf der anderen Seite des Eisernen Vorhangs entgegenkommen zu müssen. Wer von Vertreibung und Vertriebenen spricht, musste den Vorwurf des Revanchismus und der Revanchisten mitten in der Bundesrepublik Deutschland entgegennehmen, und das sollte man in einer Art von verbalem Appasement, also Anpassung, über sich ergehen lassen.

Dem Gießener Politologen Samuel Salzborn, übrigens ein Verächter der Worte Vertreibung und Vertriebene, verdanken wir die Kenntnis: »Die Verwendung des Begriffs Revanchismus in seiner heute auf die Vertriebenenverbände und die deutsche Außen- und Innenpolitik bezogene Bedeutung wurde in der DDR geprägt.« Seit der Wende bedienen sich unsere Nachbarn im Osten nicht nur dieses Ausdrucks nicht mehr, sondern auch die unter der Bezeichnung »Revanchisten« ehedem so verdächtigen Politiker, vornehmlich die der Landsmannschaften und des Bundes der Vertriebenen, sind inzwischen längst von dieser Einordnung in das kommunistische Alphabet freigesprochen. Man merkt ironisch lächelnd an: »Ach ja, Sie waren doch gestern bei uns ein Revanchist!« In Deutschland sind »Revanchist« und »revanchistisch« noch längst nicht ausgestorben. Als der für die Kultur und die Medien zuständige Staatsminister Dr. Julian Nida-Rümelin für die Bundesregierung am 16. Mai 2002 gegen das geplante »Zentrum gegen Vertreibungen« im Deutschen Bundestag Stellung nahm, nannte er die Vertriebenen »nicht frei von revanchistischen Tönen«.

Zur Begründung der Vertreibung wird nicht nur auf die Potsdamer Konferenz und auf Artikel XIII verwiesen, auf den so genannten humanen Transfer, nicht nur auf die Entfesselung des Zweiten Weltkriegs durch das nationalsozialistische Deutschland und die grausamen Folgen, sondern man bedient sich auch innenpolitischer Argumente polnischerseits. Uns Polen war es nicht mehr länger zuzumuten, mit Deutschen zusammenzuleben. Dies eine Äußerung des polnischen Außenministers der ersten freien polnischen Regierung Krzysztof Skubiszewski, bald nach der Wende im März 1990 in Bonn vorgetragen! Ihm wurde entgegnet, dass dieser Ausspruch an die nationalsozialistische Parole erinnere: Uns Deutschen sei es nicht länger mehr zuzumuten, mit Juden zusammenzuleben.

Eine andere viel gebrauchte Erklärung für die Vertreibung lautet aus polnischem Munde: Die Stimmungslage im polnischen Volk war nach dem Ende des Zweiten Weltkriegs so: Was man uns Polen angetan hat, das müssen wir jetzt den Deutschen antun. Heute rückt man zwar von dieser Rachelogik ab, aber bittet zugleich um Verständnis für das Damals.

Auch deutsche Verfasser von Büchern über 1945 und danach bemühen sich um eine Rechtfertigung der Vertreibung, falls man sich überhaupt dieses Begriffs bedient. Es sei zugegeben, dass mit der Vertreibung manch menschliches Leid verbunden gewesen ist, aber das waren dann die »elementaren Vertreibungen« vor der Potsdamer Konferenz. Auch das wird eingeräumt, dass nach den heutigen Maßstäben des Menschenrechts das, was damals geschehen ist, nicht hätte geschehen dürfen, aber man versetzte sich doch in die Zeit, da die Vertreibungstaten vollzogen worden sind.

In einem Buch von Micha Brumlik des Jahres 2005 wird Verständnis und Zustimmung zur Vertreibung bei gleichzeitiger Verurteilung der unmenschlichen Praxis einer Vertreibung bekundet. Beispiel Ostdeutschland jenseits von Oder und Neiße: Polen war nach dem Westen ausgedehnt worden, was sollte mit den Deutschen geschehen, eine Minderheit sollte es in Polen nicht mehr geben. Beispiel die Sudetendeutschen: Durch Konrad Henlein und den Nationalsozialismus waren die Sudetendeutschen illegale Bürger der tschechoslowakischen Republik geworden, und die neu entstandene Tschechoslowakei musste auf Homogenität Wert legen. Beide Begründungen sind leicht zu durchschauen und werden aus opportunistischen Gründen, um die Vertreibung zustimmend zu erklären und verstehen zu wollen, vorgetragen.

War die Vertreibung ein Völkermord, indem diese Frage von manchem Autor gestellt wird, wird sie auch gleich wieder verworfen und negativ beantwortet. Der schon zitierte Buchautor Micha Brumlik bemüht sogar den Konflikt zwischen Israel und Palästina, um einerseits den Vorwurf eines Völkermordes nicht gelten zu lassen und andererseits das Handeln der nationalsozialistischen Diktatur als beabsichtigten Völkermord anzuklagen. »Tatsächlich gab es«, so lesen wir, »auf der arabisch-palästinensischen Seite niemals ein Programm zur ethnischen oder gar rassischen Homogenisierung der ganzen Region und der Errichtung eines Imperiums, wie das im Falle des nationalsozialistischen Deutschland der Fall war.« Aber mit der Vertreibung der Deutschen aus ihrer Heimat, aus Ost- und Westpreußen, aus Pommern, Ostbrandenburg und Schlesien, mit der Vertreibung der dort beheimateten Stämme des deutschen Volkes wurde Völkermord, die Auslöschung der deutschen Stämme in Ostdeutschland, betrieben, nicht ein historischer Zufall, sondern in vielen Denkschriften und Pamphleten aus früherer Zeit geplant. Für die Siedlungsgebiete versprengter deutscher Minderheiten gibt auch dieser Autor den Völkermord als Absicht und Bilanz zu. Aber die Diskussion, ob Völkermord oder »nur« Vertreibung, hilft genauso wenig weiter wie die Unterscheidung, ob die Vertreibung nur eine Kriegsfolge oder eine Kriegsabsicht gewesen ist. Es geht nach wie vor um die Verurteilung der Vertreibung als Unrecht und Verbrechen, die thesenartig verkündeten Erklärungen muten als Entschuldigung an.

In der Bundesrepublik Deutschland war über die Jahrzehnte hinweg die Meinung weit verbreitet, am besten wir reden nicht darüber. Und wenn wir darüber reden, müssen wir zuerst von der deutschen Schuld reden. Und wenn wir wirklich über die Vertreibung und die Vertriebenen zu reden beginnen, dann nicht mit diesen Bezeichnungen, denn der Gebrauch dieser Bezeichnungen bringt uns in die Nähe der Vertriebenen, der des »Revanchismus« Verdächtigen. Mit denen wollen wir auf keinen Fall etwas zu tun haben! Die Bundesregierung unter Gerhard Schröder war erst wenige Monate im Amt, als Otto Schily als Bundesinnenminister, Mitglied der SPD, zuvor Mitglied der Partei der Grünen, am 29. Mai 1999 auf einer Kundgebung des Bundes der Vertriebenen im Berliner Dom ausführte: »Die politische Linke hat in der Vergangenheit, das lässt sich leider nicht bestreiten, zeitweise über die Vertreibungsverbrechen, über das millionenfache Leid, das den Vertriebenen zugefügt wurde, hinweggesehen, sei es aus Desinteresse, sei es aus Ängstlichkeit vor dem Vorwurf, als Revanchist gescholten zu werden, oder sei es in dem Irrglauben, durch Verschweigen und Ver-

drängen eher den Weg zu einem Ausgleich mit unseren
Nachbarn im Osten zu erreichen. Dieses Verhalten war Ausdruck von Mutlosigkeit und Zaghaftigkeit. Inzwischen wissen wir, dass wir nur dann, wenn wir den Mut zu einer kla-
ren Sprache aufbringen und der Wahrheit ins Gesicht sehen,
die Grundlage für ein gutes friedliches Zusammenleben finden können.«

Auch Otto Schily legte in seinen Ausführungen Wert darauf, die Vertreibung nicht isoliert zu sehen und sie nicht
aus dem historischen Kontext zu lösen. Aber sein Kolle-
ge in der Bundesregierung, Bundesaußenminister Josef Fischer, urteilte ganz anders, sogar gegensätzlich über die Vertreibung der Deutschen. Er ist selbst der Sohn aus dem Ba-
nat vertriebener Deutscher. In einem Interview mit der
Wochenschrift »Die Zeit« im August 2003 verwahrte er sich
dagegen, dass die Deutschen als Vertriebene Opfer gewesen
seien: »Meine ganze Kindheit und Jugend besteht aus
diesen Geschichten von Vertreibung, Besatzung, Bom-
bennächten und den Treffen der Heimatvertriebenen. Ich
hatte ganz andere Tabus, nämlich, was die Frage nach der
Schuld der Deutschen betrifft ...« Indem der Bundesaußenminister gegen das vom Bund der Vertriebenen geplante
»Zentrum gegen Vertreibungen« polemisiert, bedient er sich
mehrfach des von ihm geprägten Ausdruckes einer »Selbstzerstörung« statt der Bezeichnung, sich als »Opfer einer Vertreibung« darstellen zu wollen: »Wenn man das Thema der
Vertreibung national erinnern will, dann geht es nicht um
eine Gedenkstätte zur Erinnerung an die Vertreibung, sondern dann muss es ein Projekt sein, das die deutsche Selbstzerstörung thematisiert.« Das soll heißen: An der Vertreibung, man vermisst sogar den Zusatz an der so genannten
Vertreibung, sind die Vertriebenen selbst schuld, als Deutsche sind sie die Schuldigen für all das, was zwischen 1939
und 1945 geschehen ist. Aber diese Interpretation der Vertreibung als »Selbstzerstörung« fand in der Öffentlichkeit
gegenüber dem sonstigen Brauch, jede Äußerung des Bun-

desaußenministers jedenfalls für den Augenblick ernst zu
nehmen, zu verbreiten und dazu Stellung zu nehmen, kein
Echo, jeglicher Widerspruch unterblieb, ausgenommen die
Vertriebenen selbst, aber ihre Einlassungen und Urteile blieben im Ghetto der Vertriebenen.

Genauso wie der Bundesaußenminister unternahm auch
der bereits zitierte Politologe Samuel Salzborn den Versuch,
die Vertreibung als ein den Deutschen zugefügtes Unrecht,
als ein Verbrechen auszulöschen, um gegen diese Behauptung, es sei ein Verbrechen gewesen, die deutsche Schuld zu
setzen. Der Vorwurf wird erhoben: »Man will über ›deutsche Opfer‹ reden, ohne tatsächlich über den Nationalsozialismus zu sprechen. Der historische Kontext (deutsch:
Zusammenhang) soll verschwinden, die tatsächlichen Zu-
sammenhänge von deutscher Volkstums- und Vernichtungs-
politik auf der einen und Umsiedlung der Deutschen in
Konsequenz auf der anderen Seite sollen aus dem Gedächtnis herausredigiert werden.« Der Angriff richtet sich gegen
»eine geradezu rituelle eigene Unschuld und den eigenen
Opferstatus«.

Und das Geläufige durfte obsiegen, die Deutschen als die
(ewig) Schuldigen, Vertriebene, und das hieße Opfer, durften diese Deutschen nicht sein. Enthüllend sind diese Zitate,
sie sprechen für die Angst vor dem freien Wort, für die Feigheit vor der geschichtlichen Wahrheit, für die Absicht, die
Wahrheit zu verschweigen, sich taktisch politischen Tendenzen anzupassen.

Auch der Titel der anderen Sendefolge, verantwortlich die
ARD, hatte mit Tendenz und publizistischer Gefälligkeit zu
tun, man nannte die Sendung »Hitlers letzte Opfer«. Damit
das Programm sendereif sei, musste zur Etikettierung der
Name Hitler herhalten, Vertreibung als Titel wäre wohl zu
vordergründig und sogar ehrlich gewesen.

Eine gleichfalls zu hörende Vereinfachung des Geschehe-
nen, Vertreibung genannt, bedient sich der eingängigen Formel: Die Vertreibung war und ist die Folge des Zweiten Welt-

kriegs. Warum dann eine derartige »Folge« bloß im Osten Deutschlands, nicht auch im Westen?!

Aus polnischem Mund, Autor der Schriftsteller Stefan Chwin, 1949 in Danzig geboren und durch den Roman »Tod in Danzig« bekannt geworden, war zu hören, dass die Vertreibung als ein Ordnungsfaktor zu verstehen sei. Die Vertreibung sei zwar nicht als Recht hinzunehmen, aber man stelle sich einmal vor, dass es keine Beschlüsse von Jalta und keine Vertreibung gegeben hätte, was sich dann etwa in Danzig zwischen Deutschen und Polen an Zwist und dramatischen Geschehnissen ereignet hätte! »Die aus der Heimat Vertriebenen verfluchten mit der einen Hälfte ihrer Seele das Übel, das ihnen mit der Vertreibung widerfahren war, aber mit der anderen, der sich schämenden, schweigenden, verborgenen Hälfte danken sie dem Übel, dass es getan hat, was es getan hatte. Dass es die sich schmerzhaft verletzenden Völker voneinander getrennt hatte.« Die Vertreibung, so verstanden, hat Gott sei Dank Ordnung geschaffen. Schwer nachzuvollziehen, dass das Verbrechen der Vertreibung historisch betrachtet heilsam gewesen sein soll. So haben zum Beispiel die Serben gedacht und auch dementsprechend gehandelt, als sie die 800.000 Kosovo-Albaner vertrieben haben. Sie wollten Ordnung schaffen!

Aber es muss in diesem Zusammenhang auf die verbalen Kunststücke, besser gesagt peinlichen Ausreden und auch Lügen hingewiesen werden, um nicht mit dem historischen Faktum im Gedankengang und im politischen Handeln belastet zu werden. In den deutsch-polnischen Schulbuchempfehlungen des Jahres 1976, inmitten der ostpolitischen Euphorie der Regierungen Brandt/Genscher, Schmidt/Genscher, sind diese Schulbuchempfehlungen konzipiert worden. Polen, Entsandte des kommunistisch beherrschten Landes, und Deutsche, entsandt aus der freien Bundesrepublik Deutschland, saßen sich wiederholt gegenüber, die polnischen Vertreter wollten den Begriff der Vertreibung nicht benutzen, weil dies ideologisch nicht gestattet war, und die

Deutschen leisteten keinen Widerstand und beugten sich
dem kommunistischen Vorschlag, nicht von einer Vertreibung, sondern nur von einer »Bevölkerungsverschiebung«
zu sprechen. Unerhört, auch heute noch, warum sich die
Deutschen einer kommunistischen Sprachregelung ange-
passt, sogar unterworfen haben.

Vom Schriftsteller Günter Grass stammt aus den Jahren
dieser Entspannungseuphorie, polnischen Wünschen entge-
genkommend, der Ausdruck »Bevölkerungsaustausch«, um
ja nicht von einer Vertreibung sprechen zu müssen. Nach
der Wende ist auch Günter Grass bereit, die Vertreibung so
zu nennen. Aber der so gängige Ausdruck eines »Bevölkerungsaustauschs« hat sich bis in jüngste wissenschaftliche
Publikationen gehalten. Sogar ein Weltrekord wurde heraus-
kristallisiert: Noch nie hat in der Weltgeschichte ein derartiger Bevölkerungsaustausch wie in Breslau stattgefunden, indem über 600.000 Deutsche die Stadt an der Oder verlassen
und an ihre Stelle über 600.000 Polen ihr Zuhause gefunden
haben. Vertreibung nichts anderes als ein Hirngespinst!

In diese Richtung eines »Bevölkerungsaustauschs« ten-
dieren Ausdrücke wie »Entvölkerung« und die schon genannten, aus kommunistischer Herrschaftzeit herrührenden
Ausdrücke »Umsiedlung«, »Aussiedlung«, »Zwangsaussiedlung«, »Abschub« (tschechisch »odsůn«).

Warum dieses wiederholte Ausweichen, die Wiederholung
von neuen Ausdrücken, um dem Begriff der tatsächlich ge-
schehenen Vertreibung auszuweichen, vor dem wahren Begriff zu fliehen? Es ist doch wohl das in der Verdrängung des
Wortes Vertreibung zum Ausdruck kommende Leugnen des
Verbrechens. Dieses Wort belastet die eigene polnische Nationalgeschichte und ist zugleich eine Belastung der deutsch-
polnischen Nachbarschaft. Zum anderen, und dies ist viel
gewichtiger, Vertreibung bedeutet Unrecht, Schuld, besser
gesagt nennt Schuldige, nicht als ganzes Volk, aber als Einzeltäter. Die Einzeltäter werden dann dem eigenen Volk zu-
gerechnet, und das ist zwar wahr, darf aber nicht wahr sein.

Es ist keine philologische Akribie, wenn all die neuen Formulierungen für die Vertreibung verworfen, absichtlich scharf zurückgewiesen werden. Die Wirklichkeit des verbrecherischen Geschehens verlangt Wahrheit in der Darstellung und Wahrheit in der Bezeichnung.

Breslauer Gutachten zur Vertreibung

In den letzten Jahren, allerdings nicht in unmittelbarem Zusammenhang mit der Wende von 1989 in Polen, hat die Tabuisierung des Wortes und Begriffs Vertreibung ein Ende gefunden. In seinem jüngsten Erinnerungsband »Und reiß uns den Hass aus der Seele. Die schwierige Aussöhnung von Deutschen und Polen« schreibt Wladyslaw Bartoszewski, zweimal nach der Wende polnischer Außenminister, wiederholt von der Vertreibung und den Vertriebenen. Sogar im Bericht über seine großartige Rede vor Bundestag und Bundesrat am 28. April 1995 steht jetzt, dass er auch über die Vertreibung gesprochen habe, was jedoch nicht stimmt, denn der polnische Außenminister verschwieg damals beharrlich und bewusst das Wort Vertreibung und benutzte das einer Zwangsaussiedlung. Das wird vorausgeschickt, dass es Polen Schwierigkeiten bereitet, die Vertreibung der Deutschen nicht nur so zu nennen, sondern auch die Vertreibung unvoreingenommen und historisch wahr darzustellen. Man kann dieses Unrecht und Verbrechen zwar nicht schönreden, aber man bemüht sich, es zu begründen und erklärbar zu machen. Gleichzeitig wird die Schuld von Polen kleiner geschrieben, denn die Hauptangeklagten sind die Sowjetunion und die Rote Armee gewesen.

Dem Bezirksstaatsanwalt in Hirschberg wurde unter dem 30. November 2004 ein Gutachten vorgelegt, nachdem eine Aktion von Bürgern der Stadt Görlitz jenseits der deutsch-polnischen Grenze mit Plakaten des Protests gegen die Vertreibung der Deutschen geheim vollzogen worden war. Ein gerichtliches Ermittlungsverfahren war in Hirschberg eingeleitet worden. Das Gutachten hat insofern seine Bedeutung, weil ausdrücklich die Zusammenarbeit von drei Lehrstuhl-

inhabern der Universität Breslau vermerkt wird. Es sind dies
der Jurist Prof. Dr. Karol Jonca, langjähriges Mitglied der
Untersuchungskommission für nationalsozialistische Verbrechen, Prof. Dr. Wojciech Sitek, Direktor des Soziologi-
schen Instituts, und Prof. Dr. Wojciech Wrzesinski, Direktor des Historischen Instituts. (Es liegt eine deutsche
Übersetzung des Gutachtens vor.)

In dieser wissenschaftlichen Ausarbeitung jüngsten Datums
ist nie von einer Vertreibung die Rede, wohl aber ständig von
Aussiedlung, aber auch von Evakuierung. Unterschieden wird
zwischen den elementaren Aussiedlungen vor der Potsdamer
Konferenz, die aber auch einmal falsch als Friedenskonferenz
firmiert wird, und der durch die Beschlüsse vom 2. August
1945 gesicherten Aussiedlung der deutschen Bevölkerung.

Zuerst sei es die Flucht der Deutschen vor der Sowjetarmee
gewesen, was bekanntlich auch niemand in Deutschland bestritten hat. Die Zahl, die genannt wird, ist wahrscheinlich zutreffend, im Gegensatz zu dem Zahlenspiel vor und nach der
Potsdamer Konferenz und bezüglich der Inhaftierten und zu
Tode gekommenen Deutschen in den so genannten Arbeits-
lagern. Fünf Millionen Deutsche seien infolge der Kriegsereignisse geflohen. 9,6 Millionen seien ansässig gewesen, aber
durch das Bombardement und die dadurch ausgelöste Flucht
aus anderen Teilen Deutschlands sei es eine Bevölkerung von
12. Millionen geworden. Denn während dieser Monate der
Flucht sind bereits viele Deutsche ums Leben gekommen,
und diese dürfe man nicht den Polen anrechnen, wie es auf
den Plakaten behauptet worden sei, ein den Polen angelasteter
Völkermord sei es nicht gewesen. Die notwendigen Informationen über die in diesen Gebieten östlich von Oder und Görlitzer Neiße (im polnischen Text immer Lausitzer Neiße genannt) tatsächlich begangenen Verbrechen, dieses Wort fällt,
gibt es nicht. Es heißt, die Soldaten der Roten Armee werden
auf den inkriminierten Plakaten weggelassen. Eine solche Haltung der Rotarmisten (Schuld an den Verbrechen) bestätigen
doch deutsche und polnische Quellen. Die dadurch hervorge-

rufene Verfälschung ist kennzeichnend für die Inhalte beider
Plakate, in dem Bestreben zu einer möglichst weitgehenden
Belastung der Polen mit der Schuld für alle an Deutschen ver-
übten Verbrechen, ohne Rücksicht auf die Wahrheit, zu gelan-
gen. Auch im weiteren Verlauf des unmenschlichen Gesche-
hens, das auf den Plakaten angeprangert wird, wird nicht die
Sowjetunion angeklagt, wohl aber Polen. Es läuft darauf hi-
naus, dass bei gleichzeitiger Belastung der Sowjetunion mit
Schuld eine polnische Schuld minimalisiert werden soll.
Ohne Beweise, aber als Behauptung zur Kenntnis zu nehmen.

»Ab Mai 1945 wurden auf den unter polnischer Verwaltung befindlichen Gebieten Lager für deutsche Kriegsgefan-
gene und die ganze deutsche Zivilbevölkerung (!) organisiert, die nicht nur auf die für die nationalsozialistischen
Verbrechen verantwortlichen Größen beschränkt waren,
sondern auf der Grundlage der Kollektivhaftung und zur
Deportation über die Oder und Lausitzer Neiße vorbereitet
wurden.« Gemäß polnischer Schätzungen gab es zirka 500
verschiedene Lager, durch die 200.000 bis 250.000 Deutsche gegangen sind, darüber hinaus gab es »Lager unter aus-
schließlicher Verwaltung der sowjetischen Behörden …«. Indem die »übertriebenen« deutschen Zahlen »zurückgewiesen werden, zeigt ein Vergleich mit den bruchstückhaften
polnischen Berechnungen, (es) können in den Lagern zirka
60.000 bis 80.000 Menschen ums Leben gekommen sein …
Die Informationen über die Sterblichkeit unter den Deutschen und die Deportationen werden in absichtlich chaoti-
scher Art und Weise (gemeint sind die beiden illegal verbrei-
teten Plakate) wiedergegeben, ohne Unterscheidung, ob sie
unter polnischer oder sowjetischer Verwaltung stattfanden«.

Durch die wiederholte Inanspruchnahme der Sowjetunion für die Schuld an dem Verbrechen der Vertreibung und
an den Verbrechen während der Vertreibung, einer Schuld,
die leider nicht bestritten werden darf, soll die eigene Schuld
der für das Geschehen verantwortlichen Angehörigen des
polnischen Volks gemindert dargestellt und behauptet wer-

den. Als dann die »Aussiedlung« als so genannter humaner
Transfer 1945/46 vollzogen wurde, wird noch einmal auf die
Soldaten der Roten Armee verwiesen. »Auf den Plakaten
(Gegenstand der staatsanwaltlichen Ermittlungen) wurden
die Gewalttaten, die bei diesen Aussiedlungen durch Rot-
armisten begangen wurden, übergangen.«

Richtig mag sein, was für die ersten Wochen nach dem
örtlich unterschiedlichen Datum des Kriegsendes von den
Gutachtern geschrieben wird: »Nach Einnahme dieser Gebiete führten die sowjetischen Behörden Verhaftungen und
Deportationen Deutscher, aber auch Polen, in das Innere
der Sowjetunion durch mit dem Ziel schwerer Arbeiten,
vorwiegend im Bergbau. Nach unterschiedlichen Schätzungen wird ihre Zahl mit über 50.000 angegeben.«

In dem Breslauer Gutachten wird zeitlich, wie bereits allgemein bekannt, zwischen zwei Phasen der »Aussiedlung« unterschieden. Diese wilden Vertreibungen, im Gutachten
selbstverständlich nicht so genannt, waren auf die Monate
Juni und Juli datiert, geschehen vor den Beschlüssen der Potsdamer Konferenz. Es heißt zwar, diese »Aussiedlung ist ohne
rechtliche Grundlage« erfolgt, aber es wird zugleich bekannt
gegeben, dass »auf der Grundlage vollendeter Tatsachen entlang des Grenzstreifens von 50 bis 100 Kilometern, um diese
Gebiete von deutscher Bevölkerung zu säubern (!) und der
deutschen Bevölkerung eine Rückkehr nach Osten unmöglich zu machen, erste Aussiedlungen vorgenommen wurden«.
Das wurden die Gebiete »für die Besiedlung durch entlassene
Militärs, vor allem solche, deren angestammtes Erbe auf dem
Gebiet der Sowjetunion zurückgeblieben war (als Ostpolen,
die westliche Ukraine)«. Trotz, zugegeben, Illegalität muss diese Art der Besiedlung geplant und in ordentlichen Bahnen
entsprechend den Anordnungen aus Warschau vollzogen
worden sein! Die Zahl der in den beiden Monaten des Jahres
1945 »spontan« Vertriebenen wird mit 500.000 bis 550.000 be-
ziffert. Zugleich wird, diese Spontaneität rühmend, im Vergleich zu den Aktivitäten in der Tschechoslowakei dargestellt.

»Die Tschechen siedeln in dieser Zeit (Juni und Juli 1945) im Rahmen der Durchführung der ›wilden Aktion‹ auch in dieser Weise zirka 800.000 Sudetendeutsche aus.« Der anderen Schuld macht die eigene kleiner?

Nüchtern und die wirkliche Situation der Deutschen schildernd, wird über das Leben in den unter polnische Verwaltung genommenen Gebieten und die Begleitumstände der durch die Beschlüsse von Potsdam legitimierten »Aussiedlung« berichtet. Immer kehrt aber die Nichtschuld in der Darstellung wieder, das Wort der eigenen Schuld an der Vertreibung fällt nicht, auch zum Verbrechen der Vertreibung schweigt man.

Ein besonderes Kapitel im Breslauer Gutachten nehmen die Deutschen ein, die willkürlich und despotisch-brutal zur Zwangsarbeit kommandiert worden sind. Ein Kapitel, das von Polen erst gar nicht zur Kenntnis genommen wird, das aber auch in Deutschland kaum registriert wird. »Die Daseinsbedingungen«, gemeint sind die Arbeitslager und die Zwangsarbeit in den Stadtvierteln, in die diese deutschen Arbeitskräfte »ausgeliehen« wurden, »waren ungeheuer schwer, was mitverursacht war durch den scharfen Polizeizwang, die Gesetzlosigkeit, die Willkür der örtlichen polnischen Polizeikräfte, der Sowjetsoldaten – diese dürfen zur Erklärung nie fehlen! –, die Schwerarbeit, zu der die Deutschen zehn bis zwölf Stunden täglich gezwungen wurden, die schlechte Ernährung, Masseninfektionen, Überwachung durch dazu nicht ausgebildete, doch von der Notwendigkeit, Rache für die von Deutschen während der Kriegsjahre erlittenen Leiden nehmen zu müssen, überzeugte Personen … Es kam auch zu vereinzelten kriminellen Handlungen gegenüber dieser Bevölkerung.« Dies besagt allerdings, dass nicht das ganze Verfahren der Zwangsarbeit und täglichen Verfolgung der Deutschen als kriminell, verbrecherisch einzuordnen ist, sondern so genannte Exzesse waren von Übel.

Es ist auch notwendig, die genannten Zahlen in Relation zueinander zu verstehen. Das heißt, wenn von 200.000 bis 250.000 Insassen in den Zwangsarbeiterlagern berichtet wird und gleichzeitig eine Zahl von 60.000 bis 80.000 Menschen, die zu Tode gekommen sind, genannt wird, dass bis zu einem Drittel der zwangsweise und widerrechtlich zur Arbeit verurteilten Deutschen die tödlichen Opfer waren. Und es darf von Deutschen als Opfer nicht gesprochen werden! Wenn dann doch noch gesprochen werden sollte, dann nur unter europäischer Bevormundung und Kontrolle. Zum einen, man kann nicht leugnen, dass Deutsche Opfer grausamer Unmenschlichkeit waren, zum anderen, um die Fakten darzustellen und zu dokumentieren, braucht man, wie von der Bundesregierung unter Gerhard Schröder behauptet wurde, als Voraussetzung ein »internes nationales Netzwerk der Erinnerung und Solidarität«!

Was bereits bekannt war, aber beharrlich verschwiegen wird, wird mit diesem Gutachten für die Hirschberger Staatsanwaltschaft, wenn auch mit bewussten Einschränkungen während der Wahrheitsfindung und entschuldigenden Beschuldigungen anderer, offen gelegt.

Es ist eine realistische Beschreibung, wenn es heißt: »Die Bedingungen, unter denen die deutsche Bevölkerung existierte, förderten die Verbreitung von Infektionsepidemien unter ihnen, die durch die wenigen polnischen Mediziner kaum zu beherrschen waren.« Polnischerseits seien bekämpft worden »Diebstähle, Gewalttaten, Auftreten von Bandenwesen gegenüber der deutschen Bevölkerung«. Aber ohne die Anschuldigung der Sowjetunion lässt sich offenbar nichts erklären: »Gewalttaten und Raub wurden hauptsächlich durch die sowjetischen Soldaten begangen.«

Die Zahl der Deutschen als Opfer der Vertreibung wird so registriert: »Die organisierte, planmäßige Massenaussiedlung der Deutschen begann 1946. Bis 1950 wurden aus den polnischen Gebieten 3.155.600 Deutsche ausgesiedelt«, mit der immer wieder von den Polen eingeflochtenen Bemerkung: »Unter diesen befand sich jedoch ein gewisser Anteil angestammter polnischer Bevölkerung.« Aber es hätte dann auch wieder eine Rücksiedlung dieser Bevölkerung geben müssen, wenn dem so gewesen wäre. Zugegeben wird, dass »die in speziellen Bahntransporten unter primitiveren Bedingungen für Aussiedler in die sowjetische und britische Zone gelenkt wurden«.

In dem apologetisch angelegten Gutachten bemüht man sich, die im Umlauf befindlichen Zahlen der menschlichen Verluste während der Vertreibung bewusst herunterzuspielen. Es habe auch in den berüchtigten Lagern »keine so große Massenhaftigkeit des Ablebens« gegeben, wie deutscherseits behauptet wird. Man soll sich mit dem Satz zufrieden geben: »Die Zahl der getöteten Deutschen und derer, die Selbstmord begangen haben, oder die Zahl der vergewaltigten Frauen ist übertrieben.« Es sollte bestimmt nicht um das angeblich richtige Zählen und um die dann folgende Zustimmung oder Ablehnung gehen, sondern um die Verurteilung all dessen, was sich mit dem Begriff der Vertreibung verbindet. Ohne die Bemühung der drei Breslauer Professoren gering schätzen zu wollen, es fehlt leider jede begriffliche Klarheit, das Bewusstsein, dass schuldhaftes Verhalten vorliegt und anzuklagen ist, dass man nicht ausweichen darf auf andere, die auch Schuld tragen, um die eigene Schuld zu verringern oder gar abzuwälzen.

Mit dem Blick auf das »Zentrum gegen Vertreibungen«, in dem vor allem beweiskräftig dokumentiert werden sollen die Vertreibung der Deutschen, die Vertreibungen im 20. Jahrhundert, müssen die notwendigen Gespräche, Diskussionen geführt, vor allem die geistige Aufarbeitung der Vertreibung geleistet werden. Die Wissenschaft ist gefordert, gerade auch die Disziplinen, denen die drei Gutachter in Breslau zugehören: das Recht, die Historie, die Soziologie.

Bei aller notwendiger Kritik vor allem an der Ausdrucksweise und dem bewussten Ausweichen vor der eigener Schuld der Täter aus dem polnischen Volk muss mit einem bescheidenen Maß der Genugtuung bestätigt werden, dass in der Auseinandersetzung um Begriff und Duktus der Vertreibung Fortschritte notiert werden dürfen, obwohl noch sehr viel im deutsch-polnischen Dialog zu tun bleibt.

Die Vertreibung und die Vertriebenen

Immer wieder wird nach einer Begründung der Vertreibung, deren Opfer nach dem Zweiten Weltkrieg die Deutschen jenseits von Oder und Görlitzer Neiße, aus dem Sudetenland, aus den deutschen Siedlungsgebieten gewesen sind, gefragt. Einschränkend muss gleich hinzugefügt werden, dass die Vertreibung der Deutschen als historisches Faktum mancherorts, ich spreche von Polen und Tschechien, ganz bewusst nicht so genannt wird. Unter den kommunistischen Diktaturen war es ohnehin untersagt, die Vertreibung und die Vertriebenen so zu nennen.

Ein Buchkritiker fragte angesichts eines Buches, dessen Inhalt die Vertreibung war, nach der fehlenden Bewertung der Vertreibung: War sie ein Verbrechen an unschuldigen Menschen, waren die Vertriebenen die letzten Opfer des von Deutschland verantworteten Kriegs, war die Vertreibung die gerechte Strafe für die Verbrechen, die im Namen Deutschlands an Polen, Russen und anderen Völkern begangen wurden?

Die eine These, die bis heute viel Zustimmung findet, lautet: Mit dem Zweiten Weltkrieg, mit der Schuld Adolf Hitlers, mit der Schuld Deutschlands ist die Vertreibung der Deutschen zu begründen und zu verstehen. Der deutsche Fernsehautor und Publizist Ralph Giordano hat wiederholt ganz einfach so formuliert: Der Erzschuldige, der Erstvertreiber war Adolf Hitler, und daraus leiten sich alle folgenden Ereignisse, insbesondere die Vertreibung der Deutschen, ab. Das Verbrechen der Vertreibung sei zwar nicht zu billigen, aber immer ist zuerst tiefer zurückzuschauen: »Ohne die Vorgeschichte der Vertreibung hätte es kein einziges Ver-

brechen an den Vertriebenen, keine einzige Menschenrechts-
verletzung gegeben, keine Geschichte der Vertreibung.« Mit
dem geradezu ideologisch erhärteten Urgrund der Vertreibung, wofür Adolf Hitler und die Verbrechen des nationalsozialistischen Deutschlands stehen, opponiert Ralph Giordano auch auf das Heftigste gegen die Charta der deutschen
Heimatvertriebenen vom 5. August 1950, in seiner Sicht »das
am meisten verkannte Dokument der Nachkriegsgeschich-
te«. Ihm fehlt in dieser Charta das Schuldbekenntnis der
Vertriebenen für all das, was zuvor an Verbrechen geschehen
ist: »Die ›Charta der deutschen Heimatvertriebenen‹ hat das
Hakenkreuz so gründlich aus ihrem Text herausgekratzt,
dass von ihm keine Spur mehr zu finden ist. So gerät alles
ins Vage, ins Unbestimmte und Vieldeutige.« Es wird sogar
Verständnis für die Untaten der Vertreibung und damit ver-
bundenen Grausamkeiten aufgebracht: »Hätte angesichts
der ungeheuren Vorgeschichte der Vertreibung, Gleiches mit
Gleichem zu vergelten, nicht bedeuten müssen zu vergelten,
nicht bedeuten müssen, dass kein einziger Deutscher aus
polnischem oder sowjetischem Gewahrsam entkommen
wäre? Dies hätte der Vernichtungspraxis während der deutschen Besetzung Osteuropas entsprochen. Dieser weiter-
führende Gedanke taucht in der ›Charta der deutschen Heimatvertriebenen‹ nicht auf.«

Wer so argumentiert, dass man Verständnis für die Vertreibung, auch wenn sie moralisch zu verurteilen sei, aufbringen
sollte, erhebt den Diktator und Verbrecher Adolf Hitler zu
einem Mann, der Maßstäbe gesetzt hat. Er hat das Beispiel
einer Vertreibung als ein probates Mittel der Politik in die
Weltpolitik eingeführt und praktiziert, sodass jetzt, was den
Deutschen geschehen ist, nur die Übernahme dieses teufli-
schen Beispiels gewesen sein soll.

Wer für die angeblich berechtigte Folge von Rache und
Vergeltung Verständnis aufzubringen bereit ist, um auf diese
Weise das Verbrechen der Vertreibung zu erklären und sogar
zu begründen, sei erinnert aus der Vorvergangenheit an die

vom Gewaltherrscher Adolf Hitler, der jetzt Maßstab für die
Vertreibung der Deutschen gewesen sein soll, an die 1941 in
Frankreich praktizierte Rache und Vergeltung. Ich beziehe
mich auf eine Darstellung des Schriftstellers Ernst Jünger.
Ernst Jünger war während des Zweiten Weltkriegs in Paris
Verwaltungsreferent beim Militärbefehlshaber in Frankreich,
Luftwaffengeneral Stülpnagel. Aus seinem Bericht erfah-
ren wir, dass am Vormittag des 20. Oktober 1941 in Nantes
Feldkommandant Karl Holz hinterrücks ermordet worden
ist. Daraufhin wurden Rache und Vergeltung angeordnet,
falls nicht innerhalb von zwei Tagen die für den Mord
Schuldigen gefunden werden oder sich stellen. Über Gene-
ralfeldmarschall Keitel ordnete Adolf Hitler Vergeltung an,
100 bis 150 Geiseln seien zu erschießen. So geschah es dann
auch, es waren inhaftierte Gaullisten und Kommunisten die
Opfer.

Faktum Nummer eins: Es war ein Verbrechen, den Offizier
der fremden Wehrmacht zu erschießen. Faktum Nummer
zwei: Es war ein Verbrechen, Rache und Vergeltung zu üben,
aus eigener Machtvollkommenheit. Zweimal Verbrechen,
das erste Verbrechen kann das folgende nicht entschuldigen,
auch nicht erklären oder gar rechtfertigen, mag das auch
noch so wortreich versucht worden sein.

Wir sollten zwar Verbrechen Verbrechen nennen dürfen,
aber das Verbrechen Nummer zwei, die Vertreibung der
Deutschen, erklärt und entschuldigt man aus Verbrechen
Nummer eins, aus den Verbrechen unter dem Nationalsozialismus. Mit den Worten des Publizisten Ralph Giordano
ausgedrückt: »Ich entlasse Hitler und seine Anhänger nicht
aus der Erstverantwortung für jeden Zivil- und Militärtoten
des von ihnen angezettelten Zweiten Weltkriegs, also auch
nicht für die vom Luftkrieg, Flucht und Vertreibung.«

Diese Kausalität geht nicht auf, darf auch gar nicht aufgehen. Jedes Verbrechen steht für sich. Niemand ist bereit und
willens, die Verbrechen unter dem Nationalsozialismus zu
rechtfertigen, aber es darf in demselben Atemzug nicht für

das folgende Verbrechen um Verständnis zu werben und Verständnis aufzubringen versucht werden.

Wer waren und sind zunächst die Vertriebenen? Das sind die Mütter, die Kinder, die alten Leute in der Heimat gewesen. Das ist nichts anderes als die Fortsetzung der Rache und Vergeltung, wie sie der Diktator Hitler ausgeübt hat. Nicht über die tatsächlichen Schuldigen wird geurteilt und gerichtet, sondern über diejenigen, die einem vor den Gewehrlauf kommen. Das ist Selbstjustiz, das ist eine durch nichts zu begründende Selbstanmaßung.

Folgt man der skizzierten Logik, dass sich das zweite Verbrechen aus dem ersten erklärt, müsste jeder Vertriebene der Schilderung seines Lebensweges und Schicksals hinzufügen: Ich bin grausam vertrieben worden, aber Schuld haben nicht die nationalistisch hochgeputschten Vertreiber und die kommunistischen Regime, sondern, pardon!, schuldig allein ist Adolf Hitler. Niemand wird Hitler exkulpieren wollen, aber für die Vertreibung ist er nicht der Schuldige.

Aus der eigenen Lebenserfahrung weiß man, dass sich Schuldige gern darauf hinausreden, nicht schuldig zu sein. In der selbst erlebten und erlittenen Zeitgeschichte ist es nicht anders. Selbstverständlich gibt es keine Kollektivschuld, aber es gibt Schuldige. Um auf Ernst Jüngers Bericht über die Ereignisse im Oktober 1941 in Frankreich zurückzukommen, beides war Unrecht, die Ermordung des deutschen Offiziers in Nantes und die Erschießung der französischen Geiseln. Da gab und gibt es keine Erklärung und Entschuldigung. Darum muss nach wie vor, was bis 1945 geschehen ist, ein Verbrechen genannt werden, zum anderen aber auch, dass 1945 Unrecht gefolgt ist. Unrecht darf man nicht relativieren. Geschähe das, hörte die scharfe Trennung von Recht und Unrecht auf, gäbe es trotz allem, was geschehen ist und geschieht, den leichten Ausflug in ein zu beruhigendes, in ein ruhiges Gewissen.

Die Vertreibung von 15 Millionen Deutschen war und ist ein Verbrechen. Schönrederei macht aus Schuldigen nicht

Unschuldige. Rache und Vergeltung dürfen nicht gerechtfertigt werden, weder verbal noch im politischen Alltag, auch nicht mit einem trügerischen Scheinargument aus der Geschichte.

Ohnehin ist vor einer Kette von Kausalitäten zu warnen. Das hört sich dann so an: Die Folge von Adolf Hitler ist die Vertreibung. In die Vergangenheit geschaut: Hitler ist zu erklären durch Versailles, Versailles durch den deutschen Kaiser Wilhelm II. und das Versagen Österreichs in der Nationalpolitik und so fort. Es hat eine Publikation gegeben, in der zur Charakterisierung des Deutschen, der des Bösen verdächtigen Deutschen in historischer Folge bestimmte herausragende Personen beschworen wurden. Es begann mit Martin Luther und führte über Friedrich den Großen und Otto von Bismarck direkt zu Hitler.

Auch das ist zur Vertreibung erklärend, entschuldigend gesagt worden. Wir, die nach dem Zweiten Weltkrieg die nachgewachsene Generation gewesen sind, haben die Verbrechen des Zweiten Weltkriegs und die Schuld der Deutschen zur Kenntnis nehmen müssen. Das Opfer, das nunmehr zu erbringen war, zur Wiedergutmachung der Taten unserer Väter und Großväter waren Vertreibung und Gebietsverlust. Außerdem glaubten wir, dass durch dieses Hinnehmen dessen, was uns Deutschen nach 1945 widerfahren ist, ein neues, der Versöhnung aufgeschlossenes Klima schaffen zu können. Gern wird festgestellt, dass mancher von diesen »jungen Leuten« nach Jahrzehnten offen eingestanden hat, sich geirrt, ja gefehlt zu haben, weil nicht zur Kenntnis genommen werden sollte, was tatsächlich geschehen ist, wohl aus Gründen der Opportunität.

Während der Jahrzehnte des Kalten Kriegs war ein Wort der Verdächtigung im Umlauf, das Wort von Revanchisten und vom Revanchismus. Der kommunistische Ostblock operierte eifrig damit, aber erstaunlich war, dass sich die Medien, nicht allesamt, dieses Wortes bedienten. Bis in die jüngste Gegenwart findet man in Zeitungen der Bundesrepu-

blik Deutschland immer noch dieses Wort. Es gebe revan-
chistische Kreise unter den Vertriebenen, manche bewegten
sich am Rande des Rechtsradikalismus und des Revanchismus. Ein Beweis für den Revanchismus und die Revanchisten konnte und kann nicht erbracht werden.

Im deutschen Journalismus war leider auch zu hören,
nachdem der Bund der Vertriebenen als Veranstalter der Em-
pathie 2004 des Aufstands in Warschau im August 1944 ge-
dachte, dass die frühere Generation der im Bund der Vertriebenen und in den Landsmannschaften Verantwortlichen
absichtlich vor jeder Aufarbeitung der jüngsten, uns Deutsche belastenden Vergangenheit zurückgeschreckt seien.
Dies stimmt überhaupt nicht. Gerade zu den durch den Nationalsozialismus in die Emigration gezwungenen Landsleuten, wo auch immer jetzt in der weiten Welt, haben die Vertriebenen die Verbindungen aufgenommen und gepflegt,
eingedenk dessen, was ihnen durch die Hitlerdiktatur widerfahren ist.

Überdies waren viele Männer und Frauen der ersten Stunde in den Organisationen der Vertriebenen selbst Verfolgte
des Naziregimes. Das gilt in gleicher Weise für die Spitzen
des Bundes der Vertriebenen und der Landsmannschaften.
Es ist dies eine bewusste Verleugnung in der Absicht, die für
die Vertriebenen verantwortlichen Männer und Frauen zu
disqualifizieren, sie nach rechts außen abzudrängen.

Darum auch gern der abwertende Begriff von den »Vertrie-
benenfunktionären«. Politisches Handeln kann ohne Funk-
tionäre nicht geschehen, aber weder den politischen Parteien
noch den Gewerkschaften wird diese abträgliche Kennzeich-
nung nachgerufen, höchstens noch bei den Gewerkschaften,
aber dann ist dieser Begriff eine Berufsbezeichnung. Die so
genannten Vertriebenenfunktionäre üben jedoch ein politisches Ehrenamt aus.

In den Jahrzehnten des Kalten Kriegs galten die Sprecher
der Vertriebenen in den Medien als die »Rechtsausleger«, die
»Ewiggestrigen«, die »Unverbesserlichen«. Aber stets lautete

das Urteil: nicht wichtig nehmen, links liegen lassen, Repräsentanten einer Minderheit unter den tatsächlich Vertriebenen. Um die vorgebliche Bedeutungslosigkeit des Bundes der Vertriebenen und der Landsmannschaften zu demonstrieren, wurde vorgerechnet, dass es doch nur eine Minderheit der Vertriebenen sei, die sich in diesen Organisationen zusammengefunden hätte. Darum sollte man wissen, dass die Sprecher der Vertriebenen als Vertreter einer Minderheit nicht ernst zu nehmen seien. Um den Prozentsatz der organisierten Parteimitglieder zu beziffern, käme man wohl auf ein Prozent, und die Parteien sind die Willensträger in der Republik.

Auch das sei vermerkt, dass viele so genannte Vertriebenenfunktionäre erst dann heute bereit sind, ein Amt zu übernehmen, wenn sie in Rente oder Pension gehen; man befürchtet Nachteile im Berufsleben, wenn man den Stempel, »Vertriebenenfunktionär« zu sein, aufgedrückt bekäme.

Das zwar immer wieder oppositionelle Verhalten dieser Vertriebenen und ihrer Wortführer hat nie zu radikalen Exzessen geführt und war nie Anlass zu nationalistischen Parolen und Sprüchen. Und dies sollte gerühmt werden.

Zweimal Vertreibung?

Musste nicht Polen nach dem Kriegsende Millionen von Landsleuten aus Ostpolen aufnehmen? Indem diese Frage gestellt wurde, sollte die Antwort erfolgen, dass für diese Polen Raum geschaffen werden musste. Das aber bedeutet, dass die Vertreibung der Deutschen wohl begründet gewesen ist. Es wird immer wieder, gerade auch von Polen, behauptet, dass die Vertreibung der Deutschen notwendig gewesen sei.

Die Fakten sprechen eine andere Sprache. Nach dem Zweiten Weltkrieg bis etwa 1950 hat die Republik Polen, das damals kommunistisch beherrschte Polen etwa 1,5 Millionen aus Ostpolen aufnehmen müssen. Darum ist gleich zu fragen: Mussten deswegen Millionen Deutsche aus ganz Ostdeutschland, um Raum zu schaffen, vertrieben werden? Das Nein kann gar nicht deutlich genug ausfallen. Außerdem war das seinerzeitige Polen bei weitem nicht so dicht besiedelt, dass nicht genug jenseits jeglicher »ethnischer Begradigung« Raum in Polen gewesen wäre.

Auch das Argument sticht nicht, wenn gesagt wird, dass beide Völker, die Deutschen und die Polen, schweres Leid infolge der Vertreibung ihrer Landsleute erfahren mussten. Die Gleichsetzung, Vertriebene hier, Vertriebene dort, hinkt. Immer sind es Vertriebene. Aussage, nicht nur aus offiziellem polnischem Mund, sondern auch Behauptung in Deutschland: nur keine Erregung und Aufregung, nur keine Schuldzuweisung. Polen hat seine Vertriebenen, nicht anders denn die Deutschen ihre Vertriebenen haben.

Polens ehemaliger Außenminister Wladyslaw Bartoszewski dramatisierte die Vertreibung seiner Landsleute, als er sich polemisch und geradezu aggressiv zum deutschen Projekt

»Zentrum gegen Vertreibungen« äußerte. Jammert nicht, ihr
Deutschen, dass ihr in Güterwagen »ausgesiedelt« worden
seid. Auch unsere Landsleute wurden in Güterwagen ge-
pfercht. Außerdem hatten die »transferierten Deutschen« das
Glück, nicht nach Sibirien transferiert zu werden, denn die
Deutschen »wurden nach München oder Hamburg umgesie-
delt«. Also eine Besserstellung der Deutschen als »Zwangs-
umgesiedelte« gegenüber den Polen, die nach Sibirien deportiert wurden. Dass auch die Deutschen in großer Zahl
nach Sibirien deportiert wurden und Zwangsarbeit leisten
mussten, war dem polemisierenden früheren Außenminister
wohl entgangen. Über das Faktum des Transports von Deutschen in Güterwagen, und dies meist über einen nicht zu be-
greifenden langen Zeitraum bis zum Zielort, braucht nicht
gestritten zu werden. Es muss jedoch auf mehrere gravie-
rende Unterschiede bezüglich der gern behaupteten Parallelität der Vertreibungen verwiesen werden. Die 1,5 Millionen
Polen kamen in Schlesien in ein gottlob nur wenig zerstörtes
Land, während die Deutschen in ein, man muss es sagen,
zerstörtes Land gekommen sind. In Schlesien war Raum
zur Sesshaftwerdung reichlich vorhanden, Restdeutschland
war nicht nur dicht besiedelt und bot sich für einen Neubeginn nicht gerade an. Auch das muss gleich angemerkt werden, dass die beiden Vertreibungen, um die Gleichsetzung
beider Vorgänge zunächst bis zur notwendigen Widerrede zu
übernehmen, miteinander gar nicht verglichen werden können. Man hat vielfach das Vieh mitnehmen können, was
sich allerdings in einer Großstadt wie Breslau mit einer Vieh-
haltung im zweiten oder dritten Stock eines mehrstöckigen
Bürgerhauses katastrophal auswirken musste. Die Polen
übernahmen eingerichtete Wohnungen, die deutschen Einwohner waren inzwischen vertrieben worden. Auch das eigene Klavier, wie jüngst im Fernsehen zu bewundern war,
hatte aus Ostpolen gerettet werden können. Auch die Uni-
versitätsbibliothek von Lemberg, das Ossolineum, und
das Denkmal des Dichters Aleksander Fedor gehörten, so

muss man es jetzt nennen, zum »Umzugsgut«. Vergleichbares für die deutschen Vertriebenen, die jetzt mit dem Nichts in Westdeutschland angekommen sind, gibt es nicht.

Die Heimat verlassen zu müssen, ob aufgrund herrschaftlicher und angemaßter Selbstjustiz oder in der Folge eines Vertragsabschlusses zwischen zwei Regierungen, Fall Deutschland, Fall Polen, ist in der gleichen Weise grausam und unmenschlich. Aber wenn man die Realitäten wertet, war es das eine Mal eine brutale Vertreibung, das andere Mal eine sogar geregelte Zwangsumsiedlung. Damit soll und darf nichts beschönigt werden, aber Unterscheidungen sind nicht zu übersehen und auch geboten.

Auch die Motivation dieser beiden historischen Ereignisse ist zu differenzieren. Polen war in Ostpolen, das ist die westliche Ukraine, in der Minderheit im Lande. Polen hatte nach dem Ersten Weltkrieg die so genannte Curzon-Linie an Bug und San überschritten. Diese nach dem britischen Außenminister benannte Grenzlinie sollte, ethnisch vertretbar, Polens Ostgrenze nach der Wiedergewinnung der nationalen Souveränität bilden. Durch die militärischen Erfolge Polens gegenüber der Sowjetunion, die jetzt im Werden war, wurde im Frieden von Riga 1921 Polen das Land jenseits der Curzon-Linie in einem Umfang von 170.000 Quadratkilometern zugesprochen. Polen konnte lediglich auf eine Minderheit von 25 Prozent der Bevölkerung verweisen. Die siegreiche und machtvolle Sowjetunion unter Josef Stalin holte sich dieses Ostpolen als Teil der Ukraine, der Ukraine, die zum sowjetischen Reich gehörte, zurück. Dies konnte umso leichter geschehen, als sich herrenlose Landmassen des besiegten Deutschlands anboten. Hier erwuchs die Politik der Kompensation. Die Sowjetunion nimmt den Polen dieses Ostpolen als die Westukraine weg und entschädigt Polen mit Ostdeutschland bis zur Oder und Görlitzer Neiße. Die Rechnung ging insofern auch auf, als die anderen beiden Siegermächte, Großbritannien und die USA, mitspielten und ihr Ja verkündeten, ein zunächst relativiertes Ja, weil erst

in einem Friedensvertrag endgültig über diese Kompensation entschieden werden sollte. Darüber hinaus sprach man
Polen auch noch den westlich der Oder gelegenen Ostsee-
hafen Stettin zu, nachdem Polen unabhängig von den Beschlüssen von Potsdam vom 2. August 1945 inzwischen vollendete Tatsachen geschaffen hatte.

Aber Polen habe, obwohl es doch zu den Siegern zu zählen sei, trotz seines Sieges verloren, denn, auch hier muss leider wieder Wladyslaw Bartoszewski zitiert werden, wir Polen
haben 170.000 Quadratkilometer abtreten müssen und nur
104.000 Quadratkilometer als Entschädigung erhalten. Die
Zahlen für die territoriale Größe stimmen, nur gibt es riesige
Unterschiede über die Höhe des Wertes. Man geht nicht
fehl mit der Behauptung, dass der Wert Ostdeutschlands das
Acht- bis Zehnfache gegenüber dem Wert Ostpolens beträgt.
Vom Unterschied des zehnfachen Wertes sprach übrigens
auch der sowjetische Außenminister Wjatscheslaw Molotow.

Beim Thema Kompensation – Ostpolen gegenüber Ostdeutschland – darf aber auch nicht verschwiegen werden,
dass auch große Unterschiede angesichts der Geschichte beider Gebiete bestehen. Wie gesagt, Polen befand sich in Ostpolen in der Minderheit mit 25 Prozent der Bevölkerung, in
Ostdeutschland hat es gerade ein Prozent einer polnischen
Minderheit gegeben. Bei der Volksabstimmung über die Zukunft Oberschlesiens am 20. März 1921 wurde es geschichts-
notorisch, dass nahezu 60 Prozent der Bevölkerung sich als
dem deutschen Volk zugehörig bekannt haben.

In einer der jüngsten Darstellungen der schlesischen
Hauptstadt Breslau berichtet der Autor Gregor Thum in »Die
fremde Stadt. Breslau 1945« über die Bevölkerungsstrukur.
Nach der Vertreibung der gesamten deutschen Bevölkerung
in der Stadt Breslau mit über 600.000 deutschen Einwohnern gibt es jetzt eine Minderheit von 20 bis 23 Prozent so
genannter Repatrianten von Polen aus Ostpolen. Die Zahl,
die für die so genannten »Westgebiete Polens« genannt wird,
macht zugleich deutlich, dass es mehrheitlich Polen aus dem

bisherigen Polen gewesen sind, die das Land mit einer polnischen Bevölkerung »auffüllten«, sich im »goldenen Westen«
ansiedelten. Die Rechnung stimmt nicht nur moralisch
nicht: Deutsche raus, Ostpolen als »Repatrianten« rein!

Eine Breslauer Episode sei hier eingefügt. Trotz der starken Mischung der jetzigen Breslauer Bevölkerung hatten die
Ostpolen in den ersten Jahrzehnten nach 1945 das Sagen.
Man wehrte sich sogar gegen ein ostpolnisches Primat. Ein
junger Wissenschaftler, der aus der größeren Mehrheit und
ohne einen ostpolnischen Bezug herangewachsen war, stellte
in den 90er-Jahren mit Genugtuung fest, dass endlich die
ostpolnische Vorherrschaft gebrochen sei.

Dass man die heimatliche Tradition pflegt, wird jedem Besucher in Breslau deutlich, wenn er auf dem Ring, dem zentralen Platz der Stadt, ein Restaurant »Lwów«, polnischer
Name für Lemberg, aufsucht und Lemberger Esstraditionen
genießen kann. Im Breslauer Münzmuseum ist auch die
Stadt Lemberg auf einer großen Fläche nachgebaut. Nach
der Wende wurden nach deutschem Vorbild, weswegen man
uns nach unserem Tun befragte, landsmannschaftliche Organisationen aufgebaut. Gern betonen auch Polen, dass sie
aus Ostpolen stammen. Ich glaube festgestellt zu haben,
dass der polnische Zuschnitt der heutigen Bevölkerung von
Gleiwitz ein anderer, temperamentvollerer ist als in anderen
immer schon polnischen Städten, denn hier haben viele
Ostpolen ihr neues Zuhause gefunden. Man darf vielleicht
sogar von dem Fortleben einer Tradition aus österreichischer
Zeit von Lemberg vor dem Ersten Weltkrieg sprechen.

Zentrum gegen Vertreibungen

Es geht um das Erinnern. Wer darf sich erinnern, an was darf man sich erinnern, wo ist der Ort, an dem man sich erinnern darf und vermag? Warum soll man sich überhaupt 60 Jahre nach Kriegsende bewusst erinnern?

Zum Menschsein gehört es, sich zu erinnern, mögen es gute oder schlechte Erinnerungen sein, Erfahrungen, Erlebnisse, Ereignisse. Eines jeden Menschen Gegenwart ist ohne das Erinnern nicht denkbar. Man vergewissert sich der Vergangenheit und kann dies als persönliche Bereicherung sogar gern tun, aber auch die Verweigerung einer Rückbesinnung ist möglich, indem ich mich, indem jene, die sich erinnern, sich gegen jegliche Rückschau wehren. Das Erinnern kann plötzlich über einen kommen, es kann aber absichtlich gesucht werden, wie selbstverständlich auch verdammt werden. Es obliegt der individuellen Entscheidung, ob und wie ich mich erinnere. Das Individuum, es können aber auch Gemeinschaften wie Familien, Stämme eines Volkes, auch Völker sein, das und die sich erinnern. Man spricht gern vom Gedächtnis eines Volkes, anonym in seinem Entstehen, aber oft sehr konkret in seinen Aussagen, Reminiszenzen und Vorurteilen. Zum Erinnern, dem Präsentmachen und -werden des Vergangenen, gehört auch das Vergessen. Man will sich nicht mehr erinnern, man darf sich, wie es Diktaturen handhaben, nicht erinnern. Man kann dieses Erinnern auch steuern, indem die Vergangenheit in positive und zu bejahende Geschehnisse einerseits und in zu verdrängende, schlimme Geschehnisse historisch untergliedert wird. In einer freien Gesellschaft kann mir niemand vorschreiben, ob ich mich erinnern darf oder zu vergessen habe. Hier darf nicht nur über das Individuum vormundschaftlich entschieden werden, sondern auch nicht über das Wie und das Was des Erinnerns der großen Gemeinschaften der Völker.

Dies sei vorausgeschickt, um das »Zentrum gegen Vertreibungen« zu nennen, wie es eine Stiftung unter hauptsächlicher Beteiligung des Bundes der Vertriebenen in Berlin zu errichten kundgetan hat. Die Ausgangsposition ist überzeugend und einfach. Die Vertreibung von Millionen Deutschen nach Ende des Zweiten Weltkriegs und in den folgenden Jahren ist geschichtliche Wirklichkeit. Wir als deutsches Volk haben ein Recht und auch einen Anspruch darauf, zu nennen, zu dokumentieren und zu beschreiben, was Deutschen widerfahren ist, nur weil es Deutsche waren und sind. Aber das 20. Jahrhundert ist ein Jahrhundert der Vertreibung gewesen, das Spektrum reicht von den Armeniern bis zu den Kosovo-Albanern. Auch diese Verbrechen gegen die Menschenrechte sollen Objekt eines »Zentrums gegen Vertreibungen« sein.

Geradezu überraschend wird eine Fülle von Gegenargumenten vorgetragen. Misstrauisch wird zunächst danach gefragt, was die Deutschen damit erreichen wollen. Wollen sie ablenken von all dem, was an Unmenschlichkeiten im deutschen Namen während des Zweiten Weltkriegs begangen worden ist, wollen die Deutschen sich nur als die Opfer des Zweiten Weltkriegs darstellen und vergessen machen, dass sie die ursprünglichen Täter gewesen sind? Ohnehin schmerzt es uns Polen, wie wiederholt zu vernehmen war, dass man heute nur noch von der Massenvernichtung der Juden, dem Holocaust, und von der Vertreibung der Deutschen spricht, aber gleichzeitig offenbar vergisst, dass Polen als Land und als Volk das erste Opfer gewesen ist. Die Ersten, die vertrieben worden sind, seien übrigens die Polen gewesen. Als ein Deutscher in Warschau, ohne diese Grausamkeit mindern zu wollen, daran erinnerte, dass die ersten Opfer einer Vertreibung durch die deutschen Nationalsozia-

listen die Juden gleich nach 1933 gewesen sind, setzte
schweigender Protest ein.

Dann wird in der Gegenargumentation gegen das Berliner
»Zentrum gegen Vertreibungen« vorgetragen, dass ein derartiges Zentrum europäisch konzipiert und vorgestellt werden
müsse. Auf keinen Fall gehe es an, dass die Deutschen das
Projekt in eigener Verantwortung realisieren dürften. Es ist
nicht zu begreifen, warum so viel Misstrauen unter uns Nachbarn im Spiel ist. Wir Deutsche haben ohne jede europäische
Oberhoheit oder Bevormundung die Jahre der Hitlerdiktatur
nicht nur zur Kenntnis genommen, sondern aufgearbeitet. Zu
Recht hat niemand an dieser Auseinandersetzung der Deutschen mit ihrer eigenen Geschichte Anstoß genommen.
Warum plötzlich jetzt Misstrauen, Verdächtigung, da die
jüngste Vergangenheit unter Einbeziehung der Vertreibung
aufgearbeitet werden soll und aufgearbeitet werden muss? Das
grausame Geschehen der »ethnischen Säuberungen« muss
dargestellt werden können, gerade auch von denen, die derartige »ethnische Begradigungen« erleiden mussten. Das nur
zu verständliche deutsche Verlangen europäisch abzuwandeln war die Absicht einer Erklärung der beiden Staatspräsidenten von Polen und Deutschland am 29. Januar 2004, wobei hinterher Protest aus Prag kam, denn hier seien auch die
Tschechen involviert. In der gemeinsamen Erklärung wird
postuliert: Es sollten »Erinnerung und Trauer nicht missbraucht werden, um Europa erneut zu spalten. Die Europäer
sollten alle Fälle von Umsiedlung, Flucht und Vertreibung,
die sich im 20. Jahrhundert in Europa ereignet haben, gemeinsam neu bewerten und dokumentieren. Wir rufen dazu
auf, einen solchen aufrichtigen europäischen Dialog über die
so wichtigen Fragen zu führen, und erwarten, dass hoch angesehene Persönlichkeiten, Politiker und Vertreter der Zivilge-
sellschaft ihren Beitrag leisten werden. Sie sollten auch Emp-
fehlungen formulieren, in welchen Formen und Strukturen
diese Prozesse einer europäischen Bestandsaufnahme und
Dokumentation durchgeführt werden können«.

Die Staatsministerin Dr. Christina Weiss als Beauftragte
für Kultur und Medien unter Bundeskanzler Gerhard Schröder griff diese Erklärung bereitwillig auf und hat den Versuch
unternommen, ein so genanntes Netzwerk der Länder Polen,
Tschechien, Slowakei, Österreich und Ungarn zu schaffen.
Auf einer konstituierenden Sitzung in Warschau blieben jedoch Österreich und Tschechien fern. Bei der Namensfin-
dung musste der Begriff der Vertreibung ausfallen, denn
man einigte sich zuvor nur auf den Namen »Erinnerung und
Solidarität«. Ort eines derartigen, wie gesagt unterbelichteten
»Netzwerks« soll Warschau sein. Aber es gibt allzu viel un-
gelöste Fragezeichen, so vom Auswärtigen Amt, nicht zuletzt auch wegen der finanziellen Beteiligung. Leider wurde
die ganze Mobilität der seinerzeitigen Bundesregierung als
Gegenströmung gegen das nichtstaatliche deutsche Projekt
»Zentrum gegen Vertreibungen« entfacht. Es hat bis jetzt
den Anschein, dass sich die vertriebenen Deutschen nicht in
eigener Sache zu Wort melden dürfen. Verweigerung eigenen politischen Handelns steht auf der Tagesordnung! Hier
sei auch gleich auf die Bedeutung des Nationalen, nicht immer nur des übergreifenden Europäischen, in dem werdenden Europa verwiesen.

Eine andere Stimme der Gegenargumentation zielt auf
Vertagung und setzt auf weiteren Diskussionsbedarf. So von
der Stanford-Universität Prof. Dr. Norman M. Naimark,
Lehrstuhlinhaber für die Geschichte Osteuropas. Der Analy-
se seines Befundes kann nur zugestimmt werden, wenn er
sagt: »Keine Opfergruppe – egal ob Griechen, Juden, Ar-
menier, Bosnier, Deutsche und Krimtataren – sieht sich
gern als Opfer und Täter zugleich. Deshalb sind Polen und
Tschechen aufgebracht über den Vorwurf, sie hätten im
Krieg Gewalttaten an anderen verübt, weil sie doch schließlich selbst ganz eindeutig Opfer waren. Der Umgang mit
einer komplizierten historischen Vergangenheit wird noch
dadurch erschwert, dass in Polen und in der Tschechoslowakei fast 50 Jahre die Kommunisten herrschten und die his-

torische Erinnerung in beiden Ländern manipuliert wurde.«
Zum Begriff der Vertreibung führte Norman M. Naimark zutreffend aus: »Mir scheint, dass die Vertreibung eines der
zentralen Themen der modernen deutschen Geschichte ist.
Ich sympathisiere mit den Opfern – und sie waren Opfer:
diejenigen, die aus ihren Häusern verjagt wurden, diejenigen, die mutwillige Brutalität und die furchtbaren Bedingungen von Internierung und Vertreibung ertragen mussten, diejenigen, die sterben mussten.« Aber sein Vorschlag zum
»Zentrum gegen Vertreibungen« lautet, weiter die Diskussionen pflegen, um zu einem späteren Zeitpunkt zu einem Ja
oder Nein zu gelangen. Das »Zentrum gegen Vertreibungen«, dies Norman M. Naimarks Empfehlung, »weiter in in-
tensives Nachdenken, Geduld und ausgiebige öffentliche
Diskussion – sowohl unter den Deutschen verschiedener politischer Richtungen als auch mit Deutschlands polnischen
und tschechischen Nachbarn. Erst dann wird man entscheiden können, welche Art von Zentrum man bauen kann –
wenn überhaupt – und wo es entstehen kann«.

Dieses »Erst dann« bedeutet Vertagung auf den Sankt-
Nimmerleins-Tag. Man kann diesen Vorschlag auch schon
deswegen nicht verstehen, weil der Sachverhalt richtig und
zuverlässig vorgetragen worden ist. Das Haus brennt, aber
über das Löschen reden wir erst später?

Selbstverständlich sollte man sich darüber streiten, wie
das »Zentrum gegen Vertreibungen« am besten strukturiert
werden kann. Mit welchem Angebot an überzeugenden Dokumenten kann aufgewartet werden, wie lautet das wissenschaftlich fundierte Begleitprogramm? Aber am Standort
Berlin darf es keinen Zweifel geben. Dagegen dürfen nicht
überkommene Ressentiments revitalisiert werden. Auch das
sei wiederholt: Warum dürfen die Deutschen nicht in eigener Sache das Wort führen, zumal gleichzeitig aus gutem
Grund versichert wird, dass nicht nur die Vertreibung als
Verbrechen, deren Opfer Deutsche gewesen sind, Thema
dieses Vorhabens sein wird und sein darf. Common sense in

eigener Sache ist geboten, aber wir haben bis zur Stunde davon auszugehen, dass die von Gerhard Schröder geführte
frühere Bundesregierung ein derartiges Projekt »Zentrum gegen Vertreibung« als ein deutsches Vorhaben nicht nur nicht
will, sondern alle Umwege einschlägt, um das deutsche Wort
in eigener Sache zu verhindern.

Gespräche in Warschau

Nach einem touristischen Besuch in Krakau und Warschau, in den ich auch einen Besuch beim Botschafter der Bundesrepublik Deutschland einbezogen hatte, Botschafter war Johannes Bauch, bemühte ich mich, das in der Warschauer Botschaft geführte Gespräch in politisches Handeln umzusetzen. Mein erster gleichsam offizieller Besuch in Warschau datiert auf den Dezember 1996. Die Robert-Schuman-Gesellschaft, benannt nach dem französischen Außenminister und leidenschaftlichen Europäer Robert Schuman, auch ein enger Freund und Kombattant für Europa des ersten deutschen Bundeskanzlers Konrad Adenauer, hatte zu einem Symposion eingeladen. Thema der eintägigen Tagung: »Komplex der Vertreibung«. CDU/CSU und SPD waren durch Bundestagsabgeordnete vertreten, die polnische Politik mit zwei herausragenden Köpfen der jüngsten Politik, mit dem ersten Ministerpräsidenten eines wieder freien Polen, Tadeusz Mazowiecki, und mit dem Außenminister der Jahre 1995/96, Wladyslaw Bartoszewski. Ich war am Podiumstisch der einzige Vertreter der Vertriebenen, stellvertretend für den Bund der Vertriebenen als Vorsitzender der Landsmannschaft Schlesien. Bei der Begrüßung, so bemerkte ein Journalist in seiner Zeitung, habe Mazowiecki Hupka als Ersten der teilnehmenden Deutschen genannt.

Es konnte schon als Ereignis verbucht werden, dass das Thema Vertreibung zur Diskussion freigegeben worden war, vielleicht mit einer gewissen unpräzisen Einschränkung durch die Hinzufügung des Wortes Komplex. Deutsche und Polen wurden sich nicht einig, aber achteten einander angesichts unterschiedlicher Standpunkte. Ich widersprach deutlich, als man bei der Vertreibung als Begriff unterschieden wissen wollte zwischen einer Vertreibung als politisches Ziel, wie gerade gegenwärtig in Jugoslawien, und einer Vertreibung als Kriegsfolge, womit die Vertreibung der Deutschen 1945 und danach gemeint sein sollte. Als dann zusätzlich auf die Potsdamer Konferenz von 1945 zur Rechtfertigung der Vertreibung abgehoben wurde, stellte der mit anwesende Berliner Völkerrechtler Prof. Dr. Christian Tomuschat klar: »Vertreibung war und ist Völkermord«, und man sollte sich hüten, Vertreibung zu einem Mittel der Politik erklären zu wollen. Ich antwortete einfacher, denn den Opfern der Vertreibung ist es gleichgültig, ob als Grund für die Vertreibung eine Kriegsfolge oder ein Kriegsziel gewesen sei. Opfer bleibt Opfer, Opfer einer Unmenschlichkeit, und die Vertriebenen sind, wie auch immer eine Erklärung ausfällt, Opfer gewesen. In Warschau hatten im Dezember 1996 zwei zu dieser Zeit gewichtige Parteien, die Bauernpartei in der Regierung und AWS als eine aus der Gewerkschaft »Solidarnosc« hervorgegangene Oppositionspartei, gefehlt.

Man sollte aber nicht nur akademisch streiten, wie im Dezember 1996 geschehen, sondern unmittelbar das Gespräch und die Diskussion mit den Parteien führen. Ich war zu dieser Zeit bereits seit vielen Jahren Vorsitzender des Ständigen Rats der Ostdeutschen Landsmannschaften und Landesverbände. Dieser Ständige Rat ist ein lockerer Zusammenschluss der ostdeutschen Landsmannschaften von Ostpreußen bis Oberschlesien. Im Bund der Vertriebenen gab und gibt es immer wieder Widerspruch zum Ständigen Rat, weil man ein Konkurrenzunternehmen zum BdV darunter zu verstehen glaubt. Das Selbstverständnis dieses Ständigen Rats ist sehr einfach: Die Sudetendeutschen treiben Politik mit den Tschechen und Slowaken als Gegenüber, die ostdeutschen Landsmannschaften haben zunächst Polen und dann auch Russland als das Gegenüber und müssen nicht minder als die Sudetendeutschen politisch agieren. Der Bund der Vertriebenen deckt das alles nicht, kann es auch nicht abdecken.

Ich besprach den Plan, mit den Sprechern der Ostdeutschen nach Warschau zu kommen und mit politischen Leit-
figuren Gespräche zu führen. Bestimmt ein Wagnis für beide
Seiten, die polnischen Politiker, die zum ersten Mal mit den
Vertriebenen reden sollten, bis zur Wende doch immer als
»Revanchisten« verdächtigt, und für die Vertriebenen, denn
zu fragen sei, ob dabei überhaupt etwas herauskommen würde und wer über die vorgesehenen Themen sprechen wolle.
Das Wagnis betraf auch unsere Botschaft in Warschau: Werden
die Gespräche, falls sie überhaupt zustande kommen, womöglich mehr schaden als nutzen, vielleicht sogar mit einem Sperr-
feuer enden?

Unter meiner Ägide fanden 1998, 1999 und 2000 derartige
Gespräche statt, und sie wurden, von einer kurzen Unterbre-
chung abgesehen, erfolgreich fortgesetzt. In einem der späteren Gespräche stand jetzt sogar der Primas von Polen, Kardinal Józef Glemp, zur Verfügung. Aber es gab unter den
Landsmannschaften zunächst Widerspruch. Solche Gespräche seien Zeitvergeudung, Misserfolg sei prophezeit, außerdem sollten erst einmal polnische Politiker nach Deutschland
kommen und wir nicht gerade zu regelmäßig nach Warschau
fahren. Erfreulich, dass sich diese Bedenkenträger nicht nur
nicht durchgesetzt haben, sondern jetzt sowohl mittun und
sich sogar »an die Spitze der Truppe« stellen.

Während der ersten Gesprächsrunde, eingeleitet wurde sie
mit einer gründlichen Information durch den deutschen
Botschafter und seine Mitarbeiter, wurden wir Deutsche von
der für Deutschland zuständigen Beamtin im Außenministe-
rium empfangen. Uns wurde dabei erschreckend deutlich,
dass wir Vertriebene für Information und Aufklärung sorgen,
obwohl das Auswärtige Amt der Bundesregierung all dies
tun müsste, aber unterlässt und versäumt. Eine einfache Tatsache wurde zugleich von uns Deutschen verkündet, und sie
gilt immerzu, dass Außenpolitik für Deutschland nur die
Bundesregierung betreiben kann und darf, nicht aber die
Emissäre der Vertriebenen. Aber es bestand und besteht

Grund genug dafür, in eigener Sache die Probleme vorzutragen und von der Gegenseite, von den Polen, zu erfahren, wie man die offenen Fragen sieht und beurteilt, aber auch Kenntnis zu erhalten, wie der politische Barometerstand in Polen ausschaut.

Vorsitzender des Unterausschusses für Minderheiten im Sejm war 1998 Jaczek Kuron, der mutige Streiter im polnischen Widerstand gegen die kommunistische Diktatur, später im freien Polen Regierungsmitglied und Präsidentschaftskandidat. Als wir uns in der Runde vorstellten, zu der auch der Abgeordnete der Deutschen Minderheit, Heinrich Koll, gehörte, stellte Jaczek Kuron lächelnd fest: »Endlich begegne ich dem Hupka, denn der Hupka stand all die Jahre hinter mir, er dirigierte mich, ich stand in seinem Sold«, Worte aus der Zeit der kommunistischen Herrschaft und Propaganda. Zwischen dem Widerstandskämpfer und dem »Revanchisten« musste es doch geheime Verbindungen gegeben haben!

Im Mittelpunkt stand das immer noch ausstehende Minderheitengesetz, das 2005 endlich vom Sejm beschlossen worden ist. Tadeusz Mazowiecki, der gleichfalls zu den Gesprächspartnern gehört hat, ergänzte die Schwierigkeiten, die Polen mit dem Minderheitenrecht habe, denn dies sei hierzulande ein psychologisches Problem, plötzlich deutsche Ortsschilder und Deutsch als Hilfssprache in der Öffentlichkeit zu akzeptieren und zu verstehen, und als Minderheit sind dann nicht die Ukrainer, Weißrussen und Litauer gemeint, sondern zunächst die Deutschen!

Man diskutierte auch die bevorstehende Neueinteilung des Landes in zwölf Wojewodschaften, 1999 wurden es dann 16. Diese Diskussion wurde von uns Deutschen mit Blick auf das Oppelner Schlesien geführt. Frage: Kann sich ein Oppelner Schlesien durchsetzen, eine souveräne Wojewodschaft mit einer deutschen Minderheit? Es stritten gemeinsam Polen und Deutsche um diese kleine Wojewodschaft. Zum Schluss konnte eine selbstständige Wojewodschaft, Oppelner Schlesien, durchgesetzt werden. Man muss jedoch wissen, dass der Bezirk Kattowitz, die Wojewodschaft Schlesien, das Oppelner Schlesien am liebsten einverleibt hätte.

Die zweite Gesprächsrunde war auf den Mai 1999 terminiert. Die Überschrift über einen Bericht darüber lautet: »Aus dem Monolog ausbrechen«. Es heißt zu Beginn des Berichts: »Als im März 1998 die Sprecher der Ostdeutschen Landsmannschaften zum ersten Mal zu Gesprächen in Warschau waren, galt dies fast als Sensation. Jetzt waren wir also schon wieder da. Beim ersten Mal war man durchweg neugierig, die beiden Seiten gegenseitig, und der Botschafter hatte zum ersten Kennenlernen sogar einen Empfang auf der Botschaft gegeben.« Jetzt kannte man sich, um das ein wenig großsprecherisch einzufügen, aber das Klima dieser Gespräche war, milde ausgedrückt, zugeknöpft. Am 29. Mai 1998 war mit den Stimmen der Mehrheitsparteien CDU/ CSU und FDP eine Resolution beschlossen worden, die im Warschauer Sejm eine heftige, geradezu nationalistische Reaktion am 3. Juli 1998 ausgelöst hatte. Man warf uns Deutschen vor, wir würden die Fakten des Vertrags vom 14. November 1990 mit der rechtlichen Bestätigung der Oder und Neiße als Grenze infrage stellen, was gar nicht der Fall war und auch nicht beabsichtigt wurde, und gleichzeitig kursierten wieder einmal die polnischerseits gern ins Feld geführten Ängste von einer Wiederkehr der Deutschen in Scharen und damit verbunden die Infragestellung des gegenwärtigen Besitzstands in den polnischen Westgebieten. Die deutschen Gesprächsteilnehmer versuchten immer wieder mit guten Gründen die nationalistischen Parolen zu widerlegen und aus der Welt zu schaffen.

Mit dem Blick auf den bevorstehenden Beitritt Polens zur Europäischen Union, von den Sprechern der Vertriebenen ausdrücklich gutgeheißen und nach Kräften unterstützt, wurden neue Fragen aufgeworfen: Die Polen setzen eine hohe Barriere bezüglich der möglichen Wahrnehmung des Rechts auf die Heimat, man spricht von über zehn Jahren Aufschub, wir Deutsche sprechen, nicht so sehr aus eigener

Überzeugung als vielmehr den Standpunkt der Bundesregierung und des Deutschen Gewerkschaftsbundes wiederge-
bend, von der Möglichkeit einer polnischen Überflutung
auf dem Arbeitsmarkt, sodass hier deutscherseits Fristen gesetzt werden sollen.

Unter den polnischen Diskutanten war Irena Lipowicz,
1953 in Gleiwitz geboren, herausragendes Mitglied der Frei-
heitsunion, Koalitionspartnerin der AWS unter Premierminister Jerzy Buzek. Beide Parteien gibt es heute nicht mehr,
aber Irena Lipowicz ist gegenwärtig als polnische Moderatorin gegenüber der deutschen Moderatorin Gesine Schwan
mit der Aufgabe eines deutsch-polnischen Miteinanders be-
traut. Wie gut es doch ist, Kontakte zu knüpfen und zu pflegen! In der Diskussion tritt die in Polen hoch angesehene Ju-
ristin für eine Frist gegenüber dem Recht auf die Heimat ein,
will aber nicht ganz Polen mit dem Aufschub, das Recht
wahrzunehmen, belasten. Sie denkt an eine Ausnahmerege-
lung für die polnischen Westgebiete, denn auch sie befürchtet einen deutschen Zustrom in die drei schlesischen Wojewodschaften, nach Pommern und Ostpreußen. Das Gespräch
wird in einem fehler- und akzentfreien Deutsch geführt.

Erneut wurde Kontakt zur Gesellschaft KARTA aufgenommen. Hier arbeitet man die Verfolgung der Polen unter
der kommunistischen Diktatur auf und stimmt, ohne sich
lange zu zieren, dem deutschen Vorschlag zu, auch über die
Verbrechen während der Vertreibung, von Kommunisten
und Nationalsozialisten verschuldet, in Dokumenten zu berichten. Dies ist in den letzten Jahren auch ohne jeden Ab-
strich gelegentlich erfolgt.

Wieder sind die Ostpreußen nicht dabei, weil sie nicht dabei sein wollen. Aber als hilfreich erwies sich die Fühlung-
nahme mit den großen Stiftungen der Bundesrepublik
Deutschland in Polen, mit Sitz in Warschau. Das eine Mal
war es die Konrad-Adenauer-Stiftung, das nächste Mal die
Friedrich-Ebert-Stiftung.

Der Bericht über die dritte Zusammenkunft zwischen

dem Ständigen Rat der Ostdeutschen Landsmannschaften
und Landesvertretungen (der zweite Bestandteil im Namen
ist überholt, denn die Landesvertretungen agieren nicht
mehr) trägt die Überschrift »In Warschau offene Fragen thematisiert«. Nur die Bauernpartei, jetzt in Opposition zusammen mit SLD, den Postkommunisten, sagte zuerst zu, dann
aber ab, veranlasst durch den Breslauer Abgeordneten Ja-
nusz Dobrosz, Fraktionsvorsitzender, unrühmlich bekannt
durch aggressive nationalistische Parolen. Abschließend
konnte erklärt werden: »Es waren im März 2000 in Warschau
gute Gespräche, nach vorn offene Gespräche, man tastete
sich nicht mehr erst ab, sondern man kannte sich bereits
und ging zur Sache.« Mit den Unterredungen dokumentier-
te man offenkundig Opposition zum Verhalten des Bundes-
außenministers Josef Fischer, der bald nach dem Regierungs-
wechsel des Jahres 1998 die Parole ausgegeben hatte, in einer
Zusammenkunft mit dem Ständigen Rat: »Schweigen ist
Gold«, folgernd aus dem Ratschlag, um keinen Preis durch
eigenes Handeln und Sprechen nationalistische Kräfte in
Polen zu mobilisieren.

Selbstverständlich wiederholen sich dieselben Fragen und
dieselben uns nicht befriedigenden Antworten, aber stets besteht die Chance, sich gegenseitig problembewusst zu machen und das Ziel eines deutsch-polnischen Miteinanders als
Nachbarn in der Euroäischen Union beim Namen zu nennen und allmählich anzustreben. Dieses Mal war auch die
Hauptregierungspartei AWS gut vertreten, von mancher polnischen Stereotype abweichend. Die einen beziehen sich zu
gern auf das Abkommen von Potsdam, hier sei doch alles in
Abwesenheit von Polen (als gleichfalls Siegermacht) ausge-
handelt worden. Von der Abwesenheit der Deutschen als be-
siegter Staat, über den in seiner Abwesenheit verhandelt und
entschieden worden ist, spricht niemand! Der Parlamentari-
er der stärksten Regierungspartei, der AWS, verwahrte sich
gegen den geläufigen Bezug auf Potsdam und führte aus: »In
Potsdam wurde die 50-jährige Herrschaft der Sowjetunion

über Polen beschlossen. Das ist darum kein Grund, sich als freie Polen auf die Konferenz von Potsdam zu beziehen.«

In die Gespräche wurden stets auch die evangelische Kirche, in Polen eine Kirche der Minderheit von etwa 100.000 Gläubigen, mit einbezogen, und der in Warschau residierende Bischof hatte die stille Neigung, seine Probleme den Deutschen angesichts ihrer eigenen protestantischen Mehrheit zu unterbreiten. Die Gesellschaft für deutsch-polnische Zusammenarbeit, ein Gebilde basierend auf den nicht zurückgezahlten deutschen Millionenkrediten an Polen unter Bundeskanzler Helmut Schmidt, wurde befragt, was jetzt noch an Projekten geplant werden könne, da das Grundkapital verbraucht worden ist. Das Kulturhaus, das vielstöckig die Sowjets den Polen erbaut hatten, ein hässliches Monstrum, beherbergt das wissenschaftlich arbeitende deutsche Institut, eine Gründung unter Bundeskanzler Helmut Kohl. Hier machten wir uns über die wissenschaftliche Beschäftigung mit der deutsch-polnischen Geschichte kundig.

Damit sollte und soll zum Ausdruck gebracht werden, dass es viele Anlaufstellen in Polen gibt, um Kenntnis vom Miteinander und Gegeneinander zwischen Deutschen und Polen zu erhalten und historisch zu fundieren.

Man sollte zugleich auch wissen, dass es die Vertriebenen ernst meinen, wenn sie sich für Gespräche mit unseren polnischen Nachbarn öffnen. Ein guter und erfahrener Gesprächspartner war stets der erste Botschafter Polens nach der Diktatur in Bonn, Jerzy Reiter. Wir suchten Kontakte, wir fanden Kontakte. Ein faktisches Ergebnis ist trotz dieser Gespräche nicht greifbar, das sei zugegeben, aber die uns bewegenden Fragen wurden offen eingeführt und debattiert, und wir lernten den Standpunkt der Polen kennen, allerdings nicht gerade diesem zustimmend. Die Vertriebenen wollen nicht in der Ecke stehen und Transparente hochhalten. Sie wollen mitreden und in die notwendigen Handlungen mit einbezogen werden.

»Darüber ist längst hohes Gras gewachsen«

Jahrzehnte gingen ins Land, bis zum ersten Mal das Bayerische Fernsehen in der ARD in Verantwortung von Rudolf Mühlfenzl die Vertreibung der Deutschen ins Programm aufgenommen hat. Dann trat wieder eine viele Jahre währende Pause ein, bis um die Wende von dem einen zum anderen Jahrhundert die beiden öffentlich-rechtlichen Stationen ARD und ZDF eine Darstellung der Vertreibung und zuvor der Flucht zum Thema wählten. Auch das Nachrichtenmagazin »Der Spiegel« hat es ihnen in einer Fortsetzungsfolge gleichgetan. Als dann der Schriftsteller Günter Grass mit seiner Erzählung »Der Krebsgang« den Untergang des Fluchtschiffs »Gustloff« am 30. Januar 1945 in der Ostsee mit Tausenden von Toten behandelte, wurde in der Öffentlichkeit notiert: Endlich sei zutreffend und ausgiebig über Flucht und Vertreibung berichtet worden.

Die einen meinen, das sei sehr verspätet geschehen, andere verwiesen darauf, dass in der belletristischen Literatur doch manches bereits geschildert worden sei, nur habe das die allgemeine Öffentlichkeit nicht zur Kenntnis genommen. Fast gleichzeitig mit den soeben genannten Beiträgen der Medien, eines Nachrichtenmagazins und des Schriftstellers wurde ein Buch über den mit den Flugbomben geführten Zweiten Weltkrieg von Jörg Friedrich veröffentlicht. Ein objektives und ernst zu nehmendes Buch! Allerdings ist in diesem Buch Ostdeutschland mit seinen Provinzen ausgespart. Dies ist wohl nur zu verstehen, weil der Angriffszirkel der die Bomben werfenden Flugzeuge in den Jahren bis kurz vor Kriegsende diese Teile von Deutschland nicht erreichte.

Aber seit 1944 war dies anders. Und auch die Methode des gezielten Angriffs aus der Luft gegen die Zivilbevölkerung seitens der Fliegertruppe der Roten Armee wäre berichtenswert.

Der Aufschrei von unseren Nachbarvölkern war und ist bis heute unüberhörbar. Schon wieder müssen wir erfahren, dass die Deutschen nur noch Opfer des Zweiten Weltkriegs sein wollen und gleichzeitig ganz verdrängen, wer den Zweiten Weltkrieg begonnen und was während des Kriegs tatsächlich geschehen ist. Polens Außenminister Adam Rotfeld sagte im Januar 2005 in einem Interview: »Deutschland hat am Ende des Krieges ausgedehnte Gebiete verloren, und Polen hat sie gewonnen. Deshalb müssen wir die Erinnerung an die Ursachen des Krieges bewahren, sonst heißt es in einer Generation oder in zweien in Deutschland, der Gebietsverlust und die Vertreibung vieler Millionen Deutscher sei eine Ungerechtigkeit gewesen.« Wiederholt ist aus Warschau oder Prag zu hören, dass wir Deutsche uns nur einseitig zu erinnern vermögen. Die Ereignisse von Vertreibung und Bombenkrieg würden vordergründig und mit einem Hauptakzent versehen bekannt gemacht und gewürdigt, das heißt verurteilt, aber die Deutschen wollten nicht tiefer und gründlicher in die jüngste Geschichte hinabsteigen, und man nennt dann die Errichtung eines Protektorats Böhmen und Mähren, den Angriff auf Polen und das deutsche Generalgouvernement, auch als vierte Teilung Polens bezeichnet.

Als im Zusammenhang mit der Befreiung des Konzentrations- und Vernichtungslagers Auschwitz am 27. Januar 1945 nach 60 Jahren in Deutschland Gedenkfeiern begangen wurden, warf der soeben zitierte polnische Außenminister ein: »Einerseits gehen manche in Deutschland mit diesem Thema sehr sensibel um. Sie haben ein Gefühl moralischer Verantwortung und drücken das in Worten und Taten aus. Andererseits gibt es da auch andere. Da gibt es eine neue Stufe der deutschen Mentalität, wo es heißt: ›Genug ist genug. Die Zeit ist reif, die Diskussion über Auschwitz zu been-

den.‹ Ich aber sage: Diese Diskussion wird nie ein für alle
Mal beendet sein. Erinnerung ist ein Prozess, und sie wird
niemals abgeschlossen.«

Dem ist nicht nur nicht zu widersprechen, dass Erinnerung ein Prozess von Dauer ist, dass Erinnerung nicht auf
Kommando beendet werden kann und darf. Hinzu kommt,
was, zugegeben, besonders schwer und auch bitter ist, wenn
sich die Völker, gerade auch die Nachbarvölker, gemeinsam
erinnern müssen, weil sie, jetzt einmal im Kollektiv gesprochen, zu den Tätern gegenüber den Opfern zählen. Der
Zweite Weltkrieg und seine Folgen sind darum ein von beiden Seiten nicht nur zu erarbeitendes, sondern zugleich ein
zu verarbeitendes Thema. Es mag leider an dem sein, dass
die eine Seite nur den Beginn des Zweiten Weltkriegs im
Auge hat und damit uns Deutsche, während die andere Seite, und jetzt meine ich uns Deutsche, nicht so sehr an den
Beginn des Zweiten Weltkriegs denkt, sondern an Bombenkrieg und Vertreibung. Man sollte nur nicht das offenkundige Ungleichgewicht zum Programm erheben und mit
schnellen Vorwürfen aufwarten. Es steht uns nicht zu, unseren Nachbarn vorzuschreiben, wie sie mit ihrer eigenen Geschichte umgehen, aber wir müssen sie daran erinnern, dass
es um die Totalität der Geschichte geht, man darf nicht absichtlich selektieren, das eine historisch absichern, das andere aber bewusst ausgrenzen.

Zu den Vorwürfen, die uns Deutschen gerade in jünster
Zeit gemacht werden, gehört auch, dass stets von einem Verschulden gegenüber den Juden die Rede sei und dass sonst
Schweigen und ein Nicht-zur-Kenntnis-nehmen-Wollen
herrsche. Gerade polnischerseits fühlt man sich minder
aufmerksam, weniger gerecht in der Darstellung und Beurteilung der historischen Abläufe berücksichtigt und behandelt.
Hier mag sogar ein wenig der in Polen so schmerzlich verbreitete Antisemitismus mit im Spiel sein. Das jüdische Schicksal
steht bei der Erinnerungsarbeit der Deutschen im Vordergrund, und wir Polen haben sozusagen das Nachsehen.

Vielleicht wäre es hilfreich, sich von dem Gegensatz der Opfer und Täter frei zu machen. Man sollte und könnte aufhören zu katalogisieren. Der Ablauf der ganzen jüngsten Zeitgeschichte muss Objekt der Forschung, Darstellung und Dokumentation sein, ohne jede national vielleicht sogar verständliche Akzentuierung und Gewichtung.

Vom historischen Gedächtnis der Völker war bereits die Rede. Und angesichts dieses historischen Gedächtnisses ist zu fragen: Gibt es da nicht auch bei einer Innenschau weiße Flecken? Es sei hier das Thema Vertreibung aufgerufen. Die vertriebenen Mitbürger sind »arme Schlucker« gewesen, und dies gilt auch für die Deutschen in der sowjetischen Besatzungszone, in der späteren DDR. Auf der falschen Seite des später so genannten Eisernen Vorhangs gelebt, und darum unter der Zwangsherrschaft der Kommunisten.

Vertreibung durch Polen und Tschechen war halt das Schicksal, bestimmt bedauerlich, aber so fallen nun einmal die Lose des Schicksals. Ich bin ich, was schert mich da das Schicksal der anderen? Das klingt peinlich egoistisch, aber wir sollten uns nichts vormachen, Urteile und Verhalten nicht gleich aller, aber doch vieler Deutscher verliefen so.

Bis heute, was leider für die Mehrheit gelten dürfte, wird die Vertreibung der Deutschen nicht in das eigene Bild von der Welt einbezogen. Der Bombenkrieg genießt da noch eher Präsenz, denn man lebt in Städten und Gemeinden, die vom Krieg zerstört wurden und deren Wiederaufbau Diskussionen ausgelöst hatte und selbst hautnah erfahren wurde. Aber die Vertreibung, ich habe gelegentlich einmal davon gehört, dabei soll es auch bleiben. Als jüngst im Zusammenhang mit der Wiederkehr des Tages, an dem der Zweite Weltkrieg am 8. Mai 1945 sein Ende fand, um zwei Beispiele herauszugreifen, über Auschwitz und die Bombennacht von Dresden wurde gesprochen, anschließend waren die Fernsehzuschauer telefonisch eingeblendet. Es fiel kein Wort, wenigstens nachträglich, über die Vertreibung. Sie war und ist in den Köpfen nicht gegenwärtig.

Nur am Rande sei vermerkt, dass die lautstark und emotional aufgeheizte Widerrede und die nachfolgenden Proteste aus Polen und Tschechien das Thema Vertreibung ein wenig wiederbelebt haben. Aber dann auch gleich mit der Folge: Muss es denn sein, etwas wiederzubeleben? Das ist doch längst Vergangenheit, man sollte uns mit derlei nicht belasten, man spüre es doch, wie im Ausland reagiert wird. »Darüber ist doch längst Gras gewachsen«, wie hierzulande zu hören ist.

Die Vertriebenen begehen jedes Jahr den Tag der Heimat. Ursprünglich war das Datum der Potsdamer Konferenz mit seiner Abschlusserklärung vom 2. August 1945 seit dem Jahre 1950, dem Tag der Verkündigung der »Charta der deutschen Heimatvertriebenen« vom 5. August 1950, die Regel für das Begehen dieses Tages. Dann wurde es ein Datum im September, weil das ursprüngliche Datum in die Zeit der Sommerferien fällt. Auch wenn dieser Tag in Berlin alljährlich mit politischer Prominenz begangen wird, weit im Lande bleiben die Vertriebenen brav unter sich. Es sollte nicht nur ein Tag der Erinnerung an die Heimat, aus der man vertrieben worden ist, sein, sondern ein Bekenntnis der Solidarität der Nichtvertriebenen, der einheimischen Bevölkerung mit den Vertriebenen. Hier muss man leider Fehlanzeige melden. Es ist schon ein Erfolg, wenn die Prominenz der Gemeinde präsent ist und auch dieser oder jener Abgeordnete der Parteien sich zeigt. Außerdem sollte dieser Tag der Heimat auch als Bekenntnis zur Freiheit, zur Wiedergewinnung der Freiheit, als Tag der Wahrung und Verteidigung der Freiheit begangen werden. Das war immer zugleich ein Ruf nach Freiheit für unsere Mitbürger in Mitteldeutschland und für die Freiheit unserer in Unfreiheit lebenden Nachbarn. Der Tag der Heimat krankt bis heute daran, dass er von den Deutschen im Ghetto gefeiert wird. Wir, die Mehrheit im Lande, wollen keinen Anstoß an diesem Tag der Heimat nehmen, aber lasst doch die Vertriebenen, die ohnehin bald aussterben werden, für sich sprechen.

Aufarbeitung eigenen schuldhaften Verhaltens

Dass die Schuldigen, die für die Unmenschlichkeiten Hauptverantwortlichen, in Polen zur Rechenschaft gezogen und gerecht verurteilt werden, ist wiederholt von den Opfern der Vertreibung, von uns Deutschen gefordert worden. Während der Jahrzehnte der kommunistischen Diktatur bestand kaum eine Chance, dass dies geschehen könnte und geschehen wird. Zwar war ein Prozess in Oppeln gegen den zeitweiligen Kommandanten des Arbeitslagers Lamsdorf (in der Nähe der oberschlesischen Kreisstadt Falkenberg gelegen), Czeslaw Gborski, eröffnet worden, aber der Angeklagte wurde nicht nur freigesprochen, sondern im Dienst der Regierung weiter und hoch befördert. Nach der Wende wiederholten sich nicht nur die Beschuldigungen und die Forderungen nach Bestrafung der Schuldigen, sondern auch polnischerseits griff man zwei der bekanntesten Fälle von grausamer Unmenschlichkeit auf. Der eine Fall war Lamsdorf, trotz des bereits vorangegangenen Freispruchs unter den Kommunisten, der andere Fall war das Zwangsarbeitslager »Zgoda« (Eintracht) bei der ostoberschlesischen Stadt Schwientochlowitz.

Zu Lamsdorf gibt es deutsche und polnische Veröffentlichungen. Der ehemalige Lagerarzt in Lamsdorf, der Deutsche und aus der Heimat schließlich Vertriebene, Dr. Heinz Esser, hatte 1969 eine Broschüre unter dem Titel »Die Hölle von Lamsdorf« veröffentlicht, heute in der zwölften Auflage vorliegend. Hier wurde chronologisch über die Zustände in diesem Lager, das wohl richtiger als ein Konzentrationslager zu bezeichnen ist, berichtet, und Zahlen für die Inhaftierten

und die Opfer wurden vorgelegt. Die Angaben lauteten:
8000 Inhaftierte, 6500 Tote. Eine besonders herausgestellte
Grausamkeit war die Erschießung von 48 Inhaftierten, nachdem man sie für die Schuldigen des Brandes einer Baracke
erklärt hatte. Der Verantwortliche für diese Bluttat heißt
Czeslaw Gborski, mit 20 Jahren 1945 Lagerkommandant.
Die seinerzeitige kommunistische Publizistik leugnete jedes
Verbrechen und irgendeines Mannes persönliche Schuld,
griff aber gleichzeitig den Autor Heinz Esser scharf an, der
schon deswegen nicht glaubwürdig sei, weil er Mitglied der
NSDAP gewesen sei. Dass besagter Lagerarzt in der Bundesrepublik Deutschland inzwischen für die SPD zum Stadtrat
gewählt worden war, wurde unterschlagen. So ein Bericht
wie »Die Hölle von Lamsdorf« wurde als »die Fälschung
und Verleumdung der revisionistischen Propaganda« ge-
kennzeichnet.

Nach der Wende übernahm aus freien Stücken ein in
Oberschlesien geborener polnischer Historiker die zu rüh-
mende Aufgabe, zum Fall Lamsdorf für Aufklärung zu sorgen. In mehreren lesenswerten Veröffentlichungen bezog
Edmund Nowak sich vor allem auf das vorliegende Archiv-
material, musste aber mitteilen, dass auch in den ersten Jahren nach der Wende von 1989 Teile des Archivs nicht freigegeben wurden. Dies kann nur so gedeutet werden, dass man
Angst davor hatte, nun die ganze Wahrheit, die sich mit
dem Geschehen in dem Zwangsarbeitslager verbindet, würde zugeben zu müssen. In der jüngsten und umfangreichs-
ten Veröffentlichung, 2003 in deutscher Übersetzung, mit
finanzieller Unterstützung durch die Bundesrepublik Deutschland erschienen, wird zu Recht erklärt: »Um diese Lager entstanden viele Mythen, Halbwahrheiten, Vorurteile und Un-
klarheiten.« Auf deutscher Seite sei, wie sich Edmund
Nowak ausdrückt, »ein apokalyptisches und extremes Bild«
über Lamsdorf entworfen worden. In Polen wurde das »Ab-
streiten der Fakten der in diesem Lager begangenen Rechts-
verletzungen und Verbrechen« betrieben.

Auch der polnische Autor kommt ohne den Begriff »Hölle von Lamsdorf« nicht aus, aber gleichzeitig will er die Zah-
lenangaben des deutschen Lagerarztes Heinz Esser ebenso
gewissenhaft wie leider auch polemisch widerlegen. Es seien
nicht 8000 Häftlinge und 6500 Tote die Bilanz gewesen, sondern laut archivalischen Unterlagen 5000 Häftlinge und
1500 Tote. Aber er fügt die Bemerkung an, dass nur im Arbeitslager »Zgoda« bei Schwientochlowitz noch mehr, prozentual berechnet, Tote zu verzeichnen gewesen sind. Die
Zahl von Lamsdorf macht 25 Prozent der hier Inhaftierten
aus.

Eine bange Frage wird von Edmund Nowak gestellt: Wann
geht der Prozess gegen den Hauptschuldigen für das Lager
Lamsdorf, Czeslaw Gborski, mit einem Urteil zu Ende? Das
Verfahren konnte vor dem Gericht in Oppeln überhaupt nur
aufgenommen werden, weil die Bluttat der Erschießung von
48 Häftlingen im ersten Prozess von den Kommunisten und
ihrer Justiz aus verständlichen Gründen nicht Gegenstand
der Anklage gewesen ist. Man wollte die Ermordung von
48 Lagerinsassen nicht zur Kenntnis nehmen. Zu begrüßen ist,
dass ein für die grausamen und bitteren Ereignisse Verantwortlicher zur Rechenschaft gezogen wird. Der Prozess läuft
jedoch bereits seit 2001. Prozeduale Vorgänge, vor allem aber
das hohe Alter und der immer wieder ins Gespräch gebrach-
te gesundheitliche Zustand des Angeklagten nach 60 Jahren
des Geschehens sind Gründe des sich lang hinziehenden
Prozesses. Hinzu kommt, dass die Zeugen, die damals Kinder und Jugendliche waren, heute gleichfalls im hohen Alter
stehen und die entscheidenden Ereignisse eher vom Hören-
sagen im Lager und nicht dank eigener Inaugenscheinnahme
berichten können. Es bestünde daher sogar die Gefahr, wie
Edmund Nowak kritisch einwirft, dass der Prozess mit
einem Freispruch enden könnte. Dies aber wäre dann nach
seiner nicht unbegründeten Ansicht eine Belastung des
deutsch-polnischen Verhältnisses, denn es steht seit Jahrzehnten fest, dass der Fall Lamsdorf im Mittelpunkt eines

neuen deutsch-polnischen Nachbarschaftsverhältnisses steht.
Nicht nur verbale Verurteilung, sondern Bestrafung des
Schuldigen lautet die Forderung.

Edmund Nowak hat als Historiker nicht nur für Aufklärung gesorgt, sondern sich glaubwürdig bemüht, über
Lamsdorf so objektiv wie möglich zu berichten. Sein Bericht
ist offensichtlich, durch Wahrheit zu überzeugen, nicht zuletzt zur Aufklärung der eigenen Landsleute verfasst. Die
Zeit des Verschweigens oder Schönredens mit dem Rückblick auf den einzig Schuldigen, den deutschen Diktator, ist
nicht nur zu Ende, sondern mit seinen Untersuchungen und
seiner Darstellung des Falls Lamsdorf stellt ein Pole dar, welch
widerwärtiges Geschehen durch Polen Deutschen zugefügt
worden ist. Es dürfen nicht Mythen und Halbwahrheiten,
entschuldigende Erklärungen und bequeme Verdrängungen
obsiegen. Inzwischen ist auf Betreiben der deutschen Minderheit in Polen ein Ehrenfriedhof im ehemaligen Lager
Lamsdorf errichtet worden. Allerdings legten die polnischen
Dienststellen Wert darauf, dass auf den Totentafeln nur
Namen stehen, deren Tod in Lamsdorf statistisch erfasst
worden ist, und es ist zunächst nicht die jetzt archivalisch
erarbeitete Zahl von 1000 bis 1500 Toten. Die geforderte prä-
zise Genauigkeit ist trotz aller Genugtuung über diesen
Lamsdorfer Ehrenfriedhof für jeden einzelnen Toten zu be-
dauern.

»Der Ort des Schreckens«, der Untertitel eines Erinne-
rungsberichts von Gerhard Gruschka über »Zgoda«, das bereits genannte Konzentrationslager, mit einer noch höheren
Totenquote als Lamsdorf. Der Hauptschuldige für die auf
seinen Befehl ausgeführten Menschenschändungen heißt
Samoel Morel. Nach der Wende, allerdings um etliche Jahre
verspätet, wurde Samoel Morel angeklagt. Als man endlich
seiner habhaft werden wollte, war er in der Zwischenzeit, in
Vorahnung dessen, was ihn erwartete, nach Israel zu seinen
Kindern geflohen. Die polnische Justiz blieb hartnäckig und
forderte, inzwischen bereits mehrmals, seine Auslieferung.

Diese wurde permanent von Israel verweigert, denn die dem jetzigen Bürger Israels vorgeworfenen Tatbestände lägen mehr als zehn Jahre zurück. Diese nach israelischem Recht wohl zu begründende Erklärung ist jedoch angesichts des eigenen Verhaltens, eines nur zu gut zu verstehenden Verhaltens gegenüber Verbrechen gegen die Menschenrechte, nicht zu begreifen. Andererseits spricht aber das polnische Verlangen einer Auslieferung für das Bemühen, einen Hauptschuldigen im Lager »Zgoda« gerichtlich zu belangen.

Aus dem Buch von Gerhard Gruschka ist übrigens auch zu erfahren, mit welchem Vorwand jemand zum Lageraufenthalt verurteilt worden ist. Schon in Lamsdorf mussten fadenscheinige Begründungen herhalten, um die Deutschen, nur weil sie Deutsche waren, in Haft zu nehmen. In Lamsdorf wollte man im Sommer 1945 nur einen Ort des Gewahrsams für diejenigen errichten, die vertrieben werden sollten. Man gab auch an, dass es ein Auffanglager für diejenigen sein sollte, die Nationalsozialisten gewesen waren oder gewesen sein könnten. Im Fall von »Zgoda« verhielt es sich fast genauso, lediglich die Erklärung für ein »vorübergehendes Gewahrsam« für auszusiedelnde Deutsche fehlte. Man glaubte im Lager »Zgoda« deswegen die Deutschen inhaftieren zu müssen, weil sie Nationalsozialisten gewesen seien und jetzt durch die Haft bestraft werden sollten.

Hier das Beispiel des 1945 gerade 14-jährigen Burschen Gerhard Gruschka. Er wurde in Gleiwitz von der Roten Armee von der Straße weg verhaftet und den Polen zur Einlieferung als KZ-Häftling übergeben. Der Vater war in der Weimarer Republik Sozialdemokrat, die Mutter der katholischen Kirche eng verbunden, der Sohn als Ministrant aus der Hitlerjugend geworfen, zu der er pflichtgemäß gehörte. Die Drangsalen in »Zgoda« waren die schlimmsten im Stile der SS. Der Leiter des Lagers, besagter Samoel (Schlomo) Morel, verstand sich als von den Nationalsozialisten verfolgter Jude jetzt dazu berufen, Rache an den Deutschen üben zu müssen, eingedenk der schrecklichen Tatsache, dass Familienangehörige in Auschwitz Opfer der Menschen mordenden Deutschen geworden waren. Es war ein amerikanischer Autor jüdischen Bekenntnisses, der als Erster über die Grausamkeiten in »Zgoda« und die unverantwortliche Rache des Lagerleiters berichtet hat.

Auch hier gute Zeichen, wenn zu vernehmen ist, dass nicht nur der Ermordeten und der infolge der unmenschlichen Quälereien zu Tode Gekommenen seitens der Deutschen, die überlebt haben, gedacht wird, sondern dass die Kommune Schwientochlowitz es als Pflicht übernommen hat, in würdiger Weise das Gedenken zu übernehmen. Ein Prozess gegen den Hauptschuldigen konnte noch nicht eröffnet werden, da dieser sich als Flüchtling einem Gerichtsverfahren entzogen hat.

Beutekunst in Krakau und Warschau

Es gibt in der Politik offene Fragen, über die man am besten, wie in geheimen Absprachen beraten und verkündet wird, schweigt, und dies mit Ausdauer, um sie auf diese Weise schließlich als gelöst auszugeben und zu begraben. Dieser Eindruck drängt sich leider zum Thema der so genannten Beutekunst und inzwischen als Beispiel des erfolgreichen Verschweigens auf. Worum geht es? In polnischer Hand befinden sich seit Kriegsende kostbare Schätze des deutschen Kulturlebens aus den früheren Jahrhunderten, und in Polen verweist man auf die Verluste an Zeugnissen der polnischen Kultur während der Herrschaft des »Generalgouvernements« in Krakau. Zuerst muss uns Polen Recht widerfahren, bevor wir über die deutschen Dokumente der Kultur, heute in der Krakauer Jagellonen-Universität untergebracht, zu verhandeln bereit sein können. In einer langen Liste hat Polen all die Kulturgüter festgehalten, die geraubt worden seien und sich jetzt in der Bundesrepublik Deutschland befinden sollen. Selbstverständlich möchte man uns Deutschen nicht unterstellen, dass wir jede Restitution verweigern, aber das als geraubt Vermisste lässt sich nicht ausfindig machen. Dies hat nach polnischer Auffassung zur Folge, dass eine substanzielle Verhandlung über die deutschen Kulturgüter heute in Polen unnütz sei.

Aus dem Bestand der Preußischen Staatsbibliothek in Berlin waren kurz vor Ende des Zweiten Weltkriegs wertvolle und bedeutende Kulturdokumente nach Schlesien in das Kloster Grüssau nahe dem Riesengebirge verlagert worden. Darin sind Handschriften und Noten der Werke von Mozart, Haydn, Beethoven, Bilder von Otto Runge, Hans Tho-

ma, Adolph von Menzel, Franz von Lenbach, Lovis Co-
rinth. Dazu kommen noch reiche Bücherbestände.

Wir Deutsche verweisen auf den »Vertrag zwischen der
Bundesrepublik Deutschland und der Republik Polen über
gute Nachbarschaft und freundschaftliche Zusammenarbeit«
vom 17. Juni 1991 und beziehen uns wohlberechtigt, wie dies
auch die Bundesregierung vor vielen Jahren im Deutschen
Bundestag getan hat, ausdrücklich darauf. Darin heißt es im
Artikel 28: »Die Vertragsparteien werden bei der Erhaltung
und Pflege des europäischen kulturellen Erbes zusammen-
arbeiten. Sie werden sich für die Denkmalspflege einsetzen ...
Die Vertragsparteien werden gemeinsam Initiativen im Geiste der Verständigung und Versöhnung verwirklichen.« Artikel 28 Absatz 3: »Im gleichen Geiste sind die Vertragspartei-
en bestrebt, die Probleme im Zusammenhang mit den
Kulturgütern und Archivalien, beginnend mit Einzelfällen,
zu lösen.«

Es sei aus dem Bundestagsprotokoll April 1997 die Antwort des Staatssekretärs des Auswärtigen Amts zitiert: »Die
Bundesrepublik bedauert, dass es trotz mehrerer Verhand-
lungsrunden mit der polnischen Seite auf der Grundlage von
Artikel 28 Absatz 3 des deutsch-polnischen Nachbarschafts-
vertrages bisher noch nicht gelungen ist, konkrete Rück-
führungen von Kulturgütern zu vereinbaren.« Es folgt eine,
wie leider in Antworten der Bundesregierung auf Fragen von
Mitgliedern des Parlaments, optimistische, in die Zukunft
projizierte Antwort: »Die Bundesregierung ist jedoch zuver-
sichtlich, dass ihre Bemühungen auf der genannten Grundlage eine für beide Seiten akzeptable Lösung des schwierigen
Rückführungsproblems zu erreichen, mit Geduld und der
notwendigen Sensibilität im Rahmen der bestehenden
freundschaftlichen und vertrauensvollen bilateralen Beziehungen zum Erfolg führen werden.« Diese Antwort wurde
noch während der Ära von Bundeskanzler Helmut Kohl er-
teilt.

Die Zusammenkünfte von Beauftragten der beiden Regierungen zur Lösung all dieser Fragen aus dem Bereich der Kultur wurden zuerst noch mit Ziffern über die laufenden Verhandlungen versehen und so der Öffentlichkeit mitgeteilt. Das ist offenbar längst Vergangenheit, von Zusammenkünften der Beauftragten ist nichts zu vernehmen. Das stur durchgehaltene Nein der polnischen Seite gilt, erst dann zu Verhandlungen bereit zu sein, wenn der polnische Standpunkt der Wiedergutmachung für vermisstes Kulturgut bedenkenlos akzeptiert wird.

Nicht nur diese Tatsache verlangt Widerspruch und immer wieder neues Verhandeln. Inzwischen ist Polen auch Mitglied der Europäischen Union geworden und damit an deren Werteordnung gehalten. Polen ist im Besitz fremden Eigentums, infolge der Kriegswirren in polnische Hand gelangt, weshalb ebenso deutlich wie wiederholt danach gefragt werden muss, warum dieses Mitglied der Europäischen Union darauf beharrt, über fremdes Eigentum nicht nur als gegenwärtiger Besitzer, sondern mit dem Anspruch des Eigentümers zu verfügen.

Aber nicht minder erregend ist das Verhalten von Bundesregierung und Opposition im Deutschen Bundestag und gleichzeitig das Verhalten unserer Medien. Das Prinzip herrscht vor, dass man das deutsch-polnische Verhältnis nur im strahlenden Scheinwerferlicht, im zu bewundernden Austausch von Wangenküssen und 90-Sekunden-Statements im Fernsehen erleben darf. Die Bemerkung eines Journalisten zum Tagesordnungspunkt Beutekunst, »Das ist skandalös, was sich da zwischen Deutschland und Polen tut«, liegt bereits viele Jahre zurück.

Neues zu berichten und sich dann darüber zu erregen, gibt es ohnehin nicht, darf es nicht geben. Beschweigen in der Absicht des Totschweigens heißt die Lösung angesichts der Beutekunst!

Klage ist auch darüber zu führen, und diese erheben in Schlesien sowohl Polen als die Mehrheit im Lande als auch die Deutschen als Minderheit in Breslau, dass die Zeugnisse

der Kultur, vor allem des christlichen Glaubens, von ihrem
Standort entfernt und nach Polens Hauptstadt Warschau gebracht worden sind. Wer heute die gotischen Zeugnisse
Schlesiens sehen und bewundern will, muss sich in das Nationalmuseum nach Warschau begeben. Deutsche und Polen als Einwohner der schlesischen Metropole haben sich
bittend, protestierend und fordernd nach Warschau ge-
wandt, man möge endlich 60 Jahre nach Kriegsende die
Kunstschätze nach Breslau zurückführen, dorthin, wo ihr
urtümlicher Standort ist.

All diesen sich wiederholenden Bemühungen war leider
kein Erfolg beschieden. In dem zentralistisch regierten Polen
soll die Hauptstadt glänzen und gerade auch dank der Kulturgüter aus Schlesien. Es spielt auch der nationale, nationalistische Stolz mit, so reich und kulturträchtig in der Folge
des Zweiten Weltkriegs geworden zu sein. Man leidet im gegenwärtigen Nationalbewusstsein darunter, sich nicht im allgemeinen Verständnis der Welt als Siegervolk gesehen und
anerkannt zu wissen.

Man spricht von einer »innerpolnischen Beutekunst«,
wenn über die Zeit gleich nach Kriegsende und den Ab-
transport der großartigen Zeugnisse der schlesischen und damit deutschen Kulturgüter aus Schlesien berichtet wird.
»Breslauer Historiker«, so war in einem Bericht in der
»Frankfurter Allgemeinen Zeitung« zu lesen, »haben heraus-
gefunden, dass zwischen Kriegsende und 1946 insgesamt
28 Eisenbahnwaggons und 116 Lastwagen beladen mit Breslauer Kunstschätzen in Richtung Warschau rollten. Darunter
ein Martin-Luther-Porträt von Lucas Cranach ...« Obwohl
die Stadtbevölkerung von Breslau als recht zusammengewür-
felt gilt, »entstand in Breslau ziemlich schnell ein Lokal-
patriotismus ... Eine Neugierde der Jüngeren, die nach dem
Ende des kommunistischen Denkverbots begannen, das ge-
samte schlesische Kulturerbe für sich zu entdecken«.

Es wurde die Stimme einer polnischen Historikerin und
Redakteurin in Breslau zitiert: »Wir sind hier geboren, nicht

in Galizien oder irgendwo im Osten, also sind wir auch
Schlesier. Schlimm genug, dass man früher die schlesische
Geschichte polnisch-national gefälscht hat. Wir brauchen
das nicht mehr. Aber wenn wir hier Wurzeln schlagen wollen, darf uns Warschau nicht unserer Beziehungspunkte in
der Geschichte berauben.« Auch Prof. Dr. Lech Kieres von
der Breslauer Universität meldete sich zu Wort: »Warum
dürfen wir uns nicht auf deutsche Traditionen berufen? Genauso gut könnten wir verkünden, dass die heutigen Bewohner von Wilna und Lemberg, sich nicht auf die polnischen
Traditionen ihrer Städte berufen dürfen. Ich protestiere gegen den Versuch, uns unseres Kulturerbes zu berauben …
Sollen wir die Geschichte vergessen, die uns hierher getrie-
ben hat und die wir hier vorgefunden haben?« Ein Mitglied
des Breslauer Stadtrats, Jaroslaw Obremski, erklärte: »Es tut
weh, wenn man hört, dass nur der ein guter Patriot ist, der
sich freut, dass seine Kunstschätze in Warschau ausgestellt
sind. Dieses Argument ist eine patriotische Sauce, die über
uns ausgekippt wird. Man tut so, als wären Polen und Warschau das Gleiche …«

Auch kirchliche Kunstschätze, die aus Schlesien als Beute-
gut des Feindes empfunden wurden, finden sich heute in
den Kirchen von Warschau. Hier müsste eine Regelung innerhalb der Kirchenleitung gefunden werden.

Man glaubte eine Zwischenlösung gefunden zu haben,
wenn das Warschauer Nationalmuseum einige wenige schlesische Kunstschätze wie das Luther-Bild von Cranach in die
Außenstelle des Nationalmuseums in Breslau und damit
nach Breslau verlegt. Am angemaßten Eigentumsanspruch
des Warschauer Museums auf die vielen Zeugnisse der Kultur Schlesiens ändert das leider nichts.

Die stolze, gleichzeitig nationalistische polnische Eigen-
willigkeit, das durch die Kriegsereignisse zufällig Erworbene,
ob jetzt in Krakau oder in Warschau fest in der Hand zu behalten, ist und bleibt ein beklagenswerter, ja sogar ein anzu-
klagender Störfaktor im Verhältnis der beiden Nachbarn.

Recht auf die Heimat

Als zwischen Deutschland und Polen vor dem Beitritt Polens zur Europäischen Union verhandelt wurde, standen zwei Fragen, die unbedingt einvernehmlich gelöst werden sollten, im Mittelpunkt: die Freizügigkeit für die Arbeitskräfte und das Recht auf die Heimat. Auf der deutschen Seite legte man Wert darauf, dass man uns schützen müsse vor einer Überflutung von Arbeitsuchenden aus Polen. Die Polen hatten die Freizügigkeit bezüglich der Niederlassung und des Landerwerbs seitens der Deutschen im Visier. Die Lösung, die schließlich gefunden worden ist, konnte weder die eine noch die andere Seite befriedigen.

Zum Arbeitsmarkt wurde ausgemacht, dass ein Wartezeitraum bis zu sieben Jahren eingerichtet werden müsse, um den Arbeitsmarkt für die Polen freizugeben. Allerdings sollte bereits nach drei Jahren eine Prüfung stattfinden. Man fragte sich in Polen, ob dies überhaupt notwendig sei, denn nach dem Beitritt Griechenlands und Portugals hat es keineswegs einen orbitanten Zustrom auf die Arbeitsmärkte der EU-Staaten gegeben. Aber der Deutsche Gewerkschaftsbund übte Druck auf die Bundesregierung aus und verlangte die Absicherung durch einen zeitlichen Sperrvermerk.

Polen tat sich bezüglich der Niederlassung der Deutschen leichter, einen Sperrvermerk als Regelung des Zukünftigen durchzusetzen. Es ist jetzt erst ein Zeitraum von 13 Jahren zu durchmessen, bevor die Freizügigkeit den Deutschen gewährt wird, vom Gebot der Freizügigkeit Gebrauch zu machen. In Polen ist immer wieder die Angst verbreitet worden, es könnte zu einem fatalen Zustrom der Deutschen nach Polen kommen, weil die Deutschen ihren Anspruch mit dem Recht auf die Heimat begründen. Zum Panorama des

Schreckens gehörten und gehören drohende Enteignung, eine große Zahl von Deutschen hat die Absicht, in Polen Fuß zu fassen in bestimmten Gebieten, vor allem in Schlesien. Die Gefahr drohe, dass dann die Polen als Mehrheitsvolk zur Minderheit werden könnten.

Das Recht auf die Heimat, in Deutschland als ein zu realisierendes Recht gefordert, findet in Polen nicht nur keine Zustimmung, sondern ein lautes Nein. Man will sich auch gar nicht mit diesem Recht auf die Heimat befassen. An sich ist das Recht auf die Heimat zwar völkerrechtlich nicht kodifiziert, aber es ist, wie kundige Völkerrechtler bestätigen, Teil des völkerrechtlich verankerten Selbstbestimmungsrechts der Völker. Im Konflikt um Kosovo wurde es sogar bereits durchgesetzt. 800.000 Kosovo-Albaner waren von der jugoslawischen Regierung in Belgrad aus dem Lande gejagt worden. Die internationale Völkergemeinschaft beharrte nach Abschluss der Kriegshandlungen darauf, dass dieses Recht auf die Heimat den Kosovo-Albanern nicht nur zustünde, sondern auch uneingeschränkt gewährt werden müsse, was dann auch geschah.

Die mit Hartnäckigkeit vorgetragenen Argumente gegen das Recht auf die Heimat implizieren stets eine neue Vertreibung der jetzt ansässig gewordenen Bevölkerung. Hier muss gleich gegengehalten werden, dass sich eine Vertreibung auf keinen Fall wiederholen würde und auch gar nicht wiederholen darf. Gerade die aus der Heimat Vertriebenen, die von diesem Recht auf die Heimat Gebrauch machen wollen und könnten, werden sich nicht des gleichen unmenschlichen Mittels der Politik bedienen, ansonsten wären sie in ihrem Aufbegehren gegen die eigene Vertreibung und andere Vertreibungen unglaubwürdig. Das Recht auf die Heimat darf ihnen nicht abgesprochen werden. Es ist ein Recht der Möglichkeit zur Rückkehr in die Heimat und ein Recht, in der Heimat neu zu beginnen, in wohlwollender Kooperation mit dem gegenwärtigen Souverän.

Gleichzeitig ist aber auch darüber nachzudenken, wie

groß der Ansturm derer sein könnte und sein wird, die von
diesem Recht auf die Heimat Gebrauch machen wollen. Die
Generation der unmittelbar Vertriebenen wird immer kleiner. Sicher, das Recht auf die Heimat gehört zum Erbe, also
auch die nachgewachsenen Generationen haben einen Anspruch auf dieses Recht auf die Heimat. Aber sollte nicht
auch die Überlegung überzeugen, dass diejenigen, die vom
Recht auf die Heimat Gebrauch machen, für den Wohlstand
des Landes, also Schlesiens, einen Gewinn darstellen. Wie
groß war der Gewinn schon jetzt für Polen, dass mancher Intellektuelle, der aus einer deutschen Familie stammt, die
nicht das Leid der Vertreibung hat erfahren müssen, nunmehr völlig integriert ist. Es sei kurz auf die USA geschaut.
Welch Gewinn für das Land in der Folge der antisemitischen
Staatsräson der zur Emigration gezwungenen deutschen
Emigranten!

Das Recht auf die Heimat ist ein Ordnungsfaktor schon
jetzt in der Weltpolitik. Es sei hier die Resolution 194 der
Vereinten Nationen aus dem Jahre 1948 genannt, als es um
das Problem der Palästinenser angesichts der Gründung des
Staates Israel ging. Ein Rückkehrrecht der Palästinenser ist
darin ausdrücklich festgeschrieben. Auch hier wurden Ängste geschürt, denn es könnte bei einer uneingeschränkten
Ausübung des Rechts auf die Heimat aus einer ansässig gewordenen jetzigen Mehrheit eine Minderheit werden. Dabei
geht es, auch im Fall des Nahen Ostens, nicht um eine sozusagen hundertprozentige Ausführung des Rechts auf die
Heimat, sondern zunächst um den moralischen Anspruch,
vom Recht auf die Heimat Gebrauch machen zu können.
Wer Vertreibung verurteilt und ächtet, wie dies auch durch
eine Resolution des Deutschen Bundestags von allen Parteien bekräftigt worden ist, kann diesem Recht auf die Heimat als rechtliche Gegenposition nicht widersprechen. Es ist
ein Recht, das tief sitzende Wunden zu heilen vermag.
Wenn jetzt im Zusammenhang mit der Handelsgesellschaft
»Preußische Treuhand« von deren Verfechtern behauptet

wird, dass sich mit den Forderungen nach Wiederherstellung des Eigentums oder einer materiellen Wiedergutmachung für das Eigentum, wie es bis zur Vertreibung bestanden hat, das Recht auf die Heimat verbindet und jedes Wort dagegen ein Abrücken vom Recht auf die Heimat sei, ist das eine falsche Fährte. Das Recht auf die Heimat ist frei von einer eigentumsbezogenen Forderung.

Das Recht auf die Heimat ist zunächst ein moralischer Anspruch. Es ist doch durchaus verständlich und nachvollziehbar, dass denjenigen, die über viele Generationen einen persönlichen Bezug zur Heimat, einen tatsächlichen und auch einen traditionsbedingt inneren Bezug gehabt haben, durch die Vertreibung all dies gewaltsam beendet und zerstört worden ist. Es ist also ein ethisch begründetes Gebot, sich auf dieses Recht auf die Heimat zu berufen. Es darf aber auf keinen Fall, indem ein Unrecht überwunden werden soll, mit neuem menschlichem Leid und abermaligem Unrecht verwirklicht werden.

Man sagt ein wenig liebevoll spottend den Schlesiern gern nach, sie hätten ein geradezu irrationales Verhältnis zu ihrer Heimat. Aber jedermann, der seine Heimat liebt, und dies gilt bestimmt auch für unseren polnischen Nachbarn, wird dafür Verständnis aufbringen können, was es bedeutet, aus der einem lieb gewordenen Heimat vertrieben zu werden, vertrieben zu bleiben.

In diese Heimatliebe mit einbezogen ist auch das innere Verhältnis zu den verstorbenen Vorfahren, weshalb es besonders schmerzlich war und geblieben ist, wie nach 1945 mit den Gräbern der in der Heimat Verstorbenen umgegangen worden ist. Hier hat auch die Kirche sich Schuld zusprechen müssen. Damit soll ausgedrückt werden, ein Ja zum Recht auf die Heimat, ein nicht eingeschränktes Recht auf die Heimat, ist ein Menschenrecht. Zu einer nationalistischen Verdächtigung dieses Rechts besteht kein Anlass.

Die deutsche Minderheit in der Heimat

Die Deutschen in der Heimat, seit 1989/90 gibt es die Deutschen in der Republik Polen erstmals offiziell. Die Warschauer Regierung nannte bis dahin eine Zahl von höchstens 5000. Auch der Primas von Polen, Kardinal Józef Glemp, beharrte bei dieser Zahl, mit welcher Begründung er das Begehren nach Gottesdiensten in deutscher Sprache mit dem Argument verwarf, dass eine so geringe Zahl von Deutschen höchstens die Wiedererlernung der deutschen Sprache im Kopf hätte. Man wollte in der kommunistischen Partei und in der Kirche nicht zur Kenntnis nehmen, dass es eine Minderheit der Deutschen im Lande gibt. Darum für viele Polen ein jähes Erwachen, als es plötzlich doch eine Minderheit der Deutschen in Polen geben sollte.

Die Wortführer für eine Präsenz der Deutschen waren zwei Oberschlesier, Johann Kroll im Oppelner Schlesien mit Sitz in Gogolin, unweit Oppeln gelegen, im Deutschen und Polnischen gleich lautend, und Blasius Hanczuch in Benkowitz (Bękowice, unter den Nationalsozialisten in Berendorf umbenannt) im Kreise Ratibor. Johann Kroll, 1918 geboren, leitete nach dem Krieg eine landwirtschaftliche Produktionsgenossenschaft. Er begann bereits kurz vor der Wende, auf Sammellisten Deutsche, die sich zu ihrem Deutschtum bekannten, zu registrieren.

In einem Bericht ist jetzt zu lesen: »Die Furcht ging um, eine deutsche Minderheit könnte sich in Oberschlesien formieren.« Johann Kroll gab aber nicht auf. 250.000 Unterschriften führten endlich am 14. Februar 1990 zum Erfolg. Die »Gesellschaft der deutschen Minderheit« begann wirklich zu leben und konnte nun legal mit Sitz in Gogolin ar-

beiten. Blasius Hanczuch, 1937 geboren, Tischler und Im-
ker, hatte sich der aufsässigen Gewerkschaft »Solidarnosc«
angeschlossen, war mit dem Kirchenchor seines Dorfes eng
verbunden, gab ein Büchlein »Ausgewählte deutsche Lieder«
heraus, fand seine deutsche Identität beim heimatlichen
Dichter Joseph von Eichendorff und bildete eine »Ratiborer
Gruppe« von Landsleuten, dies alles trotz Überwachung in
der Illegalität vollzogen. Immer mehr Landsleute scharten
sich um Blasius Hanczuch, auch er startete eine Unterschrif-
tensammlung. Wir lesen in einer biografischen Notiz über
ihn: »Als Vorsitzender der Initiativgruppe gelingt es ihm, am
16. Januar 1990 die erste ›Sozial-Kulturelle Gesellschaft der
Bevölkerung deutscher Abstammung‹ in Polen für die Wojewodschaft Kattowitz in Kattowitz zu registrieren (vier Wochen vor dem Entscheid in Oppeln). Damals übernahm er
den Vorsitz sowohl in seinem Ortsverband in Benkowitz wie
auch der Kreisgruppe Ratibor und den Bezirksvorsitz der
Wojewodschaft Kattowitz.«

Die Organisation der »Deutschen Freundschaftskreise«,
wie man jetzt die Gruppen der deutschen Minderheit nennt,
erstreckt sich auf ganz Polen mit dem Schwerpunkt Oberschlesien und in Oberschlesien mit der größten Zahl von
Deutschen in der Wojewodschaft Oppelner Schlesien. Über
die Zahl der Deutschen gibt es unterschiedliche Aussagen,
nachdem es jahrzehntelang keine deutsche Minderheit hat
geben dürfen. Vom Auswärtigen Amt in Bonn war in den
80er-Jahren eine geschätzte Zahl von einer Million Deutschen
genannt worden. Nach der Wende und einer starken Abwan-
derung der Deutschen in die Bundesrepublik Deutschland
sprach man von 800.000 Deutschen. Zur Erläuterung wurde
ausgeführt, dass allein in der damaligen Wojewodschaft Oppeln nach einem Wort des Oppelner Weihbischofs unter
den 1,8 Millionen Einwohnern ein Drittel als Deutsche bezeichnet werden dürften, und das ergab bereits 600.000. Die
noch fehlenden 200.000 ergaben sich aus der Summierung
der Deutschen vor allem im Bezirk Kattowitz, jetzt Woje-

wodschaft Schlesien genannt, aus den Wojewodschaften
Niederschlesien und den anderen Wojewodschaften bis
nach Danzig und Allenstein. Aber auch in Thorn, Posen
und Lodz hatten sich deutsche Freundschaftskreise gebildet.

Die Deutschen Freundschaftskreise in Schlesien umfass-
ten bis vor kurzem 350.000 eingetragene Mitglieder. Nicht
nur der Aufschwung und der Elan der so genannten Grün-
derzeit ebbten ab, auch der Tod griff ein, denn die Mehrzahl
der Mitglieder waren Angehörige der älteren und vielleicht
noch mittleren Generation. Aber es ging und geht auch um
die Organisation: Soll man die Nichtzahler der Beiträge ausschließen, und deren gibt es viele, oder soll man das Gewicht einer Mitgliedschaft als Bekenntnis zum Deutschtum
vorrangig werten? Und welches Programm wird über die Jahre hinweg geplant und in Szene gesetzt? Gibt es geeignete
und genügend Mitglieder für die Übernahme von Vorstands-
ämtern?

Um politisch bedeutsam mitzuwirken, bieten sich die Par-
lamente in Oppeln und Kattowitz, Sejmik genannt, an und
vor allem der Sejm in Warschau. 1991, nach der ersten freien
Wahl, zogen acht Vertreter der deutschen Minderheit in Sejm
und Senat ein, dann waren es nur noch vier im Sejm und ein
Senator, später, als auch noch der Sitz im Senat wegfiel, nur
noch wie in den letzten beiden Legislaturperioden zwei Sitze
der deutschen Minderheit im Sejm. Von 1991 bis 2005 sind
Heinrich Kroll, Sohn des schon genannten Johann Kroll,
von Beruf Tierarzt, und Helmut Paździor, ein Techniker,
Sejm-Abgeordnete. Statt Helmut Paździor wurde neben
dem wieder gewählten Heinrich Kroll Richard Galla Sejm-
Abgeordneter. Die deutsche Minderheit steht nicht unter
dem Zwang der Fünfprozentklausel (vergleichbar mit der
1955 in Schleswig-Holstein gesetzlich verankerten Regelung
für die dänische Minderheit), aber bei Wahlen fehlt der
Rückenwind der deutschen Minderheit. Die Wahlbeteili-
gung ist in Polen ohnehin gering, aber bei den Deutschen
im Lande noch geringer. Auch die jüngste Volkszählung,

über deren tatsächliche Legalität in der Durchführung man streiten muss, ergab ein überraschend niedriges Ergebnis mit 155.000 Bürgern, die sich als Deutsche bekannten. Gleichzeitig nannten, da auch nach einer schlesischen Ethnik gefragt worden ist, 172.000 Bürger eine schlesische Ethnik.

Zur politischen Vertretung durch die Abgeordneten im Sejm gibt es von vielen Seiten Kritik, nicht zuletzt wegen des wechselhaften Taktierens. Einmal war man Bundesgenosse der aus der Gewerkschaft Solidarität hervorgegangenen Regierungspartei AWS, dann wechselte man zu der mehrheitlich von der SLD, den Postkommunisten, gestellten Regierung. Und dieses Hin und Her sollte auch bis in das Wojewodschaftsparlament und in die Kommunalverwaltung durchgespielt werden. Kritik an den Spitzenfunktionären wurde nicht nur unterbunden, sondern hatte auch gleich Herauswurf aus der Organisation der Deutschen Freundschaftskreise zur Folge, wenn entgegen den verabredeten parteipolitischen Bündnissen gehandelt werden sollte.

Das Zentrum der Deutschen Freundschaftskreise ist Oppeln, hier arbeitet der VdG, der »Verband der deutschen Sozial-Kulturellen Gesellschaften in Polen«. Jüngst hat sich der Verband eine neue Spitze gegeben. Der bisherige Vorsitzende, der zugleich den Deutschen Freundschaftskreis in Niederschlesien führt, Friedrich Petrach, stand nach vielen Jahren nicht mehr zur Verfügung. Jetzt ist Heinrich Kroll, Sejm-Parlamentarier, Mitglied des Europarats in Straßburg, sein Nachfolger. Eine politische Bedeutung hatte dieser Verband bislang nicht erlangt, womit auch die Einflussnahme auf die Abgeordneten der deutschen Minderheit im Warschauer Sejm und ein Programm mit Forderungen und gegebenenfalls mit begründeter Kritik gemeint ist. Um es zu verdeutlichen, es fehlt der deutschen Minderheit an manchem Befähigten, am Charisma der Beauftragten, an intellektuell fähigem Nachwuchs. Man bleibt nur zu gern unter sich, schirmt sich ab, ist bange, auch einmal deutliche Worte – geschreckt durch lauter Rücksichtnahme – zu sprechen. Disku-

tiert wird auch darüber, ob es nicht vielleicht erfolgreicher
auf dem Feld der Politik sein könnte, in den größeren Partei-
en als Repräsentant der deutschen Minderheit zu operieren,
wie das die anderen Minderheiten zu tun versuchen.

In der Kommunalpolitik sieht es mancherorts für die
deutsche Minderheit recht gut aus, man stellt Bürgermeister
und auch Landräte, vor allem im Oppelner Schlesien. Hier
sind sowohl der stellvertretende Wojewode als auch der Vi-
zemarschall im Sejmik Entsandte der deutschen Minderheit.

Wie wird es in der nächsten und übernächsten Generation
ausschauen? Die Frage ist zunächst an die deutschen Freundschaftskreise gerichtet. Die ältere Generation ist, wohl in
ihrer Mehrzahl, Mitglied in den Deutschen Freundschaftskreisen. Die mittlere Generation steht im gleichen Ausmaß
nicht zur Verfügung. Der Arbeitsplatz ist das Wichtigste, ein
Bekenntnis zum Deutschtum sekundär. Die dritte Generation, die frei von jeglichen Vorurteilen aufwächst, wie zu
hoffen ist, verkörpert die Gewissheit oder aber auch
Ungewissheit, ob eine deutsche Minderheit in Polen, vornehmlich in Schlesien, überleben kann und überleben will.
Vorbildliche Arbeit hat in Gleiwitz das Haus für deutsch-
polnische Zusammenarbeit unter seinem (inzwischen leider
verstorbenen) Direktor Thaddäus Schäpe geleistet: Er war
nach dem Krieg in Oberschlesien geboren, mit 14 Jahren als
Aussiedler in die Bundesrepublik Deutschland gekommen,
während des Studiums politisch tätig geworden, von der
Friedrich-Ebert-Stiftung nach Gleiwitz entsandt. Er wolle
eine neue geistige Führungsschicht heranbilden, aber auch
die deutsche Geschichte des Landes den Polen vorstellen
und die Argumente der Polen ernst nehmen – ein kämpferischer und jeder nationalistischen oder euphorischen Phra-
seologie widersprechender Intellektueller.

Es muss als merkwürdig bezeichnet werden, dass mehr
Deutsche in der Heimat mit einem deutschen Pass ausgestattet werden, als Deutsche sich zum Deutschtum bekennen
und sich in den Deutschen Freundschaftskreisen aktiv

betätigten oder sich an den Wahlen mit einer Stimme für die
deutsche Minderheit beteiligen. Es sollen 270.000 sein, die
einen roten Pass, einen deutschen Pass, beantragt haben und
inzwischen besitzen. Diese Doppelstaatlichkeit ist in der Politik zwischen Deutschen und Polen durchgesetzt worden,
sie erlaubt den Besitzern dieses Passes, in Deutschland und
auch im Ausland sich als Deutsche aus Polen zu bezeichnen.
Das ist für den Erwerb eines Arbeitsplatzes jenseits der polnischen Grenze ein großer Gewinn. Aber eine gleichzeitig
tatsächlich in den Alltag übersetzte Identität ist es in allzu
vielen Fällen nicht. Übrigens weist Oberschlesien die ge-
ringste Arbeitslosenzahl von ganz Polen nach, eine Folge der
leichter zu gewinnenden Arbeitsplätze dank dieses deutschen Passes, in Deutschland und jetzt auch vornehmlich in
Holland.

In Niederschlesien sieht alles mit dem Blick auf die Deutschen im Lande ganz anders aus. Die Mitgliederzahl in den
Deutschen Freundschaftskreisen geht in die Hunderte und
nicht gleich in die Tausende. In Breslau sind es knapp über
1000. Am aktivsten sind die Deutschen Freundschaftskreise
in Breslau, das als Schlesiens Metropole die meisten Besucher aus der Bundesrepublik Deutschland empfängt, in Liegnitz, Waldenburg und Hirschberg. Bis 1958 gab es in Waldenburg eine vergleichbare Organisation der Deutschen,
und es durfte in der Schule sogar Deutsch gelehrt werden. In
Oberschlesien war all die Jahrzehnte seit 1945 Deutsch nicht
nur verboten, sondern der Gebrauch der deutschen Sprache
wurde unter Strafe gestellt. Aus Breslau und ganz Niederschlesien waren die Deutschen mit leicht ablesbaren Ausnahmen brutal vertrieben, während in Oberschlesien eine
so genannte autochthone Bevölkerung, gleichsam die einge-
borenen Oberschlesier, nicht so rigoros verjagt wurden. Man
hoffte, sie als Polen zu gewinnen. Aber bis heute, und dies
nach der Wende, gibt es ständig Konflikte zwischen der deutschen Minderheit und der polnischen Mehrheit. Es ist daher
höchst ärgerlich, wenn das offizielle Polen, vertreten durch

die von Warschau besetzte Position des Wojewoden, Konflikte mit der deutschen Minderheit sogar sucht. Jüngst war die Rede davon, und das Problem ist noch keineswegs zufrieden stellend gelöst, wie es um die Gedenkstätten und Denkmäler bestellt ist, die an die Toten des Ersten und auch des Zweiten Weltkriegs erinnern. Es dürfen das Eiserne Kreuz und ein Stahlhelm nicht als Symbolzeichen benutzt werden, die Toten dürfen nicht als Gefallene bezeichnet werden. Außerdem darf das Deutsche nicht für sich stehen, es müssen immer auch die polnischen Übersetzungen erkenntlich gemacht werden.

Leider werden die Deutschen als Minderheit allein gelassen, die Bundesregierung blieb bewusst im Abseits. Ganz anders das polnische Beispiel und Verhalten gegenüber Litauen, hier ist Polen ganz offiziell und gerade auch bei Staatsbesuchen Anwalt und Gesprächspartner der polnischen Minderheit im Lande. Deutsches Verhalten: wegschauen, unbeteiligt und stumm bleiben. Als das Minderheitengesetz nach 15 Jahren endlich im Sejm anstand und mit einem Schlüssel von 50-prozentigem Bevölkerungsanteil an der Bevölkerung beschlossen werden sollte, ganz im Gegensatz zum übrigen Europa, schwieg die Bundesregierung beharrlich und hätte dieses Gesetz trotz des verheerenden Schlüssels begrüßt, wenn nicht die polnische Korrektur vom Senat formuliert, jetzt muss die Minderheit einen Anteil von 20 Prozent der Bevölkerung haben, angebracht und sich schließlich im Sejm durchgesetzt hätte. Jede Bundesregierung hat die Pflicht, Politik zum Wohle des deutschen Volkes zu machen. Zwischen Deutschland und Polen wird nur auf selige Atmosphäre oberflächlich geschaut. Das ist schlecht und verlangt Opposition. Die bisherige parlamentarische Opposition im Bundestag hatte sich diese Aufgabe zu Eigen gemacht. Aber dazu schweigen die Medien. Außerdem darf nicht unerwähnt bleiben, dass die für eine im Staatshaushalt vorgesehene finanzielle Unterstützung für die deutsche Minderheit und die Pflege des kulturellen

Erbes in den letzten Jahren um 45 Prozent (!) gekürzt worden ist.

Während der Weimarer Republik gab es in Beuthen in Oberschlesien ein polnisches Gymnasium. Warum kann jetzt nicht auch unter umgekehrten Verhältnissen ein deutsches Gymnasium geschaffen werden, das dann nicht nur den Deutschen offen steht, sondern auch den Polen, wie es vice versa ehedem in Beuthen der Fall war? Es müsste ein Gymnasium oder Lyzeum mit einem Internat sein. Auch Erzbischof Alfons Nossol in Oppeln hat einem derartigen Vorschlag zugestimmt. Jede Minderheit hat das Recht und auch die Pflicht, einen eigenen akademischen Nachwuchs heranzubilden. Als ich ein derartiges Projekt dem Bundesaußenminister Klaus Kinkel in der Bundesregierung unter Helmut Kohl vortrug, erhielt ich wohlwollende verbale Zustimmung, geschehen ist bis heute nichts. Die Zukunft des Deutschtums in der Republik Polen möchte man am liebsten verschlafen.

Zur Identität eines Deutschen in der Republik Polen gehört die deutsche Sprache, die Muttersprache. Nur in der Familie, und das durfte nicht nach draußen dringen, durfte noch Deutsch gesprochen werden. Die Wiedererlangung der Muttersprache war die erste vordringliche Aufgabe, die sich die Deutschen Freundschaftskreise stellten. Und der nächste Schritt sollte für die Kinder der Deutschen gegangen werden, sie wieder zu befähigen, die Sprache der Eltern, meist war es die Sprache der Großeltern, zu lernen und zu gebrauchen. In den Schulen konnte man es durchsetzen, dass Deutsch als Fremdsprache mit zwei Stunden und als Muttersprache mit drei Wochenstunden unterrichtet wird. Aber es muss dies eine bestimmte Zahl von Eltern vorschlagen und verlangen. An sich weiß man, dass dieses Stundenmaß zu gering ist. Erfreulich, dass auch Schulen mit bilingualem Unterricht eingerichtet werden konnten, obwohl es derer noch zu wenige sind.

In Ratibor, wo für die Deutschen die Leitung des Bezirks

Kattowitz, Wojewodschaft Schlesien, ihren Sitz hat, gelang es, in der Lehrerbildungsanstalt ein deutschsprachiges Lehrerkolleg einzurichten. Gottlob fehlt es nicht an jungen Menschen, die dieses deutsche Lehrerkolleg besuchen und für den Deutschunterricht als diplomierte Lehrer und Lehrerinnen verlassen. Hier war und ist Dr. Josef Gonschior, ein promovierter Chemiker, der kluge Promotor. Es sind inzwischen weit über mehrere hundert Deutschlehrer, die das Deutschlehrerkolleg verlassen konnten.

Ein besonderes Augenmerk gebührt den Kindergärten, die mit der Hilfe aus Deutschland errichtet werden konnten. Auch die Ausbildung von Kindergärtnerinnen für deutschsprachige Kindergärten in Deutschland war hilfreich. Jetzt will man da und dort bilinguale Kindergärten einrichten.

In Oppeln, als die Hauptstadt des Deutschtums, erscheint die deutschsprachige und polnischsprachige Zeitung »Schlesisches Wochenblatt«, finanziell unterstützt aus Berlin und Warschau. Die Auflage ist gering, noch nicht einmal 10.000. Kritisiert wird, wenn geboten, polnisches Fehlverhalten, man geht aber gleichzeitig sehr milde mit dem eigenen Tun der Deutschen in der Heimat um. Es kommen gleichzeitig die Zeitungen und Zeitschriften der Vertriebenen, die in Deutschland erscheinen, in die Hand der Deutschen. Allerdings ist anzumerken, dass das Lesebedürfnis nicht allzu groß ist. Gut ist aber das Bücherangebot einer unter katholischer Führung stehenden Bibliothek mit Buchbussen im Lande. Schließlich müssen als deutschsprachiges Medienangebot die regelmäßigen Sendungen in Oppeln und von Lokalstationen erwähnt werden.

Das Wort von der »Sprache des Herzens«

In Schlesien war es in der deutschen Zeit bis 1945 so ange-
legt, dass Oberschlesien als katholisch, Niederschlesien als
protestantisch eingeordnet wurden, und für Breslau sprach
man oberflächlich urteilend von der Gleichzahl der Konfes-
sionen, obwohl das genau genommen nicht stimmte, denn
zwei Drittel waren Protestanten, ein Drittel katholisch.
Außerdem konnte sich Breslau die deutsche Stadt mit der
drittgrößten jüdischen Gemeinde nach Berlin und Frankfurt
am Main nennen. Der jüdische Anteil belief sich auf sieben
bis acht Prozent. Jetzt sind die religiösen Verhältnisse, statistisch erfasst, grundlegend andere. Die jüdische Gemeinde ist
durch die Nationalsozialisten gewaltsam zerstört worden.
Heute leben einige hundert Juden, erst jetzt zugewandert, in
der Stadt, aber sie können sich trotz der Kleinheit eines her-
vorragenden jüdischen Chores rühmen, der auch schon wiederholt in der Bundesrepublik Deutschland hohe Anerken-
nung gefunden hat. Als die Stiftung Ostdeutscher Kulturrat
in Breslau in den 90er-Jahren zu einem Symposium über
den aus Breslau stammenden berühmten deutschen Soziolo-
gen Norbert Elias (1897–1990) eingeladen hatte, war man besonders dankbar, weil ein Stück gänzlich verschütteter jüdischer Geschichte von Breslau freigeschaufelt wurde.
   Heute darf gesagt werden, dass nicht mehr nur Oberschlesien katholisch geprägt ist, sondern dass ganz Schlesien nahezu hundertprozentig katholisch ist. In Breslau gibt es
einen evangelischen Bischof, und in Liegnitz, wo gleichfalls
ein evangelischer Pastor (in Schlesien heißen die evangelischen Geistlichen Pastoren) wirkt, steht die schöne Liebfrau-
enkirche, nach der sich allmählich vollendenden Renovie-

rung, den evangelischen Gläubigen zur Verfügung. Selbstverständlich müssen auch die beiden Friedenskirchen in Schweidnitz und Jauer genannt werden, die aufgrund des Westfälischen Friedens von 1648 im katholisch beherrschten Schlesien, Schlesien gehörte zur Habsburger Monarchie, unter bestimmten Auflagen gebaut werden durften. Die beiden Friedenskirchen, die vielen Tausenden von Gläubigen Raum bieten, verfügen heute über ganz kleine polnische Gemeinden mit kaum mehr als 100 Gläubigen. Die sechs Gnadenkirchen, die seit 1707 gebaut werden durften, sind nach 1945 katholische Kirchen geworden, mit Ausnahme von Teschen, die traditionsgemäß über eine große evangelische Gemeinde verfügt.

In dem nach der Vertreibung der Deutschen katholisch gewordenen Schlesien gibt es jetzt sechs Bistümer, bis zur Teilung Oberschlesiens 1922 bestand nur das Bistum Breslau. Dann wurde im polnisch gewordenen Ostoberschlesien das Bistum Kattowitz geschaffen. In Oberschlesien residiert in Kattowitz jetzt ein Erzbischof, Gleiwitz und Oppeln sind Suffraganbistümer. Für Niederschlesien residiert in Breslau ein Erzbischof, ein Titel, den bereits in der deutschen Zeit seit der Bildung der Bistümer Berlin und Ermland seit 1930 auch Kardinal Adolf Bertram zustand. Die neuen polnischen Bistümer heißen Liegnitz und Schweidnitz. Diesseits der Görlitzer Neiße residiert seit dem 3. September 1994 ein Bischof. Das früher auch zu Schlesien gehörende Gebiet Grünberg wurde nunmehr dem Bistum Landsberg an der Warthe zugeordnet.

1945 wurde ein grober Schnitt durch den polnischen Kardinal August Hlond vollzogen. Er berief sich auf eine von Papst Pius XII. erteilte Vollmacht zur Neuorganisation der Bistümer auch in den alten Teilen des Deutschen Reiches, also in Ostdeutschland. Aber diese Vollmacht war eine Fiktion und hatte nur das bisherige Polen betroffen. Eine wohl bewusst falsch interpretierte Vollmacht des Papstes, die sich Kardinal Hlond angemaßt hatte! In den 80er- und 90er-Jahren wurde ein Prozess der Seligsprechung für Kardinal Hlond in Rom in Gang gesetzt und auch abgeschlossen. Vom deutschen Klerus schlesischer Herkunft und von den Vertriebenen katholischen Bekenntnisses trafen in Rom heftige und wohl auch überzeugende Proteste ein. Man vermochte dem zu Ehrenden auch antisemitische Erklärungen vorzuwerfen. Bis heute ist die Seligsprechung unterblieben. Zu denen, die zu einer Seligsprechung von Kardinal Hlond nicht Ja sagen konnten, hat auch der Bischof von Oppeln, Alfons Nossol, jetzt Erzbischof, gehört.

1932 in Broschütz im oberschlesischen Kreis Neustadt (unter den Nationalsozialisten in Schobersfeld umbenannt) geboren, wurde Alfons Nossol katholischer Theologe und Professor an der katholischen Universität Lublin, mit 45 Jahren 1977 zum Bischof in seiner Heimat, in Oppeln, ernannt. Die Würde eines Erzbischofs wurde ihm aufgrund seiner Verdienste als Theologe, nicht zuletzt in der Ökumene, zuteil. Als gebürtiger Deutscher und als loyaler polnischer Staatsbürger hat er stets das Miteinander von Polen und Deutschen akzentuiert und sich dafür als beredter Fürsprecher eingesetzt, dass Polen und Deutsche zueinander finden mögen und müssen. Das Duo hat er zugleich zu einem Trio erweitert, indem er auch auf den Mährisch sprechenden Teil der Bevölkerung Oberschlesiens verwies. Bis zum Jahre 1945 gab es eine oberschlesische Region, die zum Bistum Olmütz jenseits der Grenzen des Deutschen Reiches gehörte, zum Schluss unter Bischof Nathan. Die Grafschaft Glatz gehörte zum Erzbistum Prag.

Von Alfons Nossol stammt das Wort, inzwischen ein geflügeltes Wort geworden, dass man »Gott in der Sprache des Herzens« dienen und anbeten soll und darf. Mit der Sprache des Herzens war sowohl die Sprache des Mehrheitenvolks als auch die Sprache der Minderheit, sowohl der Polen als auch der Deutschen, gemeint. Das Gegensätzliche, das geradezu Feindliche sollte mit dem Begriff »Sprache des Herzens« zurückgedrängt, verdrängt werden. Er hat das große

Verdienst, dass er als Erster wieder einen deutschsprachigen
Gottesdienst feierte. Das war mitten in der Wendezeit, am
4. Juni 1989, auf dem Annaberg, dem oberschlesischen Wallfahrtsort, Oberschlesiens heiliger Berg. Man kann dieses Ereignis geradezu revolutionär nennen. Noch wenige Jahre zuvor hatte Kardinal Józef Glemp als Primas von Polen in dem
berühmten polnischen Wallfahrtsort Tschenstochau beides
verworfen, sowohl die Existenz einer deutschen Minderheit
als auch das Verlangen, in der deutschen Muttersprache
Gottesdienste zu feiern.

Erzbischof Nossol schuf in der Oppelner Diözese, aus der
später die Gleiwitzer Diözese herausgeschnitten wurde, ein
deutsches Lektorat. Es gibt jetzt einen Beauftragten für den
Gottesdienst der Minderheit in der Sprache der Herzen.
Deutschsprachiger Gottesdienst in den Gemeinden Oberschlesiens ist heute eine Selbstverständlichkeit, wenn auch
nicht überall, wenn auch nicht gerade an Sonn- und Feier-
tagen, wenn auch nicht gerade stets zur besten Zeit. Auch
wird das Polnische in gewissen Zeremonien der Gottesdienste integriert. Aber deutschsprachige Gottesdienste nach über
vier Jahrzehnten des Sprachverbots werden immer noch und
immer wieder als segensreich empfunden.

Erzbischof Nossol gehört auch zu den Gründern der Universität in Oppeln, eine Stadt von bald 150.000 Einwohnern. Ob Deutscher oder Pole, die Oppelener Universität
soll die Chance eröffnen, dass sich die Einwohner Oberschlesiens fortbilden, eine intellektuelle Basis und Schicht
schaffen können. Diese Gründung einer oberschlesischen
Universität ist eine kaum zu überschätzende Wohltat für das
Land. Es sollen mit der Universität für die nationalen Kulturen eine Gemeinsamkeit und im Gegensatz zu nationalen
Gegensätzen eine wissenschaftliche Heimstätte gefunden
und geschaffen werden. Auch das Mährische darf und soll
präsent sein.

Es waren aber auch, vor allem nach der Wende als Ergebnis der freien Meinungsäußerung, nationalistisch begründete

Gegenstimmen mit bösen Verdächtigungen wie »im Sold Deutschlands« zu hören, Wandschmierereien im Stile »Nossol raus!« zu sehen. All das musste durchgestanden werden. Darum kann das Tun von Erzbischof Nossol nur mutig und tapfer, aber zugleich sehr klug genannt werden.

Unter den »Deutschstämmigen«, um diesen in den Medien gern gebrauchten Ausdruck zu übernehmen, ist Alfons Nossol der Bedeutendste. Aus ihm, ein Mann mit Charisma, hätte auch ein großer Politiker werden können. Sein Vorschlag, dass bei der ersten offiziell geplanten Begegnung des polnischen Ministerpräsidenten Tadeusz Mazowiecki und des deutschen Bundeskanzlers Helmut Kohl im November 1989 der Annaberg in Oberschlesien der rechte Ort sei, ist zwar aufgrund polnischen Widerstands missglückt, da man sich dann in Kreisau, im Kreise Schweidnitz, traf, aber die mit dem Vorschlag verbundene Intention ist geblieben. Das ist das freimütige, der geschichtlichen Wahrheit dienende Gespräch, eine gründlich fundierte und ehrliche Nachbarschaft zwischen Deutschen und Polen.

Das Wort des Oppelner Bischofs hat Gewicht. Ob in Deutschland oder in Polen, Alfons Nossol spricht es deutlich aus: »Es gilt, die Tragödie der Vertreibung von Deutschen nach 1945 beim Namen zu nennen und als Verbrechen zu bezeichnen ... In Aufrichtigkeit und Wahrheit sei all des Unrechts zu gedenken, das im Verlauf und als Folge dieses Krieges begangen wurde. Denn nur die Wahrheit kann uns frei machen, die Wahrheit, die nichts hinzufügt und nichts weglässt, die nichts verschweigt.«

Von mehreren deutschen Universitäten wurde Alfons Nossol mit der Würde eines Ehrendoktors ausgezeichnet. Der Kulturpreis Schlesien des Landes Niedersachsen wurde ihm zugesprochen. In der im Jahre 2001 in Göttingen gesprochenen Laudatio des niederschlesischen Sejm-Marschalls Prof. Dr. Jan Waszkiewicz hieß es: »Sie haben das Wort gesagt ›Kein Schlesien ohne Schlesier‹, und es waren vor zehn Jahren für Polen keine so natürlichen Worte. Sie

wurden zu all denjenigen gesagt, die in Schlesien seit alters
her wohnen. Sie spiegeln auch diese Wahrheit wider, dass
es kein Schlesien als ein historisches, geografisches und kul-
turelles Land gibt, solange sich nicht alle, die zurzeit in
Schlesien wohnen, wie Schlesier fühlen, solange sie nicht
einen gewissen Bestand der schlesischen Geschichte, Tradition
und Kultur übernehmen.«

Nach der Wende wurde es endlich wieder möglich, zu
Wallfahrten auf den Annaberg einzuladen und aufzufor-
dern. Jedes Jahr im Monat Juni wird zu einer Wallfahrt der
Minderheiten aufgerufen. Der Plural ergibt sich, weil auch
die katholischen Roma und Sinti mit eingeladen sind (eine
ganz kleine Zahl). Hier predigt im Allgemeinen Erzbischof
Nossol, das Deutsche und das Polnische fließen in den Pre-
digten ineinander. Auch kritische Sätze zum Verhalten von
Mehrheitsvolk und Minderheit werden gesprochen. Gelegentlich predigt auch der Gleiwitzer Bischof Jan Wieczorek,
auch er ein gebürtiger Oberschlesier deutscher Herkunft.

Tag der Deutschen: Folklore ohne Politik

»Die deutsche Minderheit ist im Alltag Polens fast nicht präsent. Nur wenige wissen, dass sie organisiert ist.« So steht es im »Niederschlesischen Informationsblatt, Zeitschrift der Deutschen Sozial-Kulturellen Gesellschaft in Breslau«. Das trifft für ganz Polen zu, aber nicht für Oberschlesien mit den Regierungshauptstädten Oppeln und Kattowitz. Vor allem im Oppelner Schlesien gibt es ständig Probleme und Konflikte, ausgelöst durch die jeweiligen Wojewoden. Diese werden von der Zentralregierung in Warschau bestimmt. Die Wojewoden haben bis in die jüngste Zeit auf Tätigkeiten der deutschen Minderheit diktatorisch und nationalistisch reagiert. Ein deutscher Landrat, der dem Landkreis Groß Strehlitz vorsteht, wurde abgesetzt, und ein Prozess wurde eröffnet, weil das Wappen Polens, der weiße Adler, von einem Angestellten angesichts des Beitritts von Polen zur Europäischen Union abgehängt worden war. Die in Oppeln residierende Wojewodin ordnete an, dass das Wort für die Toten der Weltkriege, für die Gefallenen, nicht gebraucht werden dürfe. Gleichzeitig ist gerade jüngst auf dem wieder aufgelassenen Soldatenfriedhof in Lemberg, vordem polnisch, jetzt ukrainisch, zur Ehre der im Kampf mit der Ukraine zu Tode gekommenen Polen der Ausdruck »gefallen« gebraucht worden! In der oberschlesischen Stadt Rosenberg soll aufgrund eines Stadtratsbeschlusses eine Schule den Namen der »zwölf schlesischen Nobelpreisträger« erhalten. Das aber wird durch Einspruch der Wojewodin verhindert, weil Fritz Haber, Träger des Nobelpreises für Chemie 1918, als »Kriegsverbrecher« für den Gaskrieg verantwortlich sei.

Umso aufregender war im Rückblick auf das Jahr 2003,
ein halbes Jahr vor dem Beitritt Polens zur Europäischen
Union, das »Kulturfestival der deutschen Minderheit in Po-
len« in der Jahrhunderthalle in Breslau. Es war dies das erste
Mal, dass die Deutschen in so großer Zahl jenseits von
Oberschlesien präsent waren. Am 4. Oktober 2003 begannen die Festlichkeiten mit einem feierlichen Gottesdienst im
Dom, die Messe wurde von Kardinal Henryk Gulbinowicz
gefeiert, die Wortliturgie in Latein und Deutsch mit einer
Predigt in Deutsch. In einem Schlusswort in Polnisch dank-
te der Breslauer Erzbischof dem Franziskanerpater Gerhard
Leisner, »dem Seelsorger aller deutschsprachigen Katholiken
in Niederschlesien, für sein großes Engagement«. Nach dem
Tode von Pater Gerhard Leisner, der am Gründonnerstag
2004 gestorben ist, hat wiederum ein Franziskanerpater, Dr.
Marian Arndt, Amt und Tätigkeit übernommen. »Gott helfe
Euch«, so der Kardinal, »dass Ihr Eure Traditionen, Eure
Volkskunst weiter pflegen könnt, weil das, was unter Euch
entstanden ist, weiter bestehen soll.«

»Das reiche Programm sorgte für gute Unterhaltung«, wie
die Deutschen über Breslau berichteten. Es traten Volkstanz-
gruppen, Chöre, Solisten, Blaskapellen auf, durchweg Repräsentanten der Deutschen im Lande. Allerdings wurde das
kulturelle Tun der Deutschen erst nach der Wende möglich.
Eine Bereicherung war jetzt in Breslau eine polnische Blas-
kapelle einer oberschlesischen Kohlengrube, und man versicherte, dass in der Kapelle auch deutsche Mitglieder sind,
und ihnen zuliebe nehme man an diesem Kulturfestival der
Deutschen teil.

»Bei unseren Deutschen zu Besuch« titelte »Gazeta Wi-
borcza Wroclaw« und berichtete: »Die Jahrhunderthalle in
Breslau war zum Bersten gefüllt. Zum ersten Festival der
Kultur der deutschen Minderheit in Polen kamen mehr als
7000 Leute! Sie unterhielten sich gut. Dabei übertönte die
Musik die Politik. Die Besucher kämpften um die Sitzplätze
in der Jahrhunderthalle. Die meisten Besucher kamen aus

dem Oppelner Lande, etwa 3000.« Übrigens waren auch Heimatvertriebene aus der Bundesrepublik Deutschland in Bussen und Privatwagen angereist, wie notiert wurde, ein Zeichen der Solidaritätsbekundung. »Wir lassen uns nicht auseinander dividieren, wir Deutsche in der Heimat und die aus der Heimat vertriebenen Landsleute«, so hört man es von politisch engagierten Führungskräften der Deutschen Freundschaftskreise.

»Nichts über Politik« und »Kultur statt Politik« waren die Überschriften in weiteren Berichten über dieses Fest, besser gesagt über die verspätete Selbstdarstellung der Deutschen als Minderheit vom oberschlesischen Industriegebiet bis ins Ermland und Masuren. Die Breslauer Zeitung »Slowo Polskie« strich das Unpolitische heraus, setzte aber zugleich einen politischen Akzent: »Die Veranstaltung war unpolitisch, obwohl die Organisatoren einräumten, dass der Termin dieses ›Kulturfestivals der deutschen Minderheit‹ zeitlich unglücklich mit der Diskussion über die Vertreibung der Deutschen aus den jetzigen polnischen Gemeinden zusammengefallen sei.« Richtig ist, dass in den Wochen zuvor in Polen gegen das »Zentrum gegen Vertreibungen« und gegen Berlin als projektierten Standort heftig polemisiert wurde. Die Veranstalter waren geradezu ängstlich darauf bedacht, jeden politischen Neben- oder Unterton auszuschließen. »Das ist das erste so breit angelegte Vorhaben dieser Art. Dieses Kulturfestival sollte keinen politischen, sondern ausschließlich kulturellen Charakter haben«, dies ein Kommentar von Engelbert Miś, dem Chefredakteur der Zeitung der deutschen Minderheit, »Schlesisches Wochenblatt«.

Politik war nur insofern vertreten und erlaubt, als der deutsche Generalkonsul und der Vertreter des Warschauer Innenministers, beide hatten dieses Treffen der deutschen Minderheit finanziell gefördert, unpolitische Grußworte sprachen. Fritz Petrach als Präsident aller Deutschen Freundschaftskreise in Polen und als Vorsitzender des DFK in Breslau bezog die Politik nur insofern ein, als er wiederholt von

»Verständigung und Versöhnung« sprach und zum Ausdruck
brachte: »Wir sind glücklich, dass es uns gestattet ist, sich hier
im Lande als Deutsche zu zeigen.« Aber auch diese Sätze
wurden von ihm gesprochen: »Die Jahrhunderthalle (1913
von Max Berg in Erinnerung an die Bezwingung Napoleons
1813 errichtet) dient uns heute, der deutschen Minderheit,
dazu, den polnischen Mitbürgern unsere Kultur, Tradition
und Sprache vorzustellen. Die Geschichte kann nicht ausgelöscht werden; sie kommt immer wieder zum Vorschein
und festigt das Bewusstsein zur eigenen Kultur, Tradition
und nicht zuletzt zur Muttersprache. Das hat auch das polnische Volk in der Vergangenheit bewiesen.«
    Bestimmt ein großartiges Ereignis, die Deutschen treten
als Deutsche innerhalb Polens auf und stellen sich als Minderheit im Lande vor, aber all dies darf nur kulturell, eigentlich folkloristisch dargestellt und dargeboten werden. Die
Politik darf nicht zu Wort kommen, von bewährten Formeln
abgesehen. Das Politische, das Tagespolitische sowie das geschichtlich fundierte Politische müssen draußen bleiben, jedenfalls war es in Breslau beispielhaft und demonstrativ so.
Die Deutschen meiden das Politische aus Ängstlichkeit, weil
das Zusammenleben gestört werden könnte, die Polen freu-
en sich darüber, dass dem so ist und so verfahren wird, um
weiterhin den Deutschen als Minderheit ein Leben im Ghetto
zu gestatten. Auch hier ist der offene deutsch-polnische Dialog gefragt und überfällig, der deutsch-polnische Dialog in
der Republik Polen. Dies gilt vordergründig und zuerst für
Oberschlesien, denn hier leben die Deutschen als zählbare
gewichtige Minderheit.

Ortsnamen werden zum politischen Programm

Manchem mag es kleinlich erscheinen, wenn immer wieder kritisch daran erinnert wird, für die Orte in Schlesien in unserer Muttersprache die deutschen Ortsnamen zu benutzen, nicht zuletzt auch deswegen, weil diese Ortsnamen geschichtlich erhärtet und geografisch einzuordnen sind.

Die Nationalsozialisten hatten seit 1936 ein schlechtes Beispiel gegeben. Sie ordneten strikt für alle Orte, vor allem in Oberschlesien, soweit diese einen Klang slawischer Herkunft hatten, die Namen zu germanisieren, wie diese Aktion in der Umgangssprache genannt wurde. Bei den Städten hielt man inne, aber in den Gemeinden verfuhr man rigoros. Diesem schlechten Beispiel des deutschen Germanisierens folgte das nicht besser zu bewertende Beispiel der Polonisierung. Jetzt wurde alles offenbar korrekt slawisiert. Das widerfuhr sogar dem Geburtsort des Dichters Joseph von Eichendorff. Der Ort heißt Lubowitz, hat also einen slawischen Klang. Hier wagten es die Nationalsozialisten nicht, eine Namensänderung vorzunehmen. Es blieb bei Lubowitz. Aber da spielten jetzt die Polen nicht mit, Lubowitz heißt jetzt Lubowice. Jede deutsche und in den Namen sich offenbarende Tradition musste ausgelöscht werden.

Die Nationalsozialisten erfanden für einen Ort im Kreise Oppeln, der bislang Sczedrzik geheißen hatte, den Namen Hitlersee. Die Oberschlesier, vielleicht auch ein Zeichen des geheimen Widerstands, sprachen den Namen Hitlersee nun ganz wasserpolnisch Hitlersche aus. Den Polen war übrigens nach 1945 Sczedrizik immer noch zu deutsch klingend, und sie schreiben jetzt Sczedrzyk. Auch das gehört zur Verhöh-

nung der Umbenennung, als man sich in den 30er- und 40er-
Jahren des vorigen Jahrhunderts erzählte: Antek und Fran-
zek, die beiden oberschlesischen Typen (wie im Kölnischen
Tünnes und Scheel), gehen in Gleiwitz zum Bahnhof, um
eine Fahrkarte nach dem Städtchen Guttentag (dieser Ortsname war belassen worden) zu lösen. Sie verlangen eine
Fahrkarte nach Heil Hitler. Erstaunen des Beamten hinter
dem Schalter und Widerrede, denn einen solchen Ort gebe
es doch nicht. Antwort von beiden: Es heißt doch bei uns
nicht mehr guten Tag, sondern nur noch Heil Hitler!

Das Städtchen Guttentag hat man polnischerseits nunmehr einfach als guten Tag mit Dobrodzień übersetzt.

Bei den slawisch klingenden Umbenennungen ereignete
sich unter den Nationalsozialisten diese Panne. Bislang hieß
der oberschlesische Eisenbahnknotenpunkt Kandrzin. Bald
nach Beginn der nationalsozialistischen Herrschaft hatte
man den Namen eines aus Pommern stammenden Freiheits-
korpskämpfers gefunden: Heydebreck. Aber dieser Heydebreck gehörte dann zu den Männern, die in der Reaktion auf
den so genannten Röhmputsch des 30. Juni 1934 als Mitver-
dächtiger erschossen wurden. Der einmal gefundene Name
blieb bis 1945 erhalten! Einem Oberschlesier ist der Ortsname Kandrzin noch heute geläufig, die Polen sagen korrekt
polnisch Kedzierzyn. Aber wer im Nationalsozialismus groß
geworden ist, kennt den Ort nur als Heydebreck, auch wenn
er heute ein überzeugter Gegner der Germanisierungspolitik
ist.

Bei den Umbenennungen nach 1945 griff man, wenn sich
dies anbot, auf slawische Fassungen zurück. Aber man übersetzte ganz simpel und wörtlich Hirschberg zu Jelenia Góra,
Grünberg als Zielona Góra, von Grün abgeleitet.

Wiederholt wurde von uns Deutschen danach gefragt,
warum Kreisau im Kreise Schweidnitz, bekanntlich der Ort
der geistigen Konzeption des Widerstands gegen die Hitlerdiktatur, nur die polnische Bezeichnung führen dürfe. Wäre
es nicht angebracht, nicht nur Krzyzowa zu sagen, sondern

auch und aus Gründen der Zeitgeschichte Kreisau. Das hätte eine Ausnahme von der viele Jahre lang hinausgezögerten Akzeptanz eines Minderheitengesetzes bedeutet. Zu einer solchen Geste war man beharrlich bis heute nicht bereit. Wenn jetzt nach Annahme des Minderheitengesetzes die Ortsschilder zweisprachig geführt werden dürfen, sobald die Minderheit, also auch die der Deutschen, einen Anteil von 20 Prozent der Bevölkerung ausmacht, würde dies offiziell auf Kreisau nicht zutreffen. Also steht zu befürchten, dass der deutsche Ortsname Kreisau offiziell auch weiterhin ausgeschlossen bleibt.

Aber wir Deutsche haben auch als Deutsche unsere Probleme mit den Namen der Städte und Gemeinden in Schlesien. In der DDR war es untersagt, die deutschen Namen zu gebrauchen. Dies schlägt sich bis heute in mancher Zeitung aus dieser ehemaligen DDR nieder. Man weiß es entweder nicht anders oder will es auch nicht besser, das heißt richtig, wissen. In Schlesien galt ohnehin bei den herrschenden Kommunisten nur der polnische Ortsname. Bei Übersetzungen ins Deutsche, auch während offizieller Akte, musste immer der polnische Ortsname im deutschen Text genannt werden. Das ist bis heute noch weit verbreitet.

Leider ist es auch manchem Deutschen, nicht zuletzt in den Medien, angenehmer, den polnischen Ortsnamen zu nennen statt den deutschen. Es hat Jahrzehnte gedauert, bis man Breslau in unserer Muttersprache auch so nannte. Mancher passte sich der schlechten Gewohnheit an, Breslau zuerst polnisch zu benennen und den deutschen Namen nachzusetzen. Man meinte dies aus Gefälligkeit tun zu müssen. Der Botschafter Polens in Berlin sprach in einer offiziellen Rede von Ferien, die er in Agnetendorf verbracht habe, während gleichzeitig ein beflissener deutscher Journalist Agnetendorf, wo Gerhart Hauptmann über 40 Jahre sein Zuhause hatte, im Übereifer zuerst Agnetendorf mit der polnischen Bezeichnung Jagnietków benannte, um den deutschen Namen nachzutragen. Ein Pole, der das Deutsche beherrscht, hat überhaupt keine Bedenken, Breslau ausschließlich Breslau zu nennen. Der Breslauer Stadtpräsident bezog sich dabei auf die Geschichte der Stadt bis 1945, weshalb er historisch betrachtet keine Hemmung habe, die Stadt, für ihn als Polen Wroclaw, im Deutschen Breslau zu nennen.

Je häufiger nur noch die polnischen Ortsnamen gebraucht werden und womöglich ausschließlich, umso leichter schleicht sich das Urteil ein, dass Schlesien doch schon früher, seit Jahrhunderten, polnisch gewesen sei.

Man hat aber da und dort gemeint, man müsste die einst deutschen Namen nur deswegen polnisch ausdrücken, weil beim Beharren auf den deutschen Namen ein Irredentabegehren zum Ausdruck komme. Jedermann sagt bei uns Straßburg, das im Französischen Strasbourg heißt, ohne damit in den Verdacht zu geraten, mit irgendwelchen Annektionsabsichten zu spielen. Die Österreicher haben einen uneingeschränkt historischen Umgang mit Südtirol, jetzt italienisch. In Innsbruck erscheint grafisch einheitlich dargestellt der Wetterbericht zugleich immer auch für Südtirol. Und es gelten auch die alten Namen von Pressburg, Laibach, Agram für Städte, die jetzt Bratislawa, Ljubljana und Zagreb heißen und Hauptstädte fremder, souveräner Staaten geworden sind. Uns gehen auch Warschau und Krakau leicht über die Lippen, warum dann erst die polnischen Benennungen für die Städte und Gemeinden Schlesiens?

Der oberschlesischen Großstadt Kattowitz, nach 1922 an Polen abgetreten, heute Hauptstadt der Wojewodschaft Schlesien, polnisch Katowice geschrieben, musste sich unter dem Kommunismus nicht anders als Chemnitz einen Namen der kommunistischen Ideologie aufdrücken lassen. Von 1953 bis 1956 nannte es sich Stalinogród. Chemnitz als Karl-Marx-Stadt wurde erst nach der Wende, 1990, von diesem Namen befreit. Reporter von Rundfunk und Fernsehen, die allzu gern darauf beharren, die polnischen Ortsnamen zu benutzen, begehen dann allerdings den peinlichen Fehler, dass sie das Polnische deutsch akzentuieren und aussprechen. Ohnehin gelingt es uns Deutschen nur schwer, das weiche L in dem polnischen Namen Breslau richtig auszusprechen, nämlich als Wrocław. Es ist zu wiederholen, dass es an intellektuellem Ehrgeiz fehlt, sobald man eine östliche Sprache auf die Lippen bekommt, diese ordnungsgemäß auszusprechen.

Familienzusammenführung und der »rote Pass«

Während der Zeit der kommunistischen Herrschaft in Polen war ein uns Deutsche, vor allem die Vertriebenen bewegendes Thema und Problem das der Deutschen, der Landsleute in der Heimat. Thema und Problem kristallisierte sich zur ständigen Frage, wiederholt im Deutschen Bundestag zur Sprache gebracht und zur Sorge wegen des Schicksals der zwar in Schlesien gebliebenen, also nicht vertriebenen Landsleute: Werden die Deutschen, die das Land verlassen und ausreisen wollen, die Chance zur Ausreise erhalten? Familienzusammenführung, diese wurde von uns Deutschen in der Bundesrepublik Deutschland gefordert, aber von Polen wurde diese Familienzusammenführung entweder strikt abgelehnt oder, wenn ausnahmsweise gestattet, mit schlimmen Repressionen verbunden. Als der Warschauer Vertrag 1970 abgeschlossen und 1972 ratifiziert wurde, trat die »Information« mit einer Erklärung über die Ausreisemöglichkeiten der Deutschen in Kraft.

Aber die Umsetzung dieser »Information« in Polen war nicht frei von vielen Schwierigkeiten und Schikanen. 1975 ist es dann zu einem neuen »Protokoll« zur Aussiedlung gekommen, mit viel Geld erkauft, denn Polen erhielt 1,3 Milliarden D-Mark für ein Rentenabkommen und einen sehr billigen Kredit in Höhe von einer Milliarde D-Mark, der mit 2,5 Prozent verzinst war. Mit Polen wurde vereinbart, dass in einem bestimmten Zeitraum 120.000 bis 125.000 Deutsche aussiedeln dürften. Streitpunkte waren sowohl die willkürlich gesetzte Zahl, denn man sprach von 250.000 Aussiedlungswilligen, als auch die so genannte Offenhaltklausel, dass auch noch nach Ablauf dieses »Protokolls« eine Ausreise beantragt und genehmigt werden könne. Das sollte vom Jahre 1980 an Angebot und Verpflichtung Polens sein.

Die Wirklichkeit sah so aus, dass Familien viele Jahre hindurch zerrissen waren, weil nur ein Mitglied der Familie hatte ausreisen dürfen oder war auf Umwegen aus Schlesien in die Bundesrepublik Deutschland gekommen. Um einen Antrag zur Aussiedlung endlich genehmigt zu erhalten, mussten notfalls über zehn und mehr Anträge gestellt werden. Lag ein Antrag vor, setzten Herabsetzungen am Arbeitsplatz ein. Wer endlich die Erlaubnis zur Aussiedlung erhalten hatte, musste vor der Ausreise sein bescheidenes Eigentum dem Staat ohne jedes Entgelt übertragen. Nicht verschwiegen sei, dass manche Ehe durch die lange Trennung zerbrochen ist, sodass eine Familienzusammenführung gar nicht mehr betrieben wurde oder die Familienzusammenführung, sollte sie endlich zustande gekommen sein, mit einer Tragödie endete.

Nach der Wende löste sich das Problem der Familienzusammenführung von selbst, weil keine Barrieren mehr zu überwinden waren. Gleich mit der Wende setzte ein Strom von Aussiedlern in die Bundesrepublik Deutschland ein. Jetzt wurde die Ausreise der Russlanddeutschen das nicht leicht zu lösende Problem, auch deswegen schwierig, weil deutsche Sprachkenntnisse als Voraussetzung verlangt werden. Die Mehrzahl der Aussiedler aus dem heutigen Polen hatte trotz des Bekenntnisses, Deutsche zu sein, nur geringe oder kaum noch Kenntnisse ihrer deutschen Muttersprache. Sprachkurse, deren Länge oft wegen der jeweiligen Haushaltslage des Bundes gewechselt hat, wurden angeboten, aber dann meist von den Familienvätern in Anspruch genommen, sodass die Frauen und Mütter das Deutsche radebrechend zurückblieben. Auch das Finden von Arbeitsplätzen war schwierig, und mancher Aussiedler musste sich arbeitslos nennen. Als plötzlich auffiel, dass diese deutschen Aussiedler die deutsche Sprache gar nicht sprechen konnten, erklärte ein Mitglied des Deutschen Bundestags ebenso arrogant wie böswillig: »Zu Hause hat man einen Deutschen Schäferhund, und schon ist man ein Deutscher.«

Da vor allem nach der Wende sehr viele junge Menschen die Oder-Neiße-Linie überschritten hatten und, soweit dies möglich wurde, das Know-how des Westens sich aneignen konnten, gingen gerade von den Landsmannschaften Appelle heraus, doch in die Heimat zurückzukehren. Die Verhältnisse in Polen hätten sich grundlegend verändert, das heißt verbessert, also eröffneten sich Chancen zum Neubeginn. Zum anderen sollte man an die Elterngeneration denken, die ihre Söhne und Töchter als Familienzusammenführung zurückwünschten. Aber all diese Appelle fruchteten nicht, es sind nur sehr wenige, die zurückgekehrt sind.

In Polen schwirrten während der kommunistischen Ära böse Unterstellungen, indem behauptet wurde, dass die angeblichen Deutschen, die doch eigentlich Polen seien oder Polen geworden sein müssten, von den Deutschen mit Geldversprechen angelockt worden seien, um sie als billige Arbeitskräfte auszunutzen. Etwas spöttisch, aber auch grimmig verdächtigend nannte man die Aussiedler als »Volkswagendeutsche«. Um des Mammons willen wollten sie ausreisen, um möglichst schnell einen Volkswagen zu erwerben und ihn stolz in der Heimat dann vorzufahren. In seinen Erinnerungen hat der frühere polnische Außenminister Wladyslaw Bartoszewski eine andere Auslegung des Wortes »Volkswagendeutscher« zur Hand. Er schrieb: »So nannte man die Aussiedler seinerzeit, weil der eine oder andere der Aussiedler Polen mit einem eigenen Volkswagen verließ.« Um es deutlich zu sagen: Das ist ein schönes Märchen.

Auf den landsmannschaftlichen Treffen entzündeten sich Widerwillen und Proteste, weil die Aussiedler, die diese Treffen besuchten, vielfach das Polnische als Umgangssprache, und dies mit ihren Schicksalsgefährten, benutzten. »Verbieten Sie, dass auf einem Deutschlandtreffen der Schlesier Polnisch gesprochen wird!«, ein Ansinnen, dem ich als verantwortlicher Schlesier stets mit Nachdruck widersprochen habe, aber die Gefühle kochten. Eine andere Frage war die polnische Staatsangehörigkeit. Aus ihr als Aussiedler entlassen zu werden, kostete bis zu fünf Jahren Wartezeit und dazu noch Geld. Hier hat mancher gekniffen, weil er sich von der nicht niedergelegten polnischen Staatsangehörigkeit bei einem Friedensvertrag berechtigte Ansprüche auf sein Eigentum in der Heimat versprach. Polnischen Protest gab es wegen der Inanspruchnahme der Aussiedler als Vertriebene und deren deutscherseits praktizierten Einbeziehung in die Gesetzgebung für die vor Jahrzehnten Vertriebenen. Kurios dabei, dass der Begriff des Vertriebenen gleichzeitig in Polen verpönt war und nicht gelten durfte.

Von Polen hört man bis in unsere Tage die Beschwerde darüber, dass diese vielen Aussiedler ein sehr distanziertes, wenn nicht sogar feindliches Verhältnis zu Polen an den Tag legen würden und weit weniger zugänglich für einen deutsch-polnischen Dialog seien als die 1945 und danach Vertriebenen und der deutsche Normalbürger. Wir Deutsche, vor allem die Vorstände der Landsmannschaften, mussten und müssen zur Kenntnis nehmen, dass sich die Aussiedler als Schlesier und Deutsche nicht leicht, das heißt kaum in die Landsmannschaft integrieren lassen. In den wenigsten Fällen mag das Suchen und allmähliche Finden eines Arbeitsplatzes das Motiv sein. Die so intensive Propaganda der Kommunisten gegen die Landsmannschaften als Hort des Revanchismus hat misstrauisch gemacht, denn man will Ruhe haben und möglichst nicht als Angehöriger der Landsmannschaft auffallen.

Eine Mitgliedschaft in der Landsmannschaft zu beginnen, ereignet sich nicht sehr häufig, und noch seltener ist es, wenn ein Aussiedler sich in ein Ehrenamt wählen lässt. Aber es gibt auffällige Ausnahmen, denn in Bayern ist der Landesvorsitzende ein Aussiedler, dazu noch Mitglied des Bundesvorstands der Landsmannschaft. Und den Bundesgeschäftsführer der Landsmannschaft Schlesien, in Nord-

rhein-Westfalen mit Abitur und Studium zum Diplominge-
nieur, mit seinen Eltern in den 80er-Jahren in die Bundesrepublik Deutschland gekommen, zeichnen perfekte polnische
Sprachkenntnisse aus. Er ist in der Tat ein ausgezeichneter
Verbindungsmann zwischen hüben und drüben. Ein anderer, gleichfalls der Generation von Aussiedlern zugehörig,
ging nach Oberschlesien zurück und führt jetzt die Geschäf-
te des Eichendorff-Kultur-Zentrums in Lubowitz. Auf diese
Weise öffnen sich auch neue Wege für die Landsmannschaft
und deren Zukunftsperspektive.

Für diese Aussiedler der mittleren und jüngeren Generation, die als Deutsche daheim unter dem polnischen Mehrheitsvolk groß geworden sind, ist die Heimat um Jahrzehnte
näher als für die vor 60 Jahren Vertriebenen. Diese leben
physisch und in der Erinnerung im deutschen, jetzt polnisch
gewordenen Schlesien, während die jüngere Generation der
Aussiedler das polnisch gewordene Schlesien erlebt hat und
jetzt das alte und deutsche Schlesien dank der Existenz und
dem Tun der Vertriebenen historisch und geistig in sich auf-
nimmt.

Viele Deutsche, vornehmlich aus Oberschlesien, haben
sich in den Jahren seit der Wende bemüht, als Deutsche, denen eine polnische Staatsangehörigkeit aufgezwungen worden ist, denn die Verhältnisse waren nun einmal so!, einen
deutschen Pass als Deutsche zu erhalten. Selbstverständlich
gibt es dann auch unerwartete Komplikationen, wenn die Familie als Bürger des Deutschen Reichs, dies nur eine der
Schwierigkeiten, im benachbarten Österreich gelebt hat. Der
Besitz dieses Passes der Bundesrepublik Deutschland kann von
den polnischen Staatsbürgern deutscher Nationalität erst nach
Überschreiten der Grenze in Anspruch genommen werden.

Man nennt 100.000 Bürger, aus der Wojewodschaft Oppelner Schlesien, die in Deutschland oder Holland arbeiten.
Allerdings beklagt die katholische Kirche als Folge des Geld-
verdienens fern von Familie und Heimat die Zerreißung der
Familie und auch drohende Trennung.

Als man in der Bundesrepublik Deutschland über die deutsche Staatsbürgerschaft für Ausländer heftig diskutierte, meinte der Bundesinnenminister, man habe doch ein Vorbild an der den Deutschen von den Polen gewährten und besiegelten deutschen Staatsangehörigkeit. Einer derartigen Parallelität musste jedoch deutlich widersprochen werden, denn die Deutschen in der Heimat sind in vielen Generationen ansässige »Ureinwohner«, die Ausländer als Gastarbeiter Neubürger und an sich Fremde, also keine Ansässigen seit Jahrhunderten.

Beauftragte für gute Beziehungen

Die Frage, die an Aktualität nichts eingebüßt hat, lautet: Wie können Deutsche und Polen zusammenkommen? Die Antwort könnte lauten: Setzt euch an einen runden Tisch und diskutiert Tag und Nacht, bis ihr endlich zu gemeinsamen Lösungen der an Zahl nicht gerade geringen Probleme kommt oder zumindest miteinander abgestimmte Erklärungen über noch offene Fragen, die in naher Zukunft behandelt werden sollen, abgegeben werden. Das ist natürlich Zukunftsmusik. Aber es gibt doch seit der Wende von 1989/90 sehr viele Begegnungen und Gespräche, Fernsehauftritte und sogar gutnachbarliche Umarmungen. Man denke nur an den 12. November 1989 in Kreisau und die brüderliche Umarmung von Bundeskanzler Helmut Kohl und Ministerpräsident Tadeusz Mazowiecki und an die vielen Reden der Staatspräsidenten beider Staaten mit in die Zukunft gerichteten Ausführungen. All das war und ist schön und gut, nur vergleichbar mit dem deutsch-französischen Verhältnis ist das deutsch-polnische noch lange nicht. Schöner Schein und nichts mehr, so hört man Antworten auf beiden Seiten von Oder und Neiße.

Woran liegt das? Um mit einer alles und nichts sagenden Antwort zur Stelle zu sein, spricht man von einer »Asymmetrie« im deutsch-polnischen Verhältnis. Unterschwellig klingt dann deutscherseits mit, dass an dieser so genannten Asymmetrie die Deutschen schuld sind und die Polen darunter leiden. Es gibt einfache Auflösungen für die »Asymmetrie«: Die Deutschen wissen zu wenig von uns Polen, sie wollen auch gar nicht viel wissen, sie nehmen in ihr Geschichtsbild all das nicht auf, was sie uns an Bösem zugefügt haben, sie sind überheblich, arrogant, unser Nationalismus und unser tiefgläubiger Katholizismus ist ihnen fremd. Dazu dann noch das Schlagwort von der »polnischen Wirtschaft«. In der gegenwärtigen großen Politik, einmal gänzlich abgesehen von der jüngsten Vergangenheit, stoßen wir Polen bei den Deutschen auf Unverständnis, das eine Mal angesichts unseres Misstrauens und einer historisch begründeten Angst gegenüber Russland, während Deutschland ein gutes Einvernehmen zwischen Berlin und Moskau eifrig pflegt, und wir Polen fühlen uns gegenüber einer festen Umarmung der beiden großen Nachbarn erneut gefährdet. Außerdem pflegt das heutige Polen zu den USA ein ausgezeichnetes, sogar herzliches Verhältnis, darum unsere Beteiligung mit einem großen Truppenkontingent zur Absicherung im Irak, während Deutschland sich im Irakkrieg grundsätzlich nicht engagiert hat. Auch das stört Polen, dass es als Mitglied der Europäischen Union von den in der EU zurzeit bestimmenden Mächten Deutschland und Frankreich entsprechend seiner Größe mit nahezu 40 Millionen Einwohnern nicht ernst genommen wird, und Gleiches gelte auch für die jüngst beigetretenen baltischen Staaten.

Es werden allerdings nicht so sehr die Fragen der großen Weltpolitik die Aufgabe der beiden von ihren jeweiligen Regierungen berufenen Polenbevollmächtigten sein als vielmehr das engere Nachbarschaftsverhältnis zwischen Deutschen und Polen. Für Deutschland spricht und handelt laut Auftrag Gesine Schwan, Präsidentin der Universität Viadrina in Frankfurt an der Oder und ihres Zeichens Politikwissenschaftlerin. Von Polen wurde Irena Lipowicz, Professorin der Jurisprudenz beauftragt. Und von beiden Professorinnen gilt, dass sie die jeweils andere Sprache hervorragend beherrschen, also die Sprachbarriere steht dem Zueinander nicht im Wege. Die ersten Verlautbarungen der Beauftragten enttäuschten, denn man wich ins Allgemeine und in Spezialprobleme aus, sodass zu fragen ist, warum man wegen der jetzt bekannt gewordenen Vorhaben Polenbeauftragte hatte berufen müssen. Es wurden als Themen genannt die Alters-

pyramide und die ausbleibenden Geburtsjahrgänge hüben
wie drüben, zusätzlich nach dem Beispiel der Gründung der
Universität Viadrina an der jetzigen deutsch-polnischen
Grenze und mit einem Drittel polnischer Studenten die
Gründung einer Grenzlanduniversität für Polen und Ukrainer an der polnisch-ukrainischen Grenze. Die beiden als
Beauftragte Handelnden sind dem jeweiligen Außenminis-
terium zugeordnet. Dies besagt jedenfalls deutscherseits,
dass sie für die Aufarbeitung der jüngsten Geschehnisse
nicht zuständig sind. Man wünscht sich, dass sowohl der Beginn des Zweiten Weltkriegs und dessen Entfesselung durch
das nationalsozialistische Deutschland als auch durch die
Sowjetunion behandelt würde, um zu einer gemeinsamen
Beurteilung, besser gesagt Verurteilung, zu gelangen. Und andererseits das Ende des Zweiten Weltkriegs mit Vertreibung,
Konzentrationslagern, Zwangsarbeit müssten Themen sein,
nicht zuletzt die Existenz der deutschen Volksgruppe und
vor allem auch die unerträgliche Bevormundung der Deutschen, weil sie sich um die Darstellung des Verbrechens der
Vertreibungen in Eigenverantwortung bemühen. Aber man
hört gleich den Zwischenruf der bisherigen Kulturstaatsmi-
nisterin im Bundeskanzleramt, dass diese Frage zu ihrem
Ressort gehört und nicht ein Arbeitsfeld der Polen- und
Deutschlandbeauftragten sein könne.

Die Asymmetrie wird auf solche Weise bestimmt nicht ab-
gebaut und widerlegt, zumal man wissen muss, dass polnischerseits immer neue Argumente vorgetragen werden, um
eigene Positionen noch entschlossener und uneinsichtiger
vorzutragen. In Polen arbeitet man gern mit Stereotypen
und setzt auf ein nicht etwa durch Argumente infrage zu
stellendes eigenes Weltbild. Das war gestern das Schlagwort
vom »Revanchismus«, das ist heute das Niederwalzen eines
»Zentrums gegen Vertreibungen«, um aus Vergangenheit
und Gegenwart zwei Behauptungen und Aktionen mit Namen zu nennen.

Welche Perspektiven ergeben sich für die Zukunft im

deutsch-polnischen Verhältnis, wonach eher und nachdrücklich in Polen gefragt wird, weniger – leider – in Deutschland? In der Warschauer Wochenschrift »Polityka« heißt es: »In der Nachkriegsgeneration der Deutschen vollzieht sich eine ›Selbstversöhnung‹, das heißt also die Verlagerung der Aufmerksamkeit für das Gefühl der Schuld in das Mitgefühl für die deutschen Opfer des Krieges, was aus polnischer Sicht die moralische Proportionen verwischt.«

Uns Deutsche bedrückt die Sorge, wie es die Nächsten, die nächste Generation im Verhältnis zur Heimat der Vertriebenen, vielfach zur Heimat der eigenen Generationsfolge, halten werden. Ist vielleicht die Heimat der Vertriebenen für die Nachgeborenen gar nicht mehr geistig und politisch existent, also der endgültige historische und geistige Verzicht auf die Heimat das Ergebnis? Deutscherseits, und das besagt dieser Satz, entwickelt sich eine ganz andere, offenbar überzeugende Sichtweise mit Blick in die Zukunft: Eine Schuld gibt es in diesem Denken der jungen Deutschen nicht mehr, weil man auch ganz persönlich nicht schuldig gewesen sein kann, aber das dem eigenen Volk, den eigenen Familienmitgliedern angetane Leid wird nicht mehr gegenwärtig sein. Das führt dann dazu, dass unsere Bemühung um die Vergegenwärtigung der Vergangenheit verhallt, weder Zustimmung noch Widerspruch findet.

Dies wird hier eingeführt, weil wir als Deutsche versäumen, im deutsch-polnischen Verhältnis auch und gerade die Psychologie mitreden zu lassen. Es gibt in der Tat ein polnisches Trauma, aber die Aussage darf nicht unterbleiben, dass es auch ein deutsches Trauma gibt. Absichtlich wird nicht im Plural gesprochen. Darum muss hier im deutsch-polnischen Gespräch angesetzt werden, um vom Trauma zu befreien. Leider will man nicht leise Töne und überzeugungsstarken Optimismus vernehmen, sondern Aktionismus und die Oberflächlichkeit der Medien haben das Wort. Darum auch die Zweifel an einem erfolgreichen Handeln der beiden deutsch-polnischen Polenbeauftragten.

Verwirrung der Begriffe

Dies widerfuhr dem Namen und Begriff Heimat: Überholt, und obendrein wird Heimat jetzt noch politisiert. Da gibt es die Heimatvertriebenen, die Landsmannschaften, diejenigen, die die Heimat in den Mittelpunkt ihres Denkens und Handelns stellen. Wenn es schon um Heimat gehen soll, dann doch bitte die Gewissheit, dass die einen die Heimat durch deutsche Schuld verloren, die anderen jetzt eine neue Heimat gewonnen haben! Außerdem sei das Wort Heimat etwas Sentimentales, in unserer Zeit Vorgestriges. Auch Bundeskanzler Gerhard Schröder spielte in seiner Rede zum Tag der Heimat im Jahre 2000 das Wort herunter, indem er auf die heutige Mobilität der Bürger verwies, weshalb er auch kein Verständnis für die Heimat als politisches Thema und Ziel politischen Handelns aufzubringen vermag. Am Tag der Heimat sollte eine Abkehr von der Heimat diskutiert werden.

Als Deutschland in vier Besatzungszonen aufgeteilt war, sprach man von der amerikanischen, britischen und französischen Zone, aber bei der sowjetischen Besatzungszone zog man die Abkürzung SBZ vor. Viel geläufiger war und blieb die Bezeichnung Ostzone, obwohl es da auch gleich den Protest hervorrief, dass man das bisherige Mitteldeutschland nicht zur Ostzone stempeln dürfe.

Die drei Westzonen von Deutschland bildeten schnell wieder die alten Länder, und neue Länder kamen mit Doppelnamen hinzu, es seien genannt; Nordrhein-Westfalen, identisch mit der britischen Zone, jedenfalls ein Teil davon; und Rheinland-Pfalz, identisch mit der französischen Besatzungszone; Baden-Württemberg und Schleswig-Holstein sind hinzuzufügen.

Als aus den drei westlichen Zonen 1949 die Bundesrepublik Deutschland entstand, wurde nahezu gleichzeitig aus der SBZ die Deutsche Demokratische Republik mit dem Kürzel DDR. Jetzt entbrannte ein jahrzehntelanger Konflikt wegen der Benennung. Viele scheuten sich, aus gutem Grund, von einer DDR zu sprechen. Lieber sprach man dann schon von der »so genannten DDR«. Die alten Ländernamen Brandenburg, Thüringen, Sachsen, Sachsen-Anhalt, Mecklenburg wurden ausgelöscht, Bezirke wurden geschnitten, denn auf jeden Fall sollte das geschichtlich gewordene Deutschland in diesem Teil von Deutschland nicht nur verdrängt, sondern ausgelöscht werden. Das Neue, der kommunistisch beherrschte Teil Deutschlands, sollte sich von Geschichte, womit Kapitalismus und Faschismus in einem Atemzug gemeint waren, lossagen. Nach der Wende von 1989/90 war es eine der vordringlichsten Änderungen, dass die alten Länder wieder entstanden. Hinzu kam zu Mecklenburg der Teil Pommerns, der nicht der polnischen Verwaltung und später polnischer Souveränität unterstellt worden war, Vorpommern. Dies allerdings ohne das westlich der Oder gelegene Stettin, das nach der Potsdamer Konferenz im August 1945 eigenmächtig von Polen annektiert worden war.

Ein Versuch, auch in Sachsen den westlich der Görlitzer Neiße gelegenen Teil Niederschlesiens mit Görlitz als Mittelpunkt zu einem Doppelstaat Sachsen-Niederschlesien zu fügen, scheiterte an der zu geringen Bevölkerungszahl von ungefähr 300.000. Aber der Freistaat Sachsen hat Schlesien in seiner Verfassung als Teil des Freistaats Sachsen ausdrücklich, und dies auch mit Recht, vermerkt. Die Region ist indes größer als das Saarland, es ist ein Unterschied von 1000 Quadratkilometern.

Auf der Konferenz von Potsdam war am 2. August 1945 entschieden worden, dass Ostdeutschland mit Ostpreußen, Westpreußen, Hinterpommern, Ostbrandenburg und Schlesien bis zur Oder und Görlitzer Neiße Polen zur Verwaltung

übergeben werden soll. Der Norden Ostpreußens wurde der
Sowjetunion zugesprochen, auch mit der Zusicherung, dies
in einem Friedensvertrag so zu belassen. Der richtige Name
für Ostdeutschland lautet so, aber es setzt Verwirrung dadurch ein, das die Sowjetische Besatzungszone bereits allgemein als Ostzone bezeichnet wurde. Weil allmählich, schon
vor der Wende, obendrein für diese Ostzone Ostdeutschland gesagt wurde, wurde es notwendig, wenn man die Teile
Deutschlands meinte, die jetzt unter polnischer Verwaltung
standen, tatsächlich aber bereits vor dem Vertrag zwischen
Deutschland und Polen vom 14. November 1990 souverän
von Warschau regiert wurden, zur Klarstellung den Ausdruck Ostdeutschland jenseits von Oder und Neiße zu
gebrauchen. Viele aber sprachen in der deutschen Öffentlichkeit einfach von Polen und bezogen ohne jede Differenzierung Ostdeutschland mit ein.

Nach der Wende von 1989/90 hat sich für die Bundesrepublik Deutschland bis zur polnischen Grenze unbewusst-
bewusst Ostdeutschland offiziell und in der Umgangssprache durchgesetzt. Die Namen »Mitteldeutsche Zeitung«,
»Mitteldeutscher Rundfunk« halten zwar traditionsgemäß
an dem Begriff Mitteldeutschland fest, aber Ostdeutschland
für Mitteldeutschland als Name und Begriff hat obsiegt.

Allerdings fällt es einem schwer, Martin Luther, Johann
Sebastian Bach und Goethe in Weimar als Ostdeutsche zu
bezeichnen, und es wirkt auch verkrampft, die soeben Genannten nunmehr historisch und geografisch neu einordnen
zu müssen. Da Ostdeutschland für Ostdeutschland jenseits
von Oder und Neiße nicht mehr zur Verfügung steht, fragt
man sich, ob nun Joseph von Eichendorff und Gerhart
Hauptmann Fernostdeutsche sein sollen. Man sagt jetzt,
wenn man die Region zwischen der jungen Oder und der
Ostsee zusammenfassen will, historisches Ostdeutschland.

Aber die Bundesregierung unter Bundeskanzler Gerhard
Schröder hat Wert darauf gelegt, dass auch das historische
Ostdeutschland aus dem allgemeinen Bewusstsein verdrängt

wird. Es soll niemand auf den Gedanken kommen, unter
»ostdeutsch« Schlesien oder Ostpreußen verstehen zu wollen. Das neue Zauberwort heißt »europäisch«, ein Adjektiv,
das nach einer zu verurteilenden Sprachregelung gebraucht
werden darf, ein Verfahren wie zu Zeiten der Diktaturen.
Man sagt jetzt osteuropäisch, vielleicht auch ostmitteleuro-
päisch oder überhaupt nur europäisch, um jeden Bezug zum
historischen Ostdeutschland auszulöschen. Dies vor allem
dann, wenn irgendwelche Institutionen aufgrund des Staats-
haushalts finanziell unterstützt werden. Man meint auf diese
Weise jeden möglichen politischen Anspruch ein für alle
Mal auslöschen zu können, sich vor jeder Verdächtigung
durch die Nachbarstaaten zu schützen, mit einem Wort: sich
nach besten Kräften auf Kosten der Geschichte unseres
Volks so gefällig wie nur möglich darzustellen. Es gibt nur
noch einige Relikte, in denen die demokratischen Aufsichts-
gremien mit Mehrheit gegen diese unhistorische Gleichmacherei opponiert haben. Ostdeutschland in altem Sprach-
verständnis galt und gilt als Störenfried.

Man kann es so darstellen: Unser polnischer Nachbar hat
für seine drei westlichen Wojewodschaften geschichtsbe-
wusst den Namen Schlesien sich zu Eigen gemacht, während
gleichzeitig für die in Deutschland Regierenden Ostdeutschland ein zu verdammendes Wort ist.

Hinzu kommt, dass man höherenorts in Deutschland
ohnehin damit rechnet, dass die von der Vertreibung Betroffenen aussterben, weshalb man gar keinen Anlass sieht, über
Stimmen, die gegen die Preisgabe geschichtlicher Zusam-
menhänge protestieren, vielleicht sogar rebellieren, zu disku-
tieren und diese sogar noch ernst zu nehmen. Die Zeit
spricht ihre Sprache, ist die kaltherzige Entgegnung. Auch
wenn alte und bekannte, durch die Geschichte belegte Begriffe im Verlauf der zeitbedingten Gewohnheit außer Kurs
geraten sind, darf man die Geschichte nicht nach eigenem
Gutdünken neu schreiben und durch Begriffe wie »osteuropäisch« statt »ostdeutsch« überrunden und ausmerzen.

Das neuerdings für alles und jedes bemühte Adjektiv »europäisch« mag zwar gefällig klingen, widerspricht aber, wie leicht zu beweisen ist, der geschichtlichen Wahrheit. Auch in dem groß gewordenen Europa hat jede Nation das Recht, die eigene Nationalgeschichte einzubringen. Man hüte sich vor jeglichem europäischem Zeitgeschmack, vor einer geschichtslosen Gleichmacherei.

Schönwetterberichte und die Wirklichkeit

Das deutsch-polnische Verhältnis leidet darunter, dass fast schon mit einer Art von Wolllust Schönwetterberichte offiziell und selbstredend auch durch die Medien verbreitet werden. Die beiden Staatspräsidenten treffen sich und verkünden ein glanzvolles Hoch über dem deutsch-polnischen Verhältnis. Das war so unter Johannes Rau und Aleksander Kwasniewski, das ist nicht anders unter Dr. Horst Köhler und Aleksander Kwasniewski. Man bescheinigt sich gegenseitig, dass sich Deutschland und Polen noch nie so gut verstanden hätten wie gerade jetzt, denn es herrsche zwischen beiden Völkern das beste Einvernehmen. Gleichzeitig erfahren wir Staatsbürger von gegenseitigen und erfreulicherweise häufigen Zusammenkünften zwischen dem deutschen Bundeskanzler und dem polnischen Ministerpräsidenten. Das Fazit dieser Besuchsprogramme lautet ganz einfach: Alles läuft zwischen uns als Nachbarn ausgezeichnet. In den Medien schlägt sich das dann in gefälligen Aufnahmen im Fernsehtakt von 90 Sekunden nieder.

Offenbar glaubt man, und dies schon über viele Jahre hinweg, man würde der Unwahrheit geziehen werden, wollte man über die Wirklichkeit berichten.

Kritische Beobachter haben zu Recht von Zeremonien der Beschwörung gesprochen. Sollte es der Wirklichkeit entsprechend irgendwelche Misstöne geben, so darf darüber noch nicht einmal im höflichen Ton und andeutend geredet werden. Das deutsch-polnische Verhältnis genießt uneingeschränkte und unbemessene Schonfrist.

Selbstverständlich will niemand Schlechtwetter heraufbeschwören. Es ist nämlich richtig, dass sich Deutsche und

Polen nicht als Gegner oder gar als Feinde gegenüberste-
hen. Die Mitgliedschaft der beiden Staaten hat sie zu Bundes-
genossen gemacht, seitdem Polen 1999 wie Deutschland
Mitglied des Verteidigungsbündnisses der NATO ist. Und seit
dem 1. Mai 2004 sind beide Völker gemeinsam Mitglieder in
der Europäischen Union. Aber das besagt doch noch nichts
darüber, ob es nicht doch offene Fragen zwischen den beiden Staaten gibt. Das ist bekanntlich auch im Alltag so, dass
sich zwei Nachbarn davor hüten, in Feindschaft zu leben,
aber Klärungsbedarf ist aus bestimmten Gründen vorhanden, Versuche zur Lösung offener Fragen und zur gegenseitigen Befriedigung müssen unternommen werden, in der
Hoffnung auf Erfolg und mit dem Ziel, diesen auch zu er-
wirken.

Zwischen Deutschland und Polen sieht es nicht anders
aus. Den Schönwetterbericht nehmen wir gern zur Kenntnis, erlauben uns aber auch den Zwischenruf, dass zum wirklichen Alltag nun einmal auch Wolken gehören. Es soll kein
Unwetter prophezeit werden, aber wer von gleichsam ewi-
gem blauem Himmel als Ansage des deutsch-polnischen Kli-
mas schwärmt, sagt nicht nur nicht die Wahrheit, sondern
lügt, und dies absichtlich. Wolfgang Thierse hat als Bundestagspräsident im Frühjahr 2005 als gebürtiger Breslauer in
Breslau deutliche Worte gesprochen: »Das deutsch-polnische Verhältnis, meine ich, braucht 60 Jahre nach Kriegsende nicht mehr Formeln und große Gesten. Gehen wir in
die Details.« Allerdings lässt dann der Bundestagspräsident
jegliches Detail außen vor. Um doch ein Detail vorzustellen,
führt er das Projekt »Zentrum gegen Vertreibungen« an und
versichert sogleich den Polen, dass dieses Projekt nur als
europäisches, auf keinen Fall als deutsches Projekt realisiert
werden dürfe. Also auch hier wieder Schönwetter, denn zwischen Deutschen und Polen darf es nach höherer deutscher
Einsicht kein Problem geben. Hört man zum deutschen Vorhaben einer Dokumentation der Vertreibung der Deutschen,
der Vertreibungen im 20. Jahrhundert, polnische Kritik, und

diese schwelt inzwischen seit Jahren, haben wir Deutsche
den Kopf einzuziehen. Wir wollen um keinen Preis Miss-
stimmung in Polen erzeugen, also »deutsch« einfach streichen und das Schönwort »europäisch« dafür einsetzen.

Die Regierungen in Berlin und Warschau haben, um das
deutsch-polnische Verhältnis zu verbessern, denn offensichtlich ist doch nicht alles bestens abgestimmt, Polenbeauftragte berufen. Das könnte und sollte zur Folge haben, dass die
in den Schönwetterberichten geleugneten offenen Fragen
nun Gegenstand der Erörterung in der Absicht werden,
einen Konsens zu finden. Weit gefehlt! Die deutscherseits
Beauftragte verkündete gleich ein entschiedenes Nein zum
»Zentrum gegen Vertreibungen«, weil dahinter der Bund der
Vertriebenen stünde, offenbar böse Menschen, wie man die
deutsche Beauftragte verstehen muss. Auf der polnischen
Seite ist man sofort allen Fragen, die zwischen Deutschland
und Polen bestehen oder bestehen könnten, ausgewichen.

Merkt man denn nicht, dass das bewusste oder meinet-
wegen fahrlässige Nicht-wissen-Wollen, was tatsächlich zwischen den Deutschen und Polen Not tut, mit dem Adjektiv
»unehrlich« belegt werden muss? Diese Art des Umgangs
miteinander kann nur Gefühle der Enttäuschung und Ver-
bitterung hochtreiben. Ihr sprecht nicht über die offenen
Fragen, ihr verschweigt die Probleme!

Da drängt sich als Behandlungsstoff all das auf, was die
Vertreibung als Begriff und als historisches Faktum betrifft.
Wie steht es um die gegenseitige Geschichtsschreibung, war
doch Schlesien tatsächlich erst seit der Gründung des Deutschen Kaiserreichs, 1871, Teil Deutschlands. Warum werden
dann Ortsgeschichten, was sich dann in den deutschen Texten
werbender Prospekte niederschlägt, als polnische Geschichte
umgeschrieben? Warum konnte der Oppelner Erzbischof
auf dem Annaberg den Satz sprechen: »Die Deutschen werden
als Minderheit geduldet, aber sie werden nicht anerkannt«?
Warum hat die deutsche Minderheit in Oberschlesien so
große Angst, die Bestimmungen des Minderheitengesetzes

in die Wirklichkeit umzusetzen und anzuwenden? Wie ist es
um das Problem der so genannten Beutekunst, denn deutsche und polnische Forderungen widersprechen einander,
bestellt? Es soll keineswegs ein ganzer Katalog von offenen
Fragen vorgetragen werden, aber es gibt die Probleme in der
deutsch-polnischen Nachbarschaft.

Und nicht nur am Rande müsste das Gespräch zwischen
den Nachbarn den wachsenden polnischen Nationalismus,
antideutsche Ressentiments eingeschlossen, behandeln.
Man muss leider den Eindruck gewinnen, dass die Deutschen ein willkommenes Ziel für nationalistische Verdächtigungen, Beschimpfungen, garstiger Angriffe sind. Mögen
sich die Oberen auch weiterhin in Schönwetterberichten ergehen, die Wirklichkeit, ganz nüchtern betrachtet, sieht anders aus.

Zur Geschichte Schlesiens

Gibt es überhaupt eine deutsche Geschichte Schlesiens, mit welcher Begründung erheben die Deutschen den Anspruch auf Schlesien als Teil Deutschlands? Auf die von Polen gestellte Frage antwortet man auch gleich gern und bis in die Gegenwart mit der Behauptung, dass Schlesien als zu Deutschland gehörend erst mit dem Jahr 1871 beginnen könne. Das ist das Datum der Gründung des Deutschen Reichs am 18. Januar 1871 in Versailles, als unter Reichskanzler Otto von Bismarck und Kaiser Wilhelm I. dieses Deutsche Reich als Völkerrechtssubjekt in die Weltpolitik eintrat.

Ein sehr junges Zeugnis der polnischen Historiografie und der gängigen Darstellung sei vorgestellt. In einem erst vor kurzem veröffentlichten Buch über die niederschlesische Stadt Lauban mit heute knapp 25.000 Einwohnern liest sich das so, und dies ist eine angeblich fundierte historische Stereotype: »Seit dem Jahre 1871 gehörte Luban (den deutschen Namen darf es nicht gegeben haben) mit Preußen zum vereinigten Deutschland.« Das ist der deutsche Text einer polnisch, dann englisch und schließlich deutsch gefassten Stadtgeschichte von Lauban. Auch das ist eine offenkundig beabsichtigte und seit der kommunistischen Herrschaft übernommene und hartnäckig gepflegte Stereotype, auch in der deutschen Sprache offiziell jeden deutschen Ortsnamen nur in seiner polnischen Fassung wiederzugeben. In der mehrseitigen Darstellung einer derartigen Stadtgeschichte wird Wert darauf gelegt, dass das Wort »deutsch«, »die Deutschen« gemieden wird. Man muss sich fragen, wer denn in Schlesien gelebt hat. Dass von der Vertreibung der Deut-

schen brav geschwiegen wird, gehört zu dieser Art des Umgangs mit der Geschichte Schlesiens leider dazu.
Der an der neu errichteten Universität in Oppeln lehrende Prof. Dr. Franziszek Marek, eine Zeit lang auch Rektor dieser Universität im Oppelner Schlesien, beginnt seinen Aufsatz »Die Entwicklung von zwei Kulturen in Schlesien vom 10. Jahrhundert bis heute« mit diesen Sätzen: »Schlesien umfasst zwei Teile, Niederschlesien und Oberschlesien. Anfangs wurde es nur von slawischen Stämmen bewohnt. Ab 986 gehörte es zu Polen, seit 1348 befand es sich unter böhmischer Herrschaft, 1526 fiel es an Österreich, und in den Jahren 1740 bis 1763 wurde es von Preußen erobert. Nur ein kleiner südlicher Teil Oberschlesiens blieb bei Österreich. Im Jahre 1921 kehrte der östliche Teil Oberschlesiens an Polen zurück und der damalige österreichische Teil an Böhmen.« Dann wird noch die Konferenz von Potsdam mit den Beschlüssen vom 2. August 1945 erwähnt. »Polen bekam fast das ganze Schlesien ohne den böhmischen Teil des Landes. Drei Siegermächte hatten die Umsiedlung deutscher Bevölkerung aus diesen Gebieten nach Deutschland angeordnet.«
Hier wird den gesamten Text hindurch vermieden, von der Zugehörigkeit zu Deutschland zu sprechen, gleichzeitig soll Böhmen als tschechisch verstanden werden. Schon für die Entscheidung der Genfer Konferenz im Oktober 1921, als ganz Oberschlesien wider des Abstimmungsergebnisses geteilt wurde, heißt es, dass dieser den Polen zugesprochene Teil Oberschlesiens »zu Polen zurückkehrte«. Die »Rückkehr« ist Geschichtsklitterung.
Die Vertreibung der Deutschen wird als historisches Faktum geleugnet und als »Umsiedlung« interpretiert.
Es soll hier jetzt nicht Schlesiens Geschichte im Detail nachgeholt werden. Aber diese polnische Festlegung über den Verlauf der deutschen und auch polnischen Geschichte, indem diese vordergründig zur Vergangenheit Schlesiens herangezogen wird, während die deutsche Geschichte des

Landes absichtsvoll unterschlagen wird, muss angeprangert werden. Leider ist anzumerken, dass auch mancher Deutsche der von Polen eingeführten Schematisierung der Geschichte Schlesiens übernommen hat. Zuerst war es polnisch beherrscht, gehörte dann zu Böhmen, gelegentlich findet sich dann auch das Wörtchen »tschechisch«, um es deutlich genug zu sagen, anschließend kam Schlesien unter die österreichische Monarchie der Habsburger, und das preußische Herrscherhaus der Hohenzollern löste Habsburger ab. In all diesen Jahrhunderten seit 1335, dem Vertrag von Trentschin mit dem Verzicht der polnischen Krone durch Kasimir den Großen auf Schlesien, soll Schlesien von fremden Mächten, Tschechen, Österreichern und Preußen bestimmt worden sein. Wo bleibt die Zugehörigkeit zum Heiligen Römischen Reich Deutscher Nation seit der eidlich festgehaltenen Entlassung Schlesiens aus polnischer Souveränität? Wie bereits belegt, Schlesien als deutsches Schlesien darf entsprechend diesen Darstellungen erst 1871 notiert werden!

In einem fair geführten Disput unter Historikern aus der freien Bundesrepublik Deutschland und aus der freien Republik Polen könnte das Ergebnis nur eine handfeste, durch die geschichtlichen Fakten belegte, jedoch notwendige Korrektur dieses nationalistischen und falschen Geschichtsbildes sein. Es scheint aber so zu sein, dass die Gliederung der Geschichte Schlesiens, ein altes Vokabular der polnischen Nationalisten, munter am Leben bleibt und genüsslich tradiert wird. Auch das sollte Inhalt eines deutsch-polnischen Dialogs sein, sich unter dem Prinzip der notwendigen Objektivität zu einem Geschichtsbild durchzuringen, das frei von jeglichen Nationalismen ist, frei von jeglicher Selbsterhöhung, nicht selbstbewusst geprägt als vielmehr der historischen Wahrheit dienend. Es ist nicht nur und nach wie vor zwischen Deutschen und Polen die Behandlung des Ereignisses der Vertreibung strittig, sondern auch, in welcher Weise der Lauf der beiderseitigen Geschichte dargestellt und übermittelt wird. Manches aus der gegenwärtigen Akzentu-

ierung aus polnischer Sicht erinnert an den nationalsozialistischen Größenwahn: Überall dort, wo wir aber jetzt als
Deutsche sind und wohin wir wollen, waren schon die Ger-
manen da!

Auch das gehört zur Geschichte Schlesiens im 20. Jahrhundert, wiederholt sind die Schlesier Opfer des Nationalismus geworden. In den Jahren der Abstimmung über die Zugehörigkeit Schlesiens, weiterhin zu Deutschland oder jetzt
zu Polen zu gehören, wurden Kräfte des Nationalismus mobilisiert und schließlich, sich nationalistischen Tendenzen
beugend, Oberschlesien geteilt. Während der 17 Jahre, die
dann folgten, herrschte nationalistischer Ungeist in dem an
Polen abgetretenen Ostoberschlesien. Aber nach Kriegsbeginn bis Kriegsende hatte deutscher Nationalismus in gleichfalls abscheulicher Weise das Oberkommando in diesem Teil
Oberschlesiens das Sagen. 1945 wurden die Verhältnisse in
ganz Schlesien umgekehrt, vor allem aber in Oberschlesien,
alles, was deutsch gewesen war, wurde ausgelöscht, die deutsche Sprache den Deutschen, die in der Heimat geblieben
waren, verboten. All dies über Jahrzehnte von 1921 bis 1989
ein Schauergemälde, das nicht der Phantasie entspricht, sondern die Wirklichkeit darstellt. Polen und Deutsche müssen
lernen, zum Teil gelingt es schon, als Christen und gesittete
Menschen miteinander umzugehen. Auch mancher heute
entfachte Konflikt zwischen polnischer Mehrheit und deutscher Minderheit wäre im Zeichen gegenseitiger Toleranz
vermeidbar oder zu schlichten.

Zur Geschichte Schlesiens gehört aber auch, dass dreimal
auf dem Boden Schlesiens für die Freiheit gekämpft worden
ist. Ich nenne 1241, die Schlacht bei Wahlstadt, als die ein-
gefallenen Mongolen zwar nicht besiegt, aber in die Flucht
geschlagen worden sind, unter Herzog Heinrich, Sohn der
später heilig gesprochenen Herzogin Hedwig aus dem
bayerischen Geschlecht Andechs-Meranien. 1813, als in Breslau von König Friedrich III. von Preußen der »Aufruf an
mein Volk« zur Bekämpfung des fränzösischen Zwingherrn

Napoleon erging. 1942, als sich in Kreisau bei Schweidnitz Deutsche unter Helmuth James Graf von Moltke als Wortführer zusammenfanden, um den Sturz des Diktators Hitler, vor allem eine demokratische Politik nach Hitler konzeptionell vorbereiteten. Bis in die Gegenwart hinein, in Schlesien wurde Weltgeschichte geschrieben.

Das Zauberwort Schlesien

Die jetzige polnische Mehrheit in Schlesien, gemeint ist ausschließlich Oberschlesien mit den beiden Wojewodschaften Schlesien und Oppelner Schlesien, sind auf der Suche nach einer neuen Identität. Die deutsche Identität soll der Vergangenheit angehören. Dass diese nicht geleugnet werden kann, dazu sollen gleich noch ehrliche polnische Stimmen gehört werden. Eine mit überzeugenden Argumenten zu rechtfertigende polnische Identität, dies wird zwar von einer eher nationalistisch einzustufenden Intelligenz behauptet, löst so viele Fragezeichen aus, dass die immer noch gängige These nicht aufrechterhalten werden kann: Das Land ist zu Polen zurückgekehrt, nachdem die polnische Kultur des Landes über die Jahrhunderte weg unterdrückt worden war, eine polnische Identität sei nicht infrage zu stellen.

Es soll auch keine deutsche Kultur in ihrer Ausschließlichkeit mehr geben, aber eine polnische Kultur löst nicht unbegründete Zweifel aus. Die neue Formel, gleichsam eine Zauberformel, trägt den Namen »schlesische Kultur«.

Zurzeit müssen erste Abwehrkämpfe geführt werden. Zuerst gegen die deutsche Minderheit unter der polnischen Mehrheit, weil, wie vorgetragen wird, die Deutschen nur die deutsche Kultur gelten lassen. Die Deutschen protestieren, wenn im Leben und Werk polnische Spuren von Joseph von Eichendorff entdeckt werden sollen. Verschwiegen wird, dass es polnische Autoren gibt, die geradezu mit einem Lustgefühl Polnisches bei Eichendorff freischaufeln wollen. In einem Aufsatz schreibt Prof. Dr. Franciszek Marek, Universität Oppeln, unter dem Titel »Die Entwicklung von zwei Kulturen in Schlesien vom 10. Jahrhundert bis heute«:

»Eichendorff stammt aus Oberschlesien, wurde in Lubowitz bei Ratibor geboren und wuchs in polnischer Umgebung auf. Die Heiratsurkunde seiner Eltern wurde 1784 in polnischer Sprache abgefasst. Die Familie war bei ihren polnischen Untertanen sehr beliebt. Der junge Eichendorff und sein Bruder Wilhelm beherrschten auch die polnische Sprache ihrer Heimat. Die Familie Larisch (Schwiegereltern des Dichters) gehörte auch dem alten schlesischen Adel an, der für die kulturelle Entwicklung seiner Heimat große Verdienste leistete.« Eine knappe Erwiderung zu diesen Sätzen. Im Kreise Ratibor wurde selbstverständlich nicht Hochdeutsch, sondern auch das Wasserpolnisch gesprochen, »die polnische Sprache ihrer Heimat«, wie der Verfasser ungenau die Sprache definiert. Diese Sprache wurde auch in der Kirche gesprochen, Urkunden wurden durch die Kirche in dieser Volkessprache ausgestellt. Sogar die Adelsfamilie der Schwiegereltern Eichendorffs muss herhalten, um aus »schlesischem Adel« polnischen Adel hypothetisch anzunehmen.

Im Werk Eichendorffs findet sich keine polnische Spur, und erstaunlich auch, dass Eichendorff als berühmter Dichter erst jüngst in Polen entdeckt worden ist. Hier ist die deutsche Minderheit im heutigen Polen zu rühmen, denn sie hat Eichendorff, indem sie sich mit ihm als Landsmann identifizierte, erst bekannt gemacht.

Auch Horst Bienek als zeitgenössischer Schriftsteller muss dazu heralten, um in der zwar deutschsprachigen Kultur polnische Spuren zu entdecken. In diesem Fall wird nun bedauert, dass Horst Bienek zwar über Oberschlesien seine Tetralogie geschrieben habe, aber kein Wort Polnisch sprach, 1930 in Gleiwitz geboren. Man nimmt polnischerseits Anstoß daran, dass er nur mit einer Gedenktafel an seinem Geburtshaus geehrt werde, anstatt sich seiner zu »bemächtigen«.

Widersprüchlich ist die Argumentation des Journalisten und Fernsehproduzenten, mit einer eigenen Sendung im Kattowitzer Fernsehen, Michal Smolorz. Auf der einen Seite zerpflückt er die Mär von einer bodenständigen alten polni-

schen Kultur, die verfolgt und unterdrückt gewesen sei,
dann aber seit 1922, als Oberschlesien nach dem Genfer
Schiedsspruch (entgegen dem Ergebnis der Volksabstimmung) geteilt wurde, zu seinem polnischen Kulturerbe
zurückkehren durfte. Es gab im deutschen Schlesien auch
polnisch schreibende Autoren, an einer Hand abzuzählen,
aber keineswegs so überragend, dass sie für eine alte tradierte
polnische Kultur als Zeugen in Anspruch genommen werden könnten. In der Argumentation von Smolorz fällt auf,
dass er sich in der Minderbewertung einer ursprünglich polnischen neben der deutschen Kultur ausgerechnet auf den
polnischen Nationalisten Wojciech Korfanty bezieht. Er
nennt ihn den »hervorragendsten oberschlesischen Politiker
des 20. Jahrhunderts«. Korfanty war aber ein polnischer Na-
tionalist mit Hassgefühlen gegen alles Deutsche und hatte
sich mit der Torheit verrechnet, dass ein das Wasserpolni-
sche, den oberschlesischen Dialekt sprechender Oberschlesier deswegen ein Pole sei. Eine Gleichung, die nicht stimmte und stimmt, weshalb die Abstimmung in Oberschlesien
für Korfanty und Polen verloren ging. Der gerade zitierte
Professor Franciszek Marek bedient sich auch dieser These:
Wer das Wasserpolnisch spricht, gehört als Pole beurteilt.
   Das Modewort von einer multikulturellen Gesellschaft
wird auch in Schlesien inszeniert. Man redet dann von
gleich vier Kulturen, die ineinander aufgehen: polnisch,
deutsch, tschechisch, jüdisch. Aber, so stellt Smolorz fast
schon ironisch-spöttisch fest, das Tschechische habe keiner-
lei Spuren hinterlassen, obwohl die längste Epoche, da
Schlesien von einer fremden Macht regiert wurde, die Zeit
gewesen ist, als in den beiden Jahrhunderten unter Böhmens
Königen, den Luxenburgern, deutsche Kurfürsten und Kaiser des Heiligen Römischen Reichs Deutscher Nation ge-
herrscht haben. Gar zu gern wird die böhmische Zeit als eine
tschechische Herrschaft erklärt. Die heute oft genannte jüdische Kultur ist eine stadtbezogene Kultur, und gleichzeitig
sind tiefergreifende Einflüsse nicht zu entdecken.

Um aber der jahrhundertealten deutschen Kultur zu ent-
sagen und sich nicht gleichzeitig auf eine erst zu suchende
polnische Kultur festzulegen, wird die schlesische Kultur erfunden. Es nimmt daher auch gar nicht wunder, dass sich
der Promotor und Interpret einer schlesischen Kultur auf die
»Bewegung für Autonomie Schlesiens«, RAD, bezieht. Diese
Gruppe, mehrheitlich im ehemaligen Ost-Oberschlesien ansässig, wie es zwischen 1922 und 1939 Bestand hatte, hat
mehrere Male versucht, bis hin zum Europäischen Gerichts-
hof als schlesische Ethnik gegenüber Polen und Warschau in
ihrem Streben nach Autonomie anerkannt zu werden. Jedoch ohne Erfolg. Die Möglichkeit, während der Volkszählung sich zur Ethnik schlesisch zu bekennen, war hingegen
ein Erfolg, denn 172.000 Bürger hatten sich unter dem Begriff »schlesisch« verstanden.

Dieses »Schlesisch« grenzt, ohne dass es differenzierend
gegenüber dem übrigen Schlesien absichtsvoll herausge-
stellt würde, ganz Niederschlesien aus, denn für den neuen
Kulturbegriff schlesisch ist geografisch nur Oberschlesien
gemeint, wobei schon das heutige Oppelner Schlesien nur
am Rande mitgedacht und mitbedacht wird. Es scheint fast
so zu sein, dass dieses Oberschlesien unter dem Vor- und
Geburtszeichen eine neue Hochkultur geschaffen hat oder
gerade im Begriff ist, diese zu schaffen: »Es avancierte zu
einer normalen europäischen Region mit einem tausend-
jährigen Kulturerbe, wo auf friedliche Art und Weise verschiedene Kulturen und Sprachen aufeinander trafen und
auf dem Wege der Synthese faszinierende materielle und
geistige Güter erschufen.« Die Beweisstücke für dies »faszi-
nierend« Neue fehlen allerdings.

Vielleicht sollen es die zwölf schlesischen Nobelpreisträger
sein, denn man beruft sich auf sie und preist sie unter dem
Adjektiv »schlesisch«, weil sie mit Paul Ehrlich und Gerhart
Hauptmann beginnend aus Schlesien stammen und vielfach
in Breslau, der Hauptstadt Schlesiens, studiert haben. Mit
diesem Beispiel stößt man in die Wojewodschaft Nieder-

schlesien vor. Gleichzeitig wird aber heftig daran Kritik
geübt, »dass die Deutschen«, womit man auf die deutsche
Minderheit zielt, für diese Vereinnahmung der deutschen
Nobelpreisträger als lediglich schlesische und nicht zugleich
als deutsche Nobelpreisträger kein Verständnis aufbringen
kann und will. Den Deutschen ist nicht ohne Grund schlesisch trotz allen Stolzes auf die große Zahl der aus Schlesien
kommenden Nobelpreisträger (keine deutsche Region hat
mehr Namen vorzuweisen) zu provinziell gefasst und verstanden.

»Vergessen wir nicht«, das Fazit für die Schöpfung und
Existenz einer schlesischen Kultur, einer schlesischen Elite,
»dass es ein Missverständnis wäre, die Debatte über kulturelle Vielfalt Oberschlesiens nur auf die deutsch-polnische Di-
mension zu beschränken.«

In dem Begriff »schlesisch« schwingt ein neuer Nationalismus mit, darum auch das uneingeschränkte Lob für Wojciech Kortany, der übrigens mit einem großen Bild in der
Kathedrale des Primas von Polen in Warschau geehrt wird.
Es soll für den großsprachigen Begriff, der im Namen der
Wojewodschaft Schlesien steckt, als ob damit ganz Schlesien
gemeint sei, der Kulturbegriff »schlesisch«, nicht »deutsch«,
nicht »polnisch«, nachgeliefert werden.

Schon das Ergebnis der Volkszählung von 2002 hat ge-
zeigt, wie verführerisch das Adjektiv »schlesisch« sein kann
und auch ist. Man kann es auch von seinen deutschen
Landsleuten da und dort hören: ich bin weder Pole noch
Deutscher, ich bin ein Schlesier, eine Schlesierin. Nicht um
deutsch gegen polnisch gegeneinander auszuspielen, entweder ist man Deutscher oder Pole in Schlesien. Schlesisch als
ethnische Bezeichnung und einzige Charakterisierung ist
nicht nur bedenklich, sondern falsch. Eine schlesische Ethnik, eine nur und ausschließlich schlesische Kultur gibt es
nicht.

Breslau, die Hauptstadt Schlesiens

Ein polnischer Journalist, der in Kattowitz arbeitet, stellte während eines deutsch-polnischen Kolloquiums selbstkritisch fest, dass wir Polen gar nicht auf die Hauptstadt ganz Schlesiens blicken, dass für viele sogar dieses Breslau weitab und fern liegt. Aber es war doch in deutscher Zeit stets Mittelpunkt, politisch, wirtschaftlich und vor allem geistig. Warum diese Enge des Blicks, warum diese mangelnde Aufmerksamkeit? Breslau war vor 1945 die Metropole als Sitz des Bischofs, Kardinals und seit 1930 des Erzbischofs, einzige Universitätsstadt mit Universität und Technischer Hochschule, Sitz einer berühmten Kunstakademie, nicht zuletzt mit über 600.000 Einwohnern die größte Stadt ganz Schlesiens. Gewiss, vieles habe sich seitdem verändert, aber mit jetzt 700.000 Einwohnern ist Breslau nach wie vor die größte Stadt unserer Region. Heute gibt es mehrere Bistümer in Schlesien, in Oberschlesien allein drei: Kattowitz, Oppeln und Gleiwitz, dazu kommt noch Liegnitz (und inzwischen auch noch Schweidnitz, was nachgetragen sei). Auch die Hochschulen haben sich vervielfacht. Aber Breslau ist, wenn wir ehrlich sind, der geistige Mittelpunkt aller drei Wojewodschaften.

Gleich nach der oberschlesischen Abstimmung 1921 nannte sich das an Polen abgetretene Ost-Oberschlesien nur Śląsk, Schlesien. Mit dieser selbstbewussten Bezeichnung sollte zunächst die angestrebte und zugesagte Autonomie bekräftigt werden, im Gegensatz zur nunmehr selbstständig gewordenen Provinz Oberschlesien in der Weimarer Republik. Aus der Autonomie wurde dann allerdings nichts. Aber als 1999 mit der Gebietsreform die vielen Bezirke auf dem schlesischen Territorium aufgelöst und Schlesien in drei Wojewodschaften neu gegliedert wurde, nannte sich die dritte der Wojewodschaften neben Niederschlesien mit Breslau und dem Oppelner Schlesien, das einstige Ost-Oberschlesien wieder nur Śląsk, Schlesien, mit der Hauptstadt Kattowitz. Diese Wojewodschaft umfasst nicht nur das seinerzeitige abgetrennte Ost-Oberschlesien, sondern auch das bei Deutschland gebliebene oberschlesische Industriegebiet von Gleiwitz, Beuthen und Hindenburg, und hinzu ist jetzt auch noch das eher landwirtschaftlich strukturierte Ratibor gekommen. Aber der ohne jeden eingrenzenden Zusatz benutzte Name Schlesien sollte schon während der 17 Jahre der Teilung Oberschlesiens in ein deutsch gebliebenes West-Oberschlesien und ein polnisch gewordenes Ost-Oberschlesien den Anspruch auf ganz Schlesien signalisieren. Dabei ist es auch mit dem Namen Schlesien für die östlichste der drei Wojewodschaften geblieben. Die eingangs zitierten Sätze nehmen absichtlich Anstoß an dieser Selbstgefälligkeit, sich ausschließlich Wojewodschaft Schlesien zu nennen. Einmal auf den heutigen Westen von Polen ausgerichtet, sind wir, so sind die zitierten Sätze zu interpretieren, die Geringeren aus der ehemaligen großen Provinz Schlesien. Wir dürfen uns nicht größer machen, als wir sind, weshalb es zwingend und auch von Vorteil ist, auf Breslau zu schauen, uns von dort geistig und kulturell anregen zu lassen, die Tradition von Breslau in deutscher Zeit ernst zu nehmen und daran anzuknüpfen.

Niemand kann an der Ausstrahlungskraft von Breslau zweifeln, sie leugnen zu wollen sich anmaßen. Breslau ist nicht nur wegen seiner Größe und Geschichte einmalig. Das wissen heute die Bewohner der drei schlesischen Wojewodschaften. Aber kennen auch wir Deutsche die Bedeutung dieser Stadt, bringen die Deutschen und unter ihnen die Vertriebenen genug Selbstbewusstsein auf, Breslau in das Geschichts- und Weltbild aufzunehmen, für Schlesien, gerade auch und vor allem für seine vielhundertjährige deutsche

Geschichte Zeugnis zu geben? Scheint es nicht eher so zu sein, dass Breslau und sein Wachsen und Sein bis 1945 vergessen ist? Hier leisten geschichtsbewusste Polen, wie zum Beispiel der Direktor aller Museen in Breslau, Dr. Maciej Lagiewski, Großartiges und erteilen uns Deutschen kundigen Nachhilfeunterricht.

Bei aller wohlverdienten Bewunderung für dieses Tun bin ich mit einer Bemerkung wiederholt schon gescheitert, besser gesagt: auf Unverständnis gestoßen. Ich nannte, um die bewundernswerte Größe dieser Stadt zu konkretisieren und zu aktualisieren, Breslau in einem Atemzug mit Wien und Prag, und dieses Breslau könne sich mit diesen Hauptstädten dank seiner Vergangenheit, seiner Bauten, seiner geistigen Potenz in der Vergangenheit messen und vergleichen. Das sei keine größenwahnsinnige Behauptung, aber in Breslau findet nicht nur der Deutsche oder Pole wesensverwandte europäische Kultur. Polnischerseits hat man Scheu, diese drei Städte in einem Atemzug zu nennen. Vielleicht ist es auch nur Unwissenheit oder auch selbstbewusste Angst, einen so großen Bogen zu schlagen. Aber ich bleibe dabei, dass es einem, wenn er in Breslau weilt oder in Gedanken sich der Stadt vergewissert, leicht in den Kopf kommt, immer auch das Mittelalter und das Barock der anderen beiden Städte an Moldau und Donau mit Breslau an der Oder mitzudenken, diese drei Städte gemeinsam zu nennen und zu preisen.

In jüngster Zeit haben deutsche Doktoranden ihre Arbeiten mit Breslauer Themen vorgelegt, und es sind zwei umfangreiche Monografien über Breslau erschienen. Zwei Doktorarbeiten seien herausgegriffen: Till van Rehden »Juden und andere Breslauer«, hier werden die Jahrzehnte zwischen 1860 und 1925 abgehandelt. Das Thema von Christian Gürtler: »Vereine und nationale Bewegung«. 2002 erschien auf dem deutschen Büchermarkt das Werk zweier Engländer namens Norman Davies und Roger Moorhouse: »Die Blume Europas. Breslau–Wroclaw–Vratislavia. Die Geschichte

einer mitteleuropäischen Stadt«. 2003 publizierte Gregor
Thum seine zum Buch erweiterte Dissertation »Die fremde
Stadt. Breslau 1945«. Das erstgenannte Buch ist eine deutsche Übersetzung, das zweite Buch sollte auch ins Polnische
übersetzt werden. Von der Schriftstellerin Ricarda Huch
(1864–1947) stammt ein die Stadt auszeichnender Essay. Auf
einem Umweg über die Privatbibliothek des von den Nationalsozialisten in die Emigration vertriebenen Franz Lands-
berger, bis 1933 in Breslau, letzte Station Cincinatti, gelang-
te dieser Essay wieder in die Öffentlichkeit. Es heißt darin:
»Das Rathaus in Breslau sticht in seiner behaglichen Pracht
und seiner phantasiereichen Fülle manches andere im Reiche aus. Jahrhunderte haben daran gebaut. Es ist das würdi-
ge Haus einer mächtigen Handelspoltitik ... Zwei Strömun-
gen sind durch die Geschichte Breslaus gegangen: Weltliche
Klugheit, Geschäftstüchtigkeit, Unternehmungsgeist und re-
ligiöse Ekstase, Schwärmerei, Mystik, Prachtliebe; beiden
war der Sinn für Größe eigentümlich. Sie deckten sich nicht
nur mit dem Gegensatz der Bekenntnisse ...«, und es folgt
eine Huldigung für Angelus Silesius, dessen Name Johannes
Scheffler war. Nicht viel später widerfahren Adolph von
Menzel gleichfalls huldigende Sätze, »der Genius, der außerhalb Breslaus wirkte, aber die beiden charakteristischen Tendenzen seiner Heimat in vollendeter Weise in seinem Werk
verschmolz ... Der Unabhängigkeitssinn der Breslauer über-
lebte den Untergang des Reiches und der preußischen Herrschaft und offenbarte sich glorreich in der Erhebung gegen
das napoleonische Frankreich, die eine nach außen und
nach innen gerichtete Freiheitsbewegung war ...«.

Wolfgang von Eichborn, dessen Name identisch ist mit
dem berühmten Bankhaus in Breslau, schrieb rückblickend
als ein aus seiner Heimatstadt Vertriebener: »Der Blick auf
Dom und die Kirche auf dem Sande boten vom südlichen
Oderufer noch das mittelalterliche Stadtbild, in das die
österreichische Barockstadt hineingewachsen war, wie die
kurfürstlichen Kapellen in den Dom, und sie offenbarten

den besonderen Chrakter unserer Stadt, die in ihrer Gesin-
nung so preußisch-protestantisch wurde und in ihrer Stimmung so katholisch-österreichisch blieb ... Das war das Besondere unserer stolzen und schönen Hauptstadt Breslau:
die Einheit der Spannungen weltlichen Reichtums und geist-
licher Macht, puritanischer Strenge und katholischer Weite,
kaufmännischer Nüchternheit und weltweiter Bildung und
schließlich österreichischer Leichtigkeit und preußischer
Zucht.« Vor 50 Jahren schrieb ich für den Bayerischen Rundfunk eine Sendung über 700 Jahre Breslauer Geschichte,
Überschrift »Breslau – eine euopäische Stadt deutscher Nation«. Die Zeilen, die über die Zeit des zu Ende gehenden
19. und über das 20. Jahrhundert berichten, sollen zitiert
werden. »Breslau beschränkt sich jetzt auf sich selbst und seine eigene Industrie, auf seine Stellung als Verkehrsmittel-
punkt des Landes und auf seine Funktion als Hauptstadt
Schlesiens. Die kulturelle Bedeutung der Prager und Wiener
Zeit scheint sich in der Berliner Epoche nicht mehr zu wiederholen. Breslau wird Provinzstadt, aus der man nach Berlin oder auch nach Wien abwandert. Keinen ihrer großen
Söhne: Gentz, Schleiermacher, Borsig, Menzel, Lassalle,
Kerr, vermag die Stadt im 19. Jahrhundert festzuhalten.«
   Seit 1811 wieder Universitätsstadt, seit 1910 Sitz einer
Technischen Hochschule, tritt Breslau in das 20. Jahrhundert
als die siebentgrößte Stadt des Reiches, die einst die dritt-
größte gewesen ist, in ihren Ausmessungen 1561 die größte
und damit sogar die Hauptstadt Wien übertrumpfend.
Während nach dem Ersten Weltkrieg die Grenzen Polens
und der Tschechoslowakei der Stadt bis auf 50 und 60 Kilometer nahe rücken, muss sich die Provinzialhauptstadt damit begnügen, seit 1922 nur noch Verwaltungszentrum Niederschlesiens zu sein, denn Oberschlesien bildet jetzt eine
selbstständige Provinz. 1937 und 1938 wird Breslau von Hitler als Richtstrahler großdeutscher Propaganda nach den alten Hauptorten seiner kulturellen Entfaltung, nach Wien
und Prag, nach Österreich und zu den Sudetendeutschen,

benutzt. Während des Zweiten Weltkriegs ist die Stadt, die als Nachschub- und Truppenumschlagplatz sowie sicherer Zufluchtsort für das fliegerbedrohte Westdeutschland dient, erst im letzten Kriegsjahr in die Kampfhandlungen mit einbezogen worden. Nachdem Ende des Jahres 1944 ein hastiger Stellungsbau begonnen hatte, wird Breslau bereits am 16. Februar 1945 von russischen Truppen eingeschlossen. Nach einem nahezu dreimonatigen Kampf kapituliert die »Festung Breslau« am 6. Mai 1945. Zwei Drittel der Stadt sind zerstört, als der russische Eroberer einmarschiert. Er übergibt Breslau Polen zur Verwaltung, Polen aber fügt die Stadt entgegen dem Potsdamer Abkommen in den polnischen Staat ein.

Görlitz, die Hauptstadt
im schlesischen Zipfel

»Willkommen in Görlitz, der größten Stadt Schlesiens in der Bundesrepublik Deutschland«, mit diesem Wort wird man nach Verlassen des jetzt polnischen Niederschlesiens die Görlitzer Neiße überschreitend begrüßt. Zu einem Bundesland mit Bindestrich wie im Fall Mecklenburg-Vorpommern hat es zwar nicht gereicht. Aber gleich nach der Wende konstituierte sich eine »Unabhängige Gruppe Niederschlesien«. Ihre Aktivitäten wurden dann in kommunalpolitische Aktivitäten umgesetzt mit dem Erfolg, im Stadtrat von Görlitz mit Mandaten vertreten zu sein. In der Verfassung des Freistaats Sachsen, 1992 beschlossen, wird gleich im Artikel 2 als »schlesischer Teil« ausdrücklich Schlesien erwähnt und versichert, dass im »schlesischen Teil des Landes die Fahnen und Wappen Niederschlesiens gleichberechtigt geführt werden«.

Dass Görlitz mit Niesky zum Regierungsbezirk Liegnitz, das heißt zu Niederschlesien, gehört hat, wird so, wie es hier geschrieben steht, von manchem nicht kritiklos akzeptiert. Dass dieses Gebiet sich zu Recht Niederschlesien nennt, löst den bis heute anhaltenden Protest sächsischer Stimmen aus, allerdings einer sehr kleinen Minderheit, aber sie meldet sich mit Argumenten aus der Historie zu Wort. Es heißt dann, dass Görlitz, und es steht hier für diesen Teil Niederschlesiens, erst seit 1815 zu Schlesien und damit zu Preußen gekommen sei. Es schwelt der Krieg zwischen Preußen und Sachsen bis heute weiter. Richtig ist, dass in der Akte des Wiener Kongresses 1815 Sachsen (so etwas wie eine Bestrafung für die Allianz mit Napoleon) Görlitz an Preußen abtreten musste und dieses dann Niederschlesien zugeordnet wurde. Von 1635 bis 1815, worauf mit oppositionellem Stolz verwiesen wird, sei Görlitz mit der Oberlausitz Teil des Kurfürstentums Sachsen gewesen. Wer historisch argumentiert, muss allerdings noch erwähnen, dass die Oberlausitz im 11. Jahrhundert als Lehen zu Böhmen und dass Görlitz zusammen mit der anderen niederschlesischen Stadt Lauban zum Sechsstädtebund gehört hat, 1346 gegründet, unter Einschluss noch von Löbau, Bautzen, Zittau und Kamenz.

Indem man sich bemühte, die erst so »junge« Zugehörigkeit zu Niederschlesien herauszustreichen, betonten Schlesier in der bisher alten Bundesrepublik Deutschland, dass zwischen dem Haus Schlesien und seinem Schaufenster Schlesien als »Museum für Schlesische Landeskunde«, mit Sitz Königswinter unweit Bonn am Rhein, im Vergleich mit dem neu errichteten Schlesischen Museum zu Görlitz in Königswinter »das Angebot eher für ganz Schlesien repräsentativ« sei. Man könne sich übrigens als heutiger Westdeutscher leichter in Königswinter heimisch fühlen als im »fernen Görlitz«. Dies ist eine recht weit verbreitete Meinung als Folge der jahrzehntelangen Teilung, fern von jedem gesamtdeutschen Bewusstsein und erst recht fern jeder Solidarität mit Niederschlesien als (bescheidenem schlesischem) Teil der Bundesrepublik Deutschland.

Unter dem Kommunismus existierten Schlesien und somit auch die Zugehörigkeit von Görlitz zu Niederschlesien nicht. Darum unterstand Görlitz dem Bezirk Dresden, Hoyerswerda dem Bezirk Cottbus. Görlitz wurde jetzt als »Tal der Ahnungslosen« zynisch spottend bezeichnet, denn das westdeutsche Fernsehen vermochte Görlitz nicht zu erreichen. Die Wende von 1989/90 bot endlich die Möglichkeit, sich wieder auf Niederschlesien zu besinnen.

Aber diese Rückbesinnung bereitet bis heute Schwierigkeiten. Die Sparkasse in Görlitz nennt sich seit der Wende »Niederschlesische Sparkasse«, aber die Vereinigung mit den benachbarten Sparkassen in Löbau und Zittau stellte das Adjektiv »niederschlesisch« infrage, es wurden heftige Debatten geführt mit dem Ergebnis einer Rettung für »niederschlesisch«, jetziger Name »Sparkasse Oberlausitz-Niederschlesien«.

Es wurde auch in der schlesischen Landeskirche »Evangelische Kirche der schlesischen Oberlausitz«, so benannt erst nach der Wende, heiß um die Selbstständigkeit gekämpft, aber die Wortführer für diese unterlagen. Die bisherige schlesische Landeskirche wurde ein Teil der Landeskirche von Berlin-Brandenburg, doch die Einbeziehung der »Evangelischen Kirche der schlesischen Oberlausitz« wurde im neuen Namen nicht gelöscht: »Evangelische Kirche Berlin-Brandenburg-schlesische Lausitz«.

Es muss also immer wieder darum gerungen werden, dass das Schlesische, das vier Jahrzehnte unterschlagen worden war, sich behauptet, nachdem es gerade erst wieder entdeckt worden ist. Der geografische Begriff Oberlausitz genießt vor dem geografischen, aber zugleich auch politisch akzentuierten Namen Schlesien den Vorzug. Das hat bestimmt noch etwas mit der jüngsten Vergangenheit zu tun, man hatte sich Schlesiens entwöhnt. Dass dies politische Absicht der Metropole Dresden sein könnte, darf nicht angenommen werden. Aber man möchte, jedenfalls da und dort unterschwellig empfunden, nicht in den Verdacht eines Revisionismus geraten, wenn man das Schlesische innerhalb des Freistaats Sachsen betont.

Dies ereignete sich so, als beschlossen worden war, das Landesmuseum Schlesien nicht wie zuerst geplant in Hildesheim, im Patenland Niedersachsen für Schlesien, zu errichten, sondern nach der Wende Görlitz zum Standort wählte, zum schlesischen Standort. Aber es gab einen politischen Einspruch gegen den Namen »Landesmuseum Schlesien«. Offiziell beklagte sich Polen, dass der Name »Landesmuseum Schlesien« zu anspruchsvoll sei und nicht zur Kenntnis nehme, dass Schlesien heute Teil Polens sei. Von der sächsischen Staatsregierung wurde daher der jetzige Name »Schle-

sisches Museum zu Görlitz« vorgeschlagen, aber der Förder-
verein der Freunde dieses Museum hat der ursprünglichen Na-
mensgebung »Landesmuseum Schlesien« die Treue gehalten.

Görlitz, um jetzt nur die Hauptstadt der Region zu nennen, ist eine sehr schöne, liebenswerte Stadt, ein zeitgenössischer Denkmalpfleger nannte sie sogar die »schönste Stadt«.
Vom Zweiten Weltkrieg blieb sie unzerstört, aber sie verfiel
zusehends und schmerzlich. Von der Romanik über Gotik,
Renaissance, Barock bis zu einem Vorzeigebau des Jugend-
stils, Kaufhaus Wertheim, jetzt Karstadt, wird in reichem
Maße Bedeutendes geboten. Und dies vor allem, weil vieles
in diesen 15 Jahren seit der Wende, nach den Jahrzehnten
des Verfalls, bewundernswert restauriert wurde. In einem der
schönsten Gebäude der Stadt, im Schönhof, ein prachtvoller
Bau der Renaissance nördlich der Alpen, hat jetzt das Landesmuseum Schlesien, »Schlesisches Museum zu Görlitz«,
seine Heimstatt.

Dresden ist gern und mit vollem Recht Ziel des Tourismus
und Ort der Kultur, zum Besuch und zum Bewundern immer wieder einladend. Gleiches wünschte man der durch die
Neiße und die neue Grenze schmerzlich geteilten Stadt Görlitz. Ein Werbeplakat lautet »Stopp, nicht an Görlitz vorbei-
fahren«. Man müsste es so halten: In Dresden nicht Görlitz
versäumen! Es sind gerade 100 Kilometer zwischen Dresden
und Görlitz.

Die Bevölkerungszahl ist erschreckend rückläufig. Von der
beginnenden Neuzeit heißt es, dass Görlitz zwischen Erfurt
und Breslau die größte Stadt gewesen sei. Im Jahr 1939 wurde eine Einwohnerzahl von 91.554 Bürgern gemeldet. Nach
Kriegsende stieg die Zahl der Einwohner sogar auf 101.742
im Jahre 1949, eine Zahl, die bedingt ist durch die vielen
Flüchtlinge und dann auch Vertriebene, die hier Fuß gefasst
haben. Jetzt nähert man sich einer um die 60.000 Einwohner
kreisenden Zahl! Städte, die zu Grenzorten geworden sind,
haben darunter zu leiden, wozu bis jetzt ein ökonomisches
Gefälle zwischen Deutschland und Polen kommt. Dass man

jenseits der Neiße manches billiger erstehen kann, ist gleich-
zeitig zu registrieren. Aber man gehe nur einmal die Berliner
Straße entlang, die als Hauptstraße vom Bahnhof in das
Zentrum der Stadt führt, um zu ermessen, wie es um die
Stadt wirtschaftlich bestellt ist, denn man steht leider vor
manchem inzwischen geräumten Ladenlokal.

1950 hat sich Görlitz einen leider zeitgeschichtlich fundierten Namen bis in den deutsch-polnischen Grenzbestätigungsvertrag von 1990 mit dem »Görlitzer Abkommen«
vom 6. Juli 1950 gemacht, als die kommunistischen Regime in Ost-Berlin und Warschau die Oder-Neiße-Linie zur
so genannten Friedensgrenze erklärten. Am 17. Juni 1953
schufen die Bürger von Görlitz während des Aufstands, an
dem sich bis zu 40.000 Bürger beteiligten, vollendete Tatsachen, wenn auch nur für Stunden, aber was an keinem anderen Ort während dieses Aufstands sich ereignete: Der Oberbürgermeister, ein Mann der kommunistischen SED, wurde
abgesetzt, zwei ehrenwerte Bürger wurden zu Nachfolgern
durch das Votum der versammelten Menschen gewählt.

Mit einem berühmten Namen ist Görlitz auf das Engste
verbunden, mit dem Schuhmacher und Philosophen Jakob
Böhme (1575–1624). 1902 ist als Apothekersohn Werner
Finck, der berühmte, die deutsche Sprache in all ihren Fa-
cetten beherrschende Kabarettist, geboren, 1978 in München gestorben. In seiner historischen Erinnerung heißt es:
»Damals war die Neiße noch ein idyllisches Flüsschen. Heute ist sie zusammen mit der Oder ein gefährlicher Strom, ein
Starkstrom in der Leitung der Weltpolitik, dessen Berührung
ängstlich vermieden wird.« Zum Provinziellen der Stadt
schrieb Werner Finck: »Das schließt nun durchaus nicht aus,
dass Städte ohne Weltruhm nicht auch Weltberühmtheiten
vorzuweisen hätten, wie Görlitz seinen Jakob Böhme.
Unnötig, ihn vorzustellen. Ein Lobbyist sozusagen, der die
Interessen seiner Vaterstadt im Sinne des Weltruhms vertritt:
Überall in der Welt, wo man seinen unsterblichen Namen
erwähnt, wird Görlitz mit erwähnt.«

Die Landsmannschaft Schlesien, wir Schlesier haben noch
während der Wende im Frühjahr 1990 als freie Bürger den
Fuß wieder auf den Boden der freien niederschlesischen
Stadt Görlitz gesetzt. Das erste Mal sprachen die Schlesier,
jetzt in der Bundesrepublik Deutschland zu Hause, durch
die kommunistische, jahrzehntelang betriebene Propaganda
gegen die »Revanchisten« bestens bekannt, mit den uns un-
bekannten Landsleuten, einheimischen Landsleuten, von
denen etliche nach dem Ende des Kriegs in Görlitz »hän-
gen geblieben« waren. Gleich tauchte auch der Name des katholischen Theologen Franz Scholz auf, der sein Tagebuch
über den Ostteil von Görlitz, heute mit dem polnischen Namen Zgorzelec, veröffentlicht hat, ein Tagebuch über die
letzten Tage des Krieges und die ersten bitteren Erfahrungen
unter der neuen, polnischen Verwaltung. Ein tapferer Mann,
auch später in der wissenschaftlich fundierten Auseinandersetzung mit dem polnischen Primas Augustin Hlond und
dessen »Machtübernahme« des Erzbistums Breslau. Einige
Jahre später wurde ihm, auf Veranlassung gerade auch seiner
schlesischen Landsleute, die Ehrenbürgerschaft der Stadt
verliehen.

Seit dem Frühjahr 1990 ist es gute Gewohnheit geworden,
alle zwei Jahre die Mitarbeiterkongresse der Landsmannschaft Schlesien nach Görlitz einzuladen. Wer sich zu Schlesien bekennt, ist auch selbstverständlich gehalten, immer
wieder in Görlitz präsent, um die Zukunft dieses deutschen
Teils von Niederschlesien bemüht zu sein, übrigens im en-
gen Einvernehmen mit dem jeweiligen Oberhaupt der Stadt.
Görlitz, heute eine Grenzstadt, wer hätte das jemals voraus-
sagen können!

So weit, dass der größte deutsche Teil der Stadt und der
kleinere polnische Teil die Kommunalpolitik gemeinsam betreiben, ist man noch nicht, aber im Jahre 2010 gemeinsam
zur europäischen Kulturstadt ernannt zu werden, will man
zu erreichen versuchen.

Dass durch Görlitz der 15. Meridian verläuft, wird schon

deswegen durch ein Gedenkzeichen in der Stadt erwähnt, weil unsere Zeitrechnung auf diesem 15. Meridian gründet.

In der niederschlesischen Oberlausitz, also in Görlitz und in seinem weiteren Umfeld, wird Schlesisch gesprochen, man hört es gleich am Tonfall und am Wortschatz, obwohl nicht verschwiegen werden darf, dass das Sächsische im Wettstreit mit dem Schlesischen liegt. Auch das gehört zu Görlitz, dass es Sitz eines Bischofs ist und dass das Bistum Görlitz in Neuzelle ein eigenes Priesterseminar unterhält. Der deutsche Rest des schlesischen Bistums auf deutschem Boden war zunächst eine bischöfliche Administratur, seit 1994 ist diese ein souveränes Bistum, allerdings das kleinste in der Bundesrepublik Deutschland mit 60.000 Seelen.

Nach wie vor müssen wir Acht geben, dass der geografische Begriff, die politische Aussage zum Schlesischen nicht verdrängt oder gar ganz ausgelöscht werden. Schlesien beginnt nicht erst jenseits der Neiße, sondern es existiert Schlesien, Niederschlesien, bereits diesseits des Flusses.

Eichendorff, nicht nur ein Dichter

In meiner Heimatstadt Ratibor steht seit dem 4. September 1994 wieder das Denkmal des Dichters Joseph von Eichendorff. In Lubowitz, zehn Kilometer oderabwärts von Ratibor gelegen, wurde er am 10. März 1788 geboren. Das Denkmal war 1909 errichtet worden, als der Männergesangverein Liedertafel in Ratibor seinen 75. Geburtstag feiern konnte. Das Denkmal hatte der aus der Stadt stammende Bildhauer Johannes Boese, Mitglied der Berliner Kunstakademie, geschaffen. Das Denkmal nahm in der Stadt einen bevorzugten Platz ein, es stand vor dem Amt des Landrats, und dieses liegt an einer der Hauptstraßen, die die Pfarrkirche Sankt Liebfrauen mit dem Bahnhof verbindet.

Vor dem Denkmal trafen sich die heimatlichen Chöre und Gastchöre, um die vielen vertonten Lieder »aus voller Männerbrust« zu singen und Eichendorff zu feiern. Das Denkmal, Eichendorff auf einem Baumstumpf sitzend, mit einem Schreibstift in der Hand, den Blick weit in die Welt gerichtet, galt als »das schönste Denkmal« in der Stadt.

Aber nach dem Ende des Zweiten Weltkriegs, als die Stadt zu mehr als zwei Dritteln zerstört wurde, meist nach Kriegsende durch willkürlich angesteckte Brände der sowjetrussischen Eroberer, verschwand plötzlich dieses Denkmal. Das soll nach dem Urteil von Zeitzeugen gegen Ende des Jahres 1945 geschehen sein. Ob das deutsche Denkmal die neue polnische Verwaltung in der Stadt gestört hat? Man vermag keinen triftigen Grund zu erkennen, warum das Denkmal demontiert worden ist, wie es trotz seiner Schwere unversehens transportiert werden konnte, was aus dem Denkmal geworden ist. Jedenfalls war es spurlos verschwunden. Nach der Wende von 1989/90 in Polen flammte unter den Deutschen, die nicht vertrieben worden waren, heute etwa 25 bis 30 Prozent der jetzt mehrheitlich polnischen Einwohner von Ratibor, der Gedanke auf, den »heimatlichen« Dichter erneut zu ehren. Man wollte das Denkmal neu errichten. Der Zufall kam diesem Vorhaben entgegen, denn man entdeckte an der alten Stelle des Denkmals den vergrabenen Sockel.

In Georg Latton aus einer Ratiborer Nachbargemeinde fand man einen Landsmann und Bildhauer, der dann die Statue des Dichters in der Gleiwitzer Hütte erneut gegossen hat. Vorbilder für das Urbild gab es. Das Stadtparlament mit polnischer Mehrheit stimmte der Wiedererrichtung zu, sodass das Eichendorff-Denkmal am 4. September 1994 in einer feierlichen Zeremonie vom Stadtpräsidenten und dem Herzog von Ratibor, dessen Familie im Verlauf des 19. Jahrhunderts das Schloss Lubowitz erworben hatte, auf dem alten Standort wieder errichtet werden konnte. Die Straße ist jetzt von den Polen nach ihrem großen Dichter Adam Mickiewicz benannt, was für die Festredner gern aufgegriffener Anlass war, auf das polnische Denkmal des Dichters heute in Litauen, in Wilna, hinzuweisen und eine Verbindung zu Joseph Freiherr von Eichendorff, seinem Denkmal heute in der Fremde seines Herkommens, in Polen, herzustellen. (Die Gelder für die Wiedererrichtung wurden zum größten Teil durch Aktivitäten der heimatvertriebenen Bürger Ratibors aufgebracht.)

In den ersten Jahren nach 1994 wurde das Denkmal wiederholt beschmiert, und an einer Mauer in der Nähe waren hetzerische Parolen gepinselt. All das hat inzwischen aufgehört, das Denkmal ist auch von den jetzigen Einwohnern in die Stadt angenommen, und es erscheint auf den Postkarten.

Als im Jahre 2004 die Wiedererrichtung des Denkmals vor zehn Jahren festlich begangen wurde, waren drei Abgeordnete des polnischen Sejm und zwei polnische Mitglieder des Europäischen Parlaments, unter ihnen der frühere polnische Ministerpräsident Jerzy Buzek (1997–2001), anwesend!

Joseph von Eichendorff ist für die Deutschen in der Heimat, vor allem in Oberschlesien, in vieler Hinsicht nicht nur
der Dichter und Romantiker, sondern Sinnbild, Symbol, geradezu eine mythische Figur für die deutsche Identität der
Bürger, bevor sie vertrieben worden sind, und jetzt vor allem
gleichsam ein Heiliger der deutschen Oberschlesier. Dieser
große Mann ist einer von uns, so klingt es im Stillen, aber es
wird auch laut verkündet. Der Name Eichendorff gilt und
strahlt.

Berechtigt sind die Bemühungen, nicht zuletzt vom Freistaat Bayern, die Dichtung Eichendorffs zu vermitteln, in
deutscher und polnischer Sprache, um Kenntnis zu verbreiten, das Werk zum geistigen Eigentum der alten und neuen
Bewohner des Landes werden zu lassen.

Zu den Orten, die im Zusammenwirken von Deutschland
und Polen bald nach der Wende ins Gespräch gebracht worden waren, zwischen Bundeskanzler Helmut Kohl und Premierminister Tadeusz Mazowiecki, gehörten in ihrer Bedeutung Kreisau, Ort der Zusammenkünfte des Widerstands
gegen Hitler, Agnetendorf, jahrzehntelang Wohnort von
Gerhart Hauptmann, und Lubowitz, der Geburtsort Eichendorffs. Die sichtbaren Erfolge der jeweiligen Aktivitäten sind
leider recht unterschiedlich. Besonders schwierig sieht es in
Lubowitz aus. Es gibt auch intellektuelle Gegenstimmen in
Deutschland, die sich zwar gebetsmühlenartig wiederholen,
aber gern polemisch vorgetragen werden. Rettet Eichendorff
vor den Schlesiern!, so könnte man das Leitmotiv bezeichnen. Die Schlesier, und es fallen dann auch bestimmte Namen, vor allem aus den nationalsozialistischen Jahren,
missbrauchen Eichendorff, indem sie ihn absichtlich miss-
deuten. Was Eichendorff gedichtet hat, interessiere nur am
Rande. Entscheidend sei, dass Eichendorff herhalten müsse,
um das deutsche Oberschlesien zu beweisen. Der Dichter er-
scheine dann als ein »Superschlesier«. Außerdem sei zu beachten, dass dieser Oberschlesier, zu denen nicht ohne
Grund Eichendorff zu zählen sei, kaum sonst einen Vertre-

ter der Literatur, der Kunst zu nennen hätten, dem über das Provinzielle hinaus Bedeutung zugesprochen werden könne. Hier soll die Polemik nicht fortgesetzt werden. Man fragt sich nur, warum nicht zu leugnende krampfhafte Nazifizierung Eichendorffs auf dem Rücken der Schlesier jetzt widerlegt werden muss und warum, bis in die unmittelbare Gegenwart hinein, ein geradezu bösartiger Versuch unternommen wird, um Eichendorff vor einer Inanspruchnahme durch die Schlesier und in Schlesien schützen zu müssen.

Das Herkommen eines Dichters wird nicht zu leugnen sein, das gilt für Eichendorff aus Lubowitz und Thomas Mann aus Lübeck. Auch die Freude, dass dieser und jener einer von uns ist, kann doch nicht zum Ärgernis werden. In einer besonderen Situation befinden sich die Schlesier, die aus der Heimat Vertriebenen und die Daheimgebliebenen. Beide wollen Eichendorff nicht verstecken, weil sie vielleicht als Eiferer missverstanden werden könnten. Das Gegenteil ist richtig, ein Schlesier beruft sich nur zu gern und aus Überzeugung auf Eichendorff. Es mag sein, dass gelegentlich die Glocken zu laut läuten, aber den Klang der Glocke Eichendorff darf man nicht aus böser Absicht, weil es Störer gibt, verstummen lassen.

Noch bedeutender ist der Dichter Joseph von Eichendorff für die deutschen Landsleute in der Heimat. Nicht nur ein nach der Wende in der Heimat gegründeter, inzwischen hervorragender Chor nennt sich »Eichendorff-Chor«, um sich auf den »Sänger des Waldes«, so steht es seit 1909 auf dem Ratiborer Denkmalsockel, zu berufen, sondern Eichendorff ist in Oberschlesien allgegenwärtig. Er ist nicht nur ein Säulenheiliger, sondern der Inbegriff des Deutschtums. Das mag intellektuellen Kritikern nicht einleuchten, aber es ist so. Hier wird Eichendorff nicht nur über die Maßen geehrt und verehrt, hier wird im politischen Alltag aus dem Dichter eine politische Größe, dies nicht zuletzt angesichts seiner in Oberschlesien bis heute wirkenden katholischen Religiosität.

Polnische Gegenstimmen versuchen, polnischsprachige Spuren bei Eichendorff aufzuspüren. Sicher verstand er das auch in Lubowitz gesprochene Wasserpolnisch, auch oberschlesischer Dialekt genannt, aber dieser Eichendorff war und bleibt ein Deutscher, ein immer wieder liebenswerter, und sein Werk wurde nur in der deutschen Sprache geschaffen. Es gibt da keine polnischen Spuren.

In einem Ratiborer Verlag erschien zum Festtag der Wiedererrichtung des Eichendorff-Denkmals vor zehn Jahren am 4. September 2004 ein Band mit 27 Gedichten Eichendorffs in deutscher und polnischer Sprache, mehrere polnische Übersetzer haben dabei mitgewirkt. Der Titel des Bandes: »Poeta Ziemi Naczej – Der Dichter unserer Heimat«.

Die Größe von Gerhart Hauptmann wird infrage gestellt

Es war so etwas wie die Ouvertüre zum deutsch-polnischen Vertrag »über die Bestätigung der zwischen ihnen bestehenden Grenzen vom 14. November 1990«, was genau ein Jahr zuvor, am 14. November 1989, in Warschau als »Gemeinsame Erklärung« von Bundeskanzler Helmut Kohl und Ministerpräsident Tadeusz Mazowiecki unterzeichnet wurde. Im Absatz 54 der 78 Absätze umfassenden Erklärung heißt es: »Beide Seiten werden sich darüber verständigen, die Gedenkstätte für Gerhart Hauptmann auszubauen und eine Gedenkstätte für Joseph von Eichendorff einzurichten und beide für Besucher zugänglich zu machen.« Gemeint sind Lubowitz, im oberschlesischen Kreis Ratibor als Geburtsort Eichendorffs, und Agnetendorf im Riesengebirge als Wohnort Gerhart Hauptmanns. Gleichzeitig wurden, einmal Oberschlesien, das andere Mal Niederschlesien bedient. Erfreulicherweise kann festgestellt werden, dass diese Hervorhebung der beiden Dichter mit ihren Heimatorten nicht ohne Folgen geblieben ist. In Lubowitz wurde ein Kultur- und Begegnungszentrum gegründet, in Agnetendorf musste erst das im Haus Wiesenstein eingerichtete polnische Kinderheim geräumt werden, um nach einer Renovation Hauptmanns Wohnsitz wieder für jedermann und einer wissenschaftlichen Beschäftigung mit seinem Werk zu öffnen.

Wenn jetzt über Gerhart Hauptmann berichtet werden soll, so ist er nicht in dem gleichen Maße eine Gestalt wie Eichendorff, womit nicht Unterschiede in der literarischen Beurteilung eingeführt werden sollen. Eichendorff ist der Dichter und Landsmann der Identität und Identifikation,

wie dies in Oberschlesien und für die Oberschlesier in
großartiger Weise der Fall ist. Beim Rühmen von Gerhart
Hauptmann und angesichts der Würdigung seiner Größe
und Bedeutung muss man jedoch Acht geben, dass er nicht
vordergründig nur als Schlesier, als schlesischer Landsmann
und Dichter gefeiert wird. Dies liegt allerdings nicht ohne
Grund sehr nahe, es sei nur an seine Werke in schlesischer
Mundart gedacht, aber vor jeglicher Provinzialisierung sollte
man sich hüten. Es sind jedoch andere Schwierigkeiten, die
heute Leben und Werk von Gerhart Hauptmann bereiten.
Im Vergleich etwa zu Henrik Ibsen, dem großen norwegi-
schen Dramatiker, werden die Werke von Gerhart Hauptmann weit weniger von deutschen Theatern in die Spielplä-
ne aufgenommen. Norwegen muss nicht für Ibsen werben,
aber die Schlesier müssen auf den großen deutschen Dramatiker, bevor er ganz vergessen wird, immer wieder aufmerksam machen.

Ein Grund, warum Hauptmanns Theaterstücke nicht
mehr so oft, besser gesagt nur noch selten gespielt werden,
sei die schlesische Mundart, in der gerade herausragende
Werke wie »Die Weber«, »Fuhrmann Henschel«, von Thomas Mann, zu Recht als eine »attische Tragödie« gerühmt,
»Rose Bernd« verfasst sind. Aber auch in den Jahrzehnten,
da vielerorts Hauptmanns Werke gespielt wurden, bedeutete
das Schlesische keine Einschränkung der Spielbarkeit. Und
erst kürzlich wurde bekannt, dass »Rose Bernd« in Bern auf
dem Spielplan stand und man sich zuvor einer schlesischen
Mundartsprecherin aus Koblenz versicherte, um im Schlesischen nicht fehlzugehen. Die nicht vorhandenen Kenntnisse des Schlesischen sind daher nur als willkommener Vorwand zu werten.

Berlinerisch lässt sich offenbar leichter auf der Bühne
sprechen, denn nach wie vor ist »Der Biberpelz« mit der
Mutter Wolfen ein bevorzugtes Schauspiel. Nicht verschwiegen werden darf jedoch, dass einige hochdeutsch verfasste
Theaterwerke sich nach wie vor in unseren Theatern wieder-

finden, außer dem »Bestseller« »Biberpelz«. Das sind »Einsame Menschen«, ein Frühwerk, »Die Ratten«, »Vor Sonnenuntergang«, als Hauptmann 70 Jahre alt wurde.

Wenn heute ein Werk von Hauptmann gespielt wird,
muss man leider befürchten, dass Regisseure sich bewusst in
den Vordergrund spielen und das Theaterstück nur als Folie
für ihre Regieeinfälle herhalten soll. Das widerfährt gegenwärtig nicht allein Hauptmann, denn wir leben zurzeit im so
genannten Regietheater, »der Regisseur ist alles, der Dichter
nichts«, wie es leider ebenso kritisch wie zutreffend heißt.

Dass Werke von Hauptmann, seitdem sie geschaffen worden sind, immer wieder so genannte Skandale entfacht haben, hat sich bis in unsere Tage erhalten. War es vor 110 Jahren so, dass »Die Weber« vor der preußischen Zensur nicht
bestanden, aber schließlich hat der Dichter gesiegt, so konnte Hauptmann im Jahr 2005 ein weiteres Mal triumphieren.
Man spielte in Dresden »Die Weber«, welch Glücksfall!, aber
führte einen durch des Dichters Wort nicht legitimierten
Chor der Arbeitslosen ein, sodass der Bühnenverlag der
Werke Hauptmanns vor das Gericht ging und auch gegen so
viel Eigentexte eines Regisseurs Recht bekommen hat, sodass weitere Aufführungen nur nach Korrektur einiger Zu-
sätze möglich wurden.

Erfreulich hingegen, dass der berühmte zeitgenössische
polnische Komponist Krzysztof Penderecki »Die schwarze
Maske« nach Hauptmann als Oper komponiert (uraufgeführt in Salzburg 1986), dass Anton Ruppert »Und Pippa
tanzt« als Opernstoff wählte (uraufgeführt in Münster 1999),
dass die großartige frühe Erzählung »Bahnwärter Thiel« dem
Filmmusikkomponisten Norbert Jürgen Schneider als Li-
bretto diente (uraufgeführt 2004 in Görlitz).

Muss man Eichendorff dagegen verteidigen, dass er nicht
plötzlich zum polnischen Autor erkoren wird, so wird es bei
Hauptmann bis in die unmittelbare Gegenwart andauernd
zur Aufgabe, ihn gegen den ständig wiederkehrenden Vorwurf, dass er sich »bei den Nazis angebiedert« habe, zu ver-

teidigen. Dies ein Zitat aus der Zeitung »Die Welt« im Jahre 2005. Um die Distanzierung, die deswegen geboten sei, noch zu unterstreichen, wird auch gleich das Werk insofern infrage gestellt, als es nur für die ersten Jahrzehnte seines Dichtens zwar bedeutsam sei, dann aber nichts Großes mehr zu bieten habe. Einer derartigen Behauptung kann leicht widersprochen werden, denn nach den dem Dichter zugemessenen 20 Jahren großartigen Schaffens kann auf »Die Ratten«, die Erzählung »Der Ketzer von Soana«, auf »Vor Sonnenuntergang«, auf die Atridentetralogie verwiesen werden. Aber viel hartnäckiger ist das Gerede über des Dichters schuldhaftes Verhalten während der Hitlerdikatur. Es wird dann zuerst das von Alfred Kerr im Herbst 1933 ausgesprochene Verdammungsurteil, das giftiger nicht sein konnte, zitiert. Kerr, der zur Emigration gezwungen war, aber über Jahrzehnte zuvor als stets rühmender Theaterkritiker gleichsam ein Wegbereiter des Ruhms von Hauptmann gewesen ist, sprach aus bitterster Enttäuschung, hatte sich doch Hauptmann im Oktober 1933 zustimmend mit einer politischen Erklärung zu dem von Hitler angeordneten Austritt aus dem Völkerbund geäußert. Dies erschien wie das Paktieren mit dem Teufel.

Auch das wird Hauptmann übel genommen, jedenfalls von manchem Gefährten, der Deutschland hatte verlassen müssen, um das Leben zu retten: Warum ist Hauptmann nicht auch emigriert und im Lande geblieben, sein Leben so weiterführend wie bisher, wenn auch nicht mit dem Gütevermerk der Prominenz. Um Hauptmann ob seiner Haltung während des Nationalsozialismus begreifen und verstehen zu wollen, wird, ihn gegen törichte Angriffe verteidigend, zu Recht auf seine einsame Präsenz bei den Beisetzungen von Max Liebermann und Max Pinkus verwiesen, im Nachlass auf das dramatische Fragment einer Ehrung von Max Pinkus mit dem Titel »Die Finsternisse«. In das Jahrzwölft der Diktatur unter Hitler fielen der 75. und 80. Geburtstag von Gerhart Hauptmann. Die Nationalsozialisten bemächtigten sich dieses Datums, vor allem des 80. Geburtstags. In der herrschenden und diktierenden Partei gab es zwei Tendenzen, die eine, Alfred Rosenberg, der Parteiideologe, verdammte Hauptmann als Mann des alten Systems mit allen in seinen anzuklagenden bösen Verstrickungen, der andere, der Propagandaminister Joseph Goebbels, wollte mit dem Namen des Dichters und Nobelpreisträgers für die Größe der deutschen Kultur über Deutschlands Grenzen hinaus Aufmerksamkeit und Beifall erreichen. Darum sein Pro im Gegensatz zum Nein des anderen. Um die, wie gesagt, bis heute anhaltenden Attacken und Verdächtigungen zu unterlaufen, wird gern angemerkt, dass im Gegensatz zu Johann Wolfgang von Goethe Gerhart Hauptmann, über dessen angebliche Goethe-Ähnlichkeit ironische Bemerkungen zu hören sind, von den Herrschenden keinen Orden angenommen hat, während Goethe sich durch Napoleon dankend hat auszeichnen lassen.

Ein Mann des Widerstands war Hauptmann bestimmt nicht. Aber er war bereits 70 Jahre alt, als die Republik stürzte und die Diktatur begann. Damit soll gesagt werden, dass man ein politisches Handeln, ein oppositionelles Wirken, nicht erwarten konnte. Und es gehörte zum Wesen des Dichters, dass er sich zu keiner Zeit unmittelbar in die Politik handelnd und sich parteipolitisch bekennend eingefügt hat. Als Schlesier hat er in Berlin, als es um die Zukunft Oberschlesiens ging, leidenschaftlich Partei ergriffen. Aber hier wollte er sich als Patriot bekennen. Von ihm jedoch politisches Engagement verlangt zu haben, hätte ihn überfordert. Es sollte ihm nicht noch nachträglich und beharrlich vorgehalten werden, dass er nicht derjenige gewesen ist, der er eigentlich hätte sein müssen, worauf die Verdächtigungen hinauslaufen.

Leider will es scheinen, dass dies mit schuld daran sein könnte und auch ist, wenn Hauptmann mit seinem Werk, dem Werk des mit Friedrich Schiller wohl größten deutschen Dramatikers, von den Bühnen nicht so häufig gespielt wird, wie es zu wünschen wäre.

Im Gegensatz zu Joseph von Eichendorff und seiner Denkmalsgröße kann man heute zu Gerhart Hauptmann lesen: »Als deutsches Denkmal hat Hauptmann ausgedient, als Repräsentant der deutschen Nation wird Hauptmann nicht mehr gebraucht.« Aber man sollte seiner im deutsch-polnischen Verhältnis und im Blick auf Schlesien, wie gemeint wird, gedenken, man könnte sich Hauptmann und des Dichters Werk »als Steinbruch für ein neues europäisches Selbstverständnis« vorstellen.

Erfreulich die Nachricht, dass die vier Erinnerungsstätten, die zum Leben Hauptmanns gehören, Erkner bei Berlin, Mittelschreiberhau, Agnetendorf und Hiddensee, in einer Union zwischen Deutschen und Polen miteinander verbunden sind. Auf diese Weise sollen das Gedächtnis gewahrt und die Erinnerung gepflegt werden. Aber der Dichter Gerhart Hauptmann überlebt, muss überleben mit seinem Werk, vornehmlich dem dramatischen, aber auch mit seinen epischen Arbeiten, aus dem jetzt nur »Der Narr in Christo Emanuel Quint« genannt sei.

Kultur der Erinnerung, ein Erbe, das verpflichtet

Das Verbrechen der Vertreibung wird in seiner Unmenschlichkeit nicht dadurch in seiner Verurteilung minder scharf
angeklagt, wenn den von den Nationalsozialisten verschuldeten Vertreibungen der Polen chronologisch korrigierend gesagt werden muss, dass die Erstvertriebenen nicht die Polen
gewesen sind, sondern das waren Deutsche, die Deutschen
jüdischen Bekenntnisses. Als dies von mir in Warschau vorgetragen wurde, es war im Jahre 2001, als die polnische Übersetzung meines Erinnerungsbandes »Unruhiges Gewissen«
(Übersetzter Cezar Król) vorgestellt wurde, gab es einen geradezu spürbaren Protest. Dieser schlug sich nachher auch in
der Diskussion nieder, denn das hatte bisher noch niemand,
und jetzt ausgerechnet ein Deutscher, zu sagen gewusst, dass
nicht die Polen, sondern Deutsche, mit Antritt der Herrschaft des Diktators Adolf Hitler, als Erste verjagt und vertrieben worden sind, ihre beruflichen Positionen überall in
Deutschland aufgeben mussten, nur weil sie Juden waren.
Die Staatsräson des Antisemitismus hatte obsiegt, so wie die
Staatsräson des rassistischen und germanophilen Größen-
wahns gegenüber den Polen von 1939 bis zum Kriegsende die
absolute, dogmatisch verkündete Macht ausgeübt hat.

Aber wie sieht es in Deutschland damit aus, mit dem uneingeschränkten Nein zum Antisemitismus? Von den Opfern
dieser ehemaligen Staatsräson sei die Rede. Kampf dem Antisemitismus, würdiges Gedenken der Opfer, Wiedergutmachung, anzuerkennende Feststellung, dass dem so ist, und
dies gottlob schon seit Jahrzehnten, seit dem Untergang der
braunen Diktatur. Aber, jetzt kommt die Einschränkung mit

dem Blick auf Schlesien. In den Städten und Gemeinden der
alten Bundesrepublik Deutschland bis zur Wende war es eine
selbstverständliche Pflicht, dass man sich der jüdischen Mitbürger, die ermordet worden waren, die aus ihren beruflichen
Positionen verjagt und als Vertriebene in die Emigration gezwungen worden sind, erinnerte. Und es geschieht auch weiterhin in der größer gewordenen Bundesrepublik Deutschland. Städte laden Mitbürger, die überlebt haben, ein, und
das sind meist weite Reisen bis in die alte Heimat, sie werden
geehrt, man führt erhellende Gespräche. Nach berühmten
Zeitgenossen werden Straßen und Plätze benannt.

Das wird hier berichtet, weil Vergleichbares in Schlesien,
um nur dieses zu nennen, denn Besagtes trifft auch für die anderen großen Gebiete zu, aus denen die Deutschen vertrieben
worden sind, nicht geschieht, auch kaum geschehen kann.

Von einer löblichen Ausnahme wird noch zu berichten
sein. Den soeben gebrauchten Worten »verjagt«, »vertrieben«, »zur Emigration gezwungen« muss hinzugefügt werden: vergessen. Es kann deswegen niemand verdächtigt
werden, dass das Vergessen absichtlich geschehe, aber die Ereignisse von 1945 und danach, die Vertreibung der Deutschen aus der Heimat sind der Grund. Die Landsleute dieser
jüdischen Mitbürger leben nicht mehr in der Heimat, sie leben weit gestreut in der Bundesrepublik Deutschland oder
sonst wo in der Welt. Kurz gesagt, es fehlt die Kommunität,
die Gemeinde, die Stadt mit ihren Bürgern. Ein Heimholen
in einen vitalen Prozess ist unmöglich geworden.

Von den neuen Bewohnern in Schlesien, von den Polen, ist
nicht zu erwarten, dass sie dieses Heimholen der in die Emigration vertriebenen Deutschen sich zu Eigen machen. Und
doch gibt es eine rühmenswerte Ausnahme in Breslau, dank
der Initiative und der Aktivitäten des Direktors der Museen in
der Stadt, Dr. Maciej Lagiewski, ein nach dem Krieg in Breslau
Geborener. In der von ihm in den letzten Jahren geschaffenen
»Galerie im Breslauer Rathaus« mit Büsten »Großer Breslauer«,
von ihm selbst »Schlesische Walhalla« genannt, stehen die

Büsten bedeutender Schlesier, jetzt auch einiger polnischer Breslauer, die nach 1945 in die Stadt gekommen sind. Herausgegriffen aus der Reihe der Büsten seien der Physiker und Nobelpreisträger Max Born und die inzwischen von Papst Johannes Paul II. 1998 heilig gesprochene Edith Stein, jüdischer Herkunft und als Katholikin eine bedeutende Theologin. Aus dem frühen 20. Jahrhundert ist der 1916 verstorbene Dermatologe und Kunstmäzen Albert Neisser mit einer Büste vertreten. Auch Eugen Spiro, der in Breslau geborene impressionistische Maler, als Emigrant in New York gestorben, erhielt im Breslauer Rathaus nicht nur eine hervorragende Ausstellung seines malerischen Werks, sondern wurde mit einer Büste geehrt. An Dietrich Bonhoeffer, kurz vor Kriegsende von den Nationalsozialisten zum Tode verurteilt und am 9. April 1945 hingerichtet, wird in Breslau ehrend gedacht, 1906 hier geboren. Ein Denkmal moderner Kunstauffassung und ausgezeichnet gelungen steht als Abguss seines Denkmals in Berlin jetzt vor der Elisabethkirche, früher die Hauptkirche des schlesischen Protestantismus, heute polnische Garnisonkirche. Eine Edith-Stein-Gesellschaft, zu der Deutsche und Polen gehören, diese natürlich in der Mehrheit, pflegt die Erinnerung an die 1891 in Breslau Geborene, 1942 im Konzentrationslager Auschwitz zusammen mit ihrer Schwester ermordet.

Aber gedenkt und feiert man die vielen Schlesier jüdischen Bekenntnisses, die gleichsam nachholend geehrt und gefeiert werden sollten? Hier haben sich die Landsmannschaft und ihre Sprecher bemüht, und dies bis in die unmittelbare Gegenwart, Geschuldetes und Versäumtes in eigener Verantwortung zu leisten. Mit einigen von ihnen konnten noch persönliche Verbindungen aufgenommen werden, und sie suchten den Kontakt mit ihren schlesischen Landsleuten. Namen und Lebenswege einiger der gerade auch als Schlesier herausragenden jüdischen Persönlichkeiten seien vorgestellt.

Franz Landsberg, Ernst Cohn, Max Tau und Ernst Scheyer wurden zu Publikationen zu den Themen Breslau und Schlesien eingeladen, nicht zuletzt als Zeitzeugen, und sie

schrieben nicht nur intellektuell ausgezeichnete Beiträge,
sondern auch nicht zu verdeckende und erneut hervorge-
rufene Bekenntnisse der Liebe und Treue zu Schlesien.
»Glühender Patriot und begeisterter Schlesier«, so hieß die
Überschrift, deren Text einem Wort der Witwe aus dem
Munde von Franz Landsberg zu verdanken ist. Franz Landsberg, 1883 in Kattowitz geboren, war in Breslau nicht nur
Professor der Kunstgeschichte an der Universität, sondern
vor allem Herausgeber und Redakteur der »Schlesischen
Monatshefte«. Diese heute zu lesen ist ein geistiger Genuss
und macht einen stolz auf die hohe Geistigkeit des kulturellen Lebens nicht nur in Breslau, sondern vielerorts in Schlesien. In den USA war er als Direktor des Jüdischen Museums in Cincinnati tätig. 1933 verjagten ihn die neuen
Herren zuerst nach Berlin und dann ins Exil. Von Cincinnati aus war er bis zu seinem Tode Mitautor der 1956 neu gegründeten Kulturzeitschrift »Schlesien«, seinen Beitrag zu
dem Band »Meine Jahre in Schlesien« hat er nicht mehr
selbst lesen können, er starb 1964.

Aus der oberschlesischen Industriestadt Beuthen stammt
Max Tau, 1897 geboren. Als Lektor, Buchverleger und litera-
rischer Entdecker, hier sei nur der Grieche Nikos Kasantza-
kis genannt, hatte er sich einen Namen gemacht. 1938 fand
er als Wegbereiter norwegischer und schwedischer Dichtung
in Deutschland ein neues Zuhause in Oslo, doch musste er
nach der Okkupation Norwegens durch die deutsche Wehrmacht erneut fliehen, jetzt nach Schweden, aus dem er nach
Kriegsende nach Oslo zurückkehrte. 1950 erhielt er den
hochrangigen Friedenspreis des Deutschen Buchhandels, als
erster Preisträger. Die Landsmannschaft Schlesien ehrte ihn
mit der höchsten Auszeichnung, dem Schlesierschild. Im
Tonfall seiner Sprache war er ein nicht zu leugnender Oberschlesier geblieben.

»Die jüdische Gemeinde in Breslau« hieß der Beitrag über
Breslau von Prof. Dr. Ernst Cohn, 1904 in Breslau geboren,
und in dem Band »Leben in Schlesien« schrieb er den Auf-

satz »Student in der Zeit der Not«. Er war in den 50er-Jahren
des vorigen Jahrhunderts der erste jüdische Emigrant aus
Schlesien, mit dem ich persönlich die Verbindung aufgenommen hatte und auch pflegte, während seiner Besuche in
Deutschland und meiner kurz bemessenen Aufenthalte in
London. Schon in den Monaten zwischen 1932 und 1933
gab es seinetwegen heftige Konflikte an der Breslauer Universität. Die auf den Nationalsozialismus schwörenden Jura-
studenten ereiferten sich ob seiner so früh als Jude erlangten
Professur. In Genf mit Rechtsfragen des Fürsten Pless beschäftigt, ereilte ihn die Nachricht vom Machtantritt Hitlers,
und seine Rückkehr angesichts der vorangegangenen antisemitischen Exzesse schied aus. In England begann er ein neues Studium der Jurisprudenz, mit dem Erfolg, dass er in
London ein hoch angesehener Jurist geworden ist. Gleich im
ersten Jahrzehnt der Vertreibung beriet er uns Schlesier und
trat auch öffentlich als Ankläger der Vertreibung auf.

Der Kunsthistoriker Prof. Dr. Ernst Scheyer, 1900 in Breslau geboren, hatte zum 70. Geburtstag von Gerhart Hauptmann im Jahre 1932 eine viel gelobte Ausstellung zum Leben
und Werk des Dichters zusammengestellt, aber ein Jahr später wurde ihm der Boden eigenen Arbeitens in der Stadt verweigert. Sein Domizil wurde in den USA Detroit, wo er hin-
fort Kunstgeschichte lehrte. Zu vielen Malern war Ernst
Scheyer nach Kriegsende in der Bundesrepublik Deutschland als großartiger Kenner der schlesischen Kunst, gerade
auch der Moderne, es sei der Expressionist Otto Mueller genannt, ein begehrter Autor. Er veröffentlichte in der Vierteljahresschrift »Schlesien« und schrieb Bücher zum Thema der
schlesischen Kunstgeschichte. Ein Beitrag trägt den Titel
»Meine Bildung in Schlesien«. Die Schlesier ehrten ihn mit
ihrer höchsten Auszeichnung. Als ein großer deutscher Verlag einen Text- und Bildband plante, »Breslau – so wie es
war« in der Reihe »Städte – so wie sie waren«, wurde Ernst
Scheyer der Autor, und das Buch erreichte in den 60er- und
70er-Jahren hohe Auflagen.

Widerspruch zur Darstellung des Kulturprofilms der Stadt (nicht ausführlich genug) erhielt er nur von einem anderen Breslauer Emigranten, der mit seinen Eltern und seinem Bruder noch kurz vor Beginn des Zweiten Weltkriegs über Zürich und Rom in New York Zuflucht fand, Hans Gerhard Proskauer, 1915 in Breslau geboren und als Absolvent der Eidgenössischen Hochschule in Zürich, da ihm der Besuch der Technischen Hochschule Breslau verweigert wurde, als Architekt in New York arbeitend. Sein sechs Jahre jüngerer Bruder Paul Proskauer konnte gerade noch in Breslau sein Abitur machen, wurde Professor der Germanistik. Die Kunstliebhaber und Kunstkenner erwarben im New Yorker Kunsthandel ein Bild ihres schlesischen Landsmannes Otto Mueller und schenkten es jetzt dem Brücke-Museum für die Sammlung der Expressionisten in Berlin. Das Bild mag heute im Kunsthandel auf weit über 500.000 Euro geschätzt werden. Die Liebe und Treue zu Schlesien der beiden Brüder kann kaum übertroffen werden, bevorzugte schlesische Region außerhalb Breslaus waren die Dörfer um den Zobten unweit Schweidnitz und das Riesengebirge. »Mein Vater«, er war ein bekannter Zahnarzt, auch sich als Wissenschaftler auszeichnend, »behandelte Gerhart Hauptmanns Schwester und Otto Mueller«, so hört man es im Telefonat.

Eine Straße und ein Platz sind in Breslau nach Edith Stein und Max Born benannt. Gedenktafeln für die Heilige und den Nobelpreisträger sind am Wohnhaus für Edith Stein und am Geburtshaus von Max Born angebracht. Auf dem jüdischen Friedhof in der Breslauer Lohestraße ist Ferdinand Lassalle, der Gründer der Sozialdemokratischen Partei, begraben. Die Wiederherstellung des Friedhofs, der von den Nationalsozialisten geschlossen worden war und unter polnischer Verwaltung allmählich sich aufzulösen begann, geht auf die Initiative von Maciej Lagiewski zurück. Ihm ist die Wiederherstellung dieses Kulturdenkmals zu verdanken. Verständlich, dass die Sozialdemokraten, was schon Paul Löbe nach der Ausrufung der Republik als späterer Reichstagspräsident zu tun pflegte, in Breslau an diesem Denkmal im jüdischen Friedhof ehrende Würdigung erweisen.

In Breslau erinnert man sich auch des Schriftstellers und Theatermanns Karl von Holtei (1798–1880), indem eine Gedenktafel in deutscher und polnischer Sprache sogar den Spruch »suste nischt ak heem« als Charakteristikum eingraviert ist.

Da die Universität Köln sich verpflichtet hatte, was inzwischen leider eingeschlafen ist, als Pate um das Erbe der Universität Breslau besorgt zu sein, gelang es, den aus Breslau von der Universität verbannten Professor Ernst Cohn mit der Ehrendoktorwürde auszuzeichnen. Gleichzeitig wurde auch Wolfgang Jaenicke geehrt, in Breslau Regierungspräsident, später ein Verfolgter des herrschenden Regimes, zum Schluss seiner Karriere Botschafter beim Vatikan, aus einer alten Breslauer Familie und als Protestant beim Heiligen Stuhl in Rom akkreditiert.

Sich bedeutender Deutscher zu erinnern, damit tun sich die Polen schwer, obwohl Ausnahmen genannt werden können. Zum Beispiel in der oberschlesischen Stadt Ratibor wird an Joseph von Eichendorff gedacht, aber auch an den 1992 verstorbenen, viel diskutierten Jesuitenpater Johannes Leppich erinnert, in Ratibor 1914 geboren. In Bad Salzbrunn ist eine Gedenktafel am Geburtshaus der beiden Brüder Carl und Gerhart Hauptmann zu sehen. Es müssten jedoch noch mehrere Gedenktafeln anzubringen sein, zur Ehre der Deutschen, die in Schlesien geboren und gewirkt haben. Von den unter dem Nationalsozialismus Verfolgten und zur Emigration Gezwungenen seien Ludwig Meidner aus Bernstadt, Alfred Kerr aus Breslau, Max Herrmann-Neiße aus Neiße genannt, aber auch Jochen Klepper aus Beuthen an der Oder, der sich mit seiner Frau und seiner Tochter das Leben nahm.

In der Bundesrepublik Deutschland versuchte man, in den Patenstädten Erinnerungszeichen für die Landsleute aus der Heimat zu setzen, indem Straßen nach ihnen benannt

wurden. Dies widerfuhr Paul Löbe, geboren in Liegnitz, in
Wuppertal, der Patenstadt für die aus der Heimatstadt Liegnitz Vertriebenen. Heute hat man zusätzlich aufgenommen
eine Partnerschaft zum polnischen Liegnitz, Legnica genannt. In Leverkusen, Patenstadt für die aus Stadt und Land
Ratibor Vertriebenen, gleichfalls seit einem Jahr eine Partnerschaft mit dem jetzigen Racibórz pflegend, gelang es sogar, mehrere Straßennamen nach bedeutenden Söhnen der
Stadt zu benennen: Carl Ulitzka, Prälat, Wortführer des
Deutschtums in Oberschlesien, von 1919 bis 1933 Reichstags-
abgeordneter des Zentrums, von den Nationalisten aus seiner
Pfarrei vertrieben, Julius Doms, Fabrikant, streitbarer Katho-
lik, 1933 mundtot gemacht, als Vertriebener Verfechter des
Rechts auf die Heimat, Adolf Kaschny, von den Nationalsozialisten entlassener Ratiborer Oberbürgermeister, Landes-
beauftragter für Oberschlesien in der Planung nach dem Tode
Hitlers, im Hultschiner Ländchen nach 1945 Wortführer der
Deutschen.

In den Patenstädten, aber nicht nur in diesen, war man bestrebt zu erreichen, dass Straßen nach den Dichtern Eichendorff und Hauptmann benannt wurden, aber auch viele
Straßen nach Städten und Landschaften aus Schlesien,
selbstredend auch aus all den Regionen, aus denen die Deutschen vertrieben worden sind.

Für die Kultur der Erinnerung ist noch viel zu tun, obwohl man schon heute für manches Zeichen der Erinnerung, gerade auch im heutigen Polen, dankbar sein darf.
Aber unter geschichtsbewussten Polen, die gerade auch die
jahrhundertealte deutsche Geschichte als Geschichte Schlesiens kennen und dafür Zeugnis ablegen, gibt es nur wenige.
Das vorbildliche Handeln von Maciej Lagiewski sei ausdrücklich noch einmal erwähnt.

Aber wird es in den nachgewachsenen Generationen der
Vertriebenen noch eine genügende Zahl mit dem geistigen
Potenzial und der Aufforderung zu angemessener und gebo-
tener Erinnerung geben?

Der Zusammenschluss der Schlesier hüben und drüben

Politisch betrachtet ist Schlesien heute der polnischen Staatsgewalt, der polnischen Souveränität, unterstellt. Grundlage: völkerrechtlich verpflichtend für beide Vertragspartner, die Bundesrepublik Deutschland und die Republik Polen, der Grenzbestätigungsvertrag vom 14. November 1990. Diesseits von Oder und Görlitzer Neiße gehört ein Restgebiet von Niederschlesien mit Görlitz als Mittelpunkt zum Freistaat Sachsen und damit zur Bundesrepublik Deutschland. Nach den Bewohnern Schlesiens gefragt, lebt ein Teil der Schlesier in Schlesien, von den Polen gern Westpolen genannt. Es mögen in Schlesien über 600.000 sein, die große Mehrheit von ihnen in Oberschlesien, in den beiden Wojewodschaften Oppelner Schlesien und Schlesien, dem vormaligen Bezirk Kattowitz. In der Bundesrepublik Deutschland darf man für Niederschlesien im Freistaat Sachsen an die 300.000 Schlesier zählen. In der Bundesrepublik Deutschland können es weithin verstreut und in einer Art Diaspora bis zu drei Millionen Schlesier sein, von denen ein knappes Drittel in Mitteldeutschland, in der einstigen DDR, zu Hause ist.

In der DDR durften sich die aus der Heimat vertriebenen Schlesier nicht zusammenschließen und landsmannschaftlich organisieren. Anders in der alten Bundesrepublik Deutschland. Die landsmannschaftlichen Organisationen konnten sich nach Verkündung der Koalitonsfreiheit durch die Besatzungsmächte 1948 noch vor der Gründung der Bundesrepublik Deutschland 1949 bilden. Die Schlesier finden sich in zwei Landsmannschaften wieder, die 1949 fast gleichzeitig gegründet worden sind: die Landsmannschaft

Schlesien mit der Unterzeile Nieder- und Oberschlesien und die Landsmannschaft der Oberschlesier. Das hatte Gründe aus der jüngsten Geschichte Schlesiens, als 1922, unmittelbar nach dem Abstimmungskampf und der Abtretung Ost-Oberschlesiens an Polen, die selbstständige Provinz Oberschlesien gegründet worden ist. Diese administrative Verselbstständigung der Provinz Oberschlesien hat bis heute nachgewirkt. Dazu kommt noch die konfessionelle Unterscheidung, denn Oberschlesien gilt als nahezu geschlossen katholisches Land, während Niederschlesien als protestantisches Land zu kennzeichnen ist. Das hatte sich auch stets bei den Wahlergebnissen bis zum Ende der Weimarer Republik durchgeschlagen, war doch die katholische Zentrumspartei in Niederschlesien eine nur schwer zu entdeckende Minderheit, während Oberschlesien mehrheitlich Zentrum wählte.

Für einen Außenstehenden war und ist es schwer zu verstehen, dass die Schlesier sich in zwei Landsmannschaften präsentieren. Viele Jahrzehnte hindurch standen übrigens zwei Oberschlesier an der Spitze von jeder der beiden schlesischen Landsmannschaften. Außerdem waren die jeweiligen landsmannschaftlichen Vorsitzenden zur gleichen Zeit Mitglieder des Deutschen Bundestags und hier im Auswärtigen Ausschuss.

Die beiden Landsmannschaften arbeiteten nicht gegeneinander, wohl eher nebeneinander, leider nicht miteinander. Jede Landsmannschaft kann sich auf die Patenschaft eines Bundeslandes beziehen, für die Landsmannschaft Schlesien war und ist dies Niedersachsen, für die Landsmannschaft Oberschlesien Nordrhein-Westfalen. Gelegentlich gab es sogar peinliche Gegensätze, als die Landsmannschaft der Oberschlesier für sich ausschließlich in Anspruch nahm, sich des Werks und seiner Bedeutung von Joseph von Eichendorff engagiert anzunehmen, während die Landsmannschaft Schlesien sich um das Werk von Gerhart Hauptmann kümmern solle und dürfe, denn der eine ist im

oberschlesischen Lubowitz, der andere im niederschlesischen
Ober-Salzbrunn geboren. Selbstverständlich eine große Torheit! In heimatpolitischen Fragen, in der Behauptung von
Recht und historischer Wahrheit gab und gibt es keine Unterschiede. Die größere Landsmannschaft war und ist die Landsmannschaft Schlesien, was verständlich ist, weil sie ganz
Schlesien vertritt. Aber die Landsmannschaft der Oberschlesier hatte durch die Aussiedler in den letzten Jahrzehnten
neue Mitglieder gewinnen können, falls diese überhaupt einer
Landsmannschaft beitreten wollten; die überwältigende
Mehrheit der Aussiedler waren Landsleute aus Oberschlesien,
aber meist ohne landsmannschaftliches Engagement.

Gelegentlich setzten sich die Vorstände der beiden Landsmannschaften zusammen, um näher zusammenzurücken
und gemeinsame Fragen auch gemeinsam zu lösen. Aber es
blieb bei guten Vorsätzen und gefälligem Gedankenaus-
tausch. Das Notwendige, entweder sich zusammenzu-
schließen oder zumindest die guten Vorsätze der Zusammenarbeit in die Tat umzusetzen, blieb ungeschehen. Es scheint so
zu sein, dass die Abwehr solcher Vorhaben bei der Landsmannschaft der Oberschlesier größer und bis heute unüber-
windlich ist. Man schätzt sich als kämpferischer ein, indem
man das Ringen um die Zukunft Oberschlesiens nach dem
Ersten Weltkrieg im Kopf hat. Auch mit den in der Heimat,
das heißt mit den in Oberschlesien lebenden Landsleuten
verstehe man sich vorgeblich auch deswegen besser, weil
man selbst Oberschlesier sei.

Die Zeit verlangt jedoch ein Näherzusammenrücken, weshalb es auch nicht zu begreifen ist, dass im Jahreswechsel
jede Landsmannschaft für sich separat ein Deutschlandtreffen der Schlesier und einen Tag der Oberschlesier ankündigt.

Dem Schlesier liegt offenbar die Vielfalt, wohl auch aus
der Geschichte der Vielzahl der Herzogtümer herzuleiten.
Da gibt es in jüngster Zeit ein oberschlesisches Landesmuseum
in Ratingen bei Düsseldorf und ein schlesisches Museum zu
Görlitz und obendrein, mit dem Haus Schlesien in Königs-

winter bei Bonn verbunden, ein schlesisches Schaufenster
unter dem Namen Museum für Landeskunde. Auf dem Fel-
de der Kultur existiert in Würzburg das Kulturwerk Schlesien mit der Vierteljahresschrift »Schlesien« (seit vielen Jahren nicht mehr erschienen) und die Stiftung Schlesien in
Oldenburg. Die katholischen Schlesier können die Vierteljahresschrift »Kirche in Schlesien und Welt« lesen, und die
evangelischen Schlesier sind gleichfalls wie die katholischen
in einer eigenen Vereinigung präsent.

Das Herzstück und Zeugnis des lebendigen Schlesiens
sind die Heimatgruppen, mit ihren Heimatblättern und
ihren regelmäßig (allgemein alle zwei Jahre) stattfindenden
Heimatkreistreffen. Diese Heimatkreise, fast durchweg auf
Patenschaften gestützt, halten das Heimatbewusstsein auf-
recht und treffen sich fallweise als schlesischer Kreis-, Städte-
und Gemeindetag. Das Tun der Landsmannschaften geschieht nach ihrem Selbstverständnis im Irgendwo der Politik und hinterlässt da selbst kaum wirksame Spuren. Die
engste, liebevoll erinnerte Heimat ist Inhalt der Treuebekun-
dung. Die Zukunft und das Überleben dieser schlesischen
Heimatkreise darf mit einem Fragezeichen versehen werden.

Eine ganz andere Ebene im Vergleich zu den Landsmannschaften, den Heimatkreisen und zu den Schlesiern im schlesischen Teil des Freistaats Sachsen ist Schlesien selbst, mit kleinen schlesischen Gruppen in Niederschlesien, mit der
größten Zahl in Oberschlesien. Es sind dies die Deutschen
Freundschaftskreise, zusammengeschlossen im Verband der
Sozial-Kulturellen Gesellschaft der Deutschen (SKGD) mit
Sitz des Präsidiums in Oppeln. Die Aufbruchstimmung der
ersten Jahre nach der Wende ist verrauscht, die Mitgliederzahl
ist inzwischen geschrumpft, aber übersteigt noch die 300.000.
Dass sich die Zeiten wohl auch durch eigenes Verschulden
nachteilig entwickelt haben, lässt sich an der Zahl der politischen Repräsentanten im Sejm und im Senat ablesen.

Den Deutschen Freundschaftskreisen fehlt es mehrheitlich an Programmen und Visionen. Auch muss man sich um

die nächste und übernächste Generation, um diese als Mitglieder zu gewinnen, Sorgen machen. Der Aufschrei nach den Jahrzehnten der Unterdrückung sowohl der persönlichen Freiheit als auch jeglichen Bekenntnisses zu seinem Deutschtum ist verständlicherweise verhallt. Es mangelt auch, wenn man das von außen betrachtet sagen darf, an Persönlichkeiten für Leitungsämter. Hinzu kommt jetzt noch die finanzielle Sorge. Über das Generalkonsulat der Bundesrepublik Deutschland in Breslau wurden die Freundschaftskreise in Schlesien finanziell ausgestattet, aber neuerdings werden die Gelder zum Abrufen bewusst immer geringer. Man drohte in Berlin sogar damit, die finanzielle Unterstützung auslaufen zu lassen. Schon jetzt ist es leider so, dass die 40.000 bis 60.000 Sorben und Wenden in Mitteldeutschland im Vergleich zur Minderheit der Deutschen in Polen weit besser, das heißt finanziell gesicherter, ausgestattet werden.

Zwar hat die Landsmannschaft Schlesien führende Köpfe der Deutschen in der Heimat mit der höchsten Auszeichnung, dem Schlesierschild, geehrt, und dies zu Recht, aber die Verbindung zwischen hüben und drüben ist eher platonisch und verbal zu nennen denn realitätsbezogen und praktisch. Dies liegt vor allem bei den Landsleuten in der Heimat, denn man fürchtet jede mögliche Verdächtigung eines landsmannschaftlichen Miteinanders. Die Folge ist, dass sich die Landsmannschaften strikte Zurückhaltung auferlegt haben. Man hat auch nie irgendeinen Ratschlag erbeten, um nicht verdächtigt zu werden, es gäbe geheime und gefährliche Kontakte. Der Blick ist trotzdem ständig auf die Landsleute in der Heimat gerichtet. Mit Beifall und Zustimmung wird registriert, wenn landsmannschaftliche Vertreter an den jährlichen Wallfahrten auf den Annaberg und nach Zuckmantel im einst Österreichisch-Schlesien teilnehmen.

Das Bitterste ist, dass die gegenwärtige Bundesregierung beharrlich schweigt, wenn und obwohl es um die Situation der Deutschen in der Heimat geht. »Schweigen ist Gold«, so ließ sich der Bundesaußenminister Josef Fischer vernehmen.

Draußen vor der Tür

Die Vertriebenen, soweit sie sich in den Landsmannschaften, in den Landesverbänden des Bundes der Vertriebenen, in Heimatgruppen, im Bund der Vertriebenen zusammengeschlossen haben, schauen, um gleich mit der Kritik zu beginnen, zu intensiv in die Vergangenheit und zu gern nur auf die große Politik. Die Innenschau ruft Erinnerungen wach, was zwar legitim ist, aber der Blick zurück, ständig mit liebevollem Eifer vollzogen, legt Sperren vor die Gegenwart und Zukunft.

Die gerade auch im schlesischen Bereich regelmäßig erscheinenden Heimatzeitungen haben das große Verdienst, dass sie Leser aus den Städten und Gemeinden über die Geschichte ihrer engeren, engsten Heimat unterrichten. Welch Eifer, welch Heimattreue, welch Idealismus sind damit verbunden! Man kann nur ausrufen: Bewundernswert! Gleichzeitig aber, und dies ist meist der Fall, verstummt die Gegenwart, gibt es keinen Ausblick in die Zukunft. Ausnahmen sind die Ankündigungen und Vorbereitungen der Heimatkreistreffen und die Berichte über die Deutschlandtreffen der Schlesier. Die Sudetendeutschen rufen seit 1949 jährlich zum Sudetendeutschen Tag zu Pfingsten auf. Sollte es lebendige Patenschaften zwischen hier und jenseits von Oder und Görlitzer Neiße geben, dann sind auch diese des Berichtens wert. Aber es bleibt der Eindruck: Die Stadt- und Dorfgeschichte bis 1945 ist das Wichtige, ja das Wichtigste. Darum werden Aktivitäten der Landsmannschaft Schlesien erst gar nicht registriert, meinungsbildende Aufsätze, die durch einen Pressedienst verbreitet werden, erst gar nicht nachgedruckt. Ein Grund ist auch der, dass man in der Liebe zur

Heimat von der so genannten Heimatpolitik, das heißt von politischen Handlungen und Urteilen, nicht gestört werden möchte. Man mag zwar mit der kleinen und großen Politik, nicht anders als die Landsmannschaft Schlesien, als der Bund der Vertriebenen in gleicher Weise nicht einverstanden sein, aber bitte nicht stören!

Die Zeit hat es inzwischen notwendig gemacht, dass die vielen Heimatzeitungen in größerer Zahl von Zentralverlagen redaktionell betreut und herausgegeben werden. Auch die Erscheinungsweise ist nicht mehr zweimal im Monat oder wie bisher meist monatlich, sondern man musste auf zwei bis drei Monate die regelmäßige Erscheinung umstellen. Es sind nur noch das »Ostpreußenblatt«, jetziger Titel »Preußische Allgemeine Zeitung«, weil man sich vom bisherigen Titel keine Zukunftsperspektive mehr versprach, die »Pommern-Zeitung« und die »Sudetendeutsche Zeitung«, die wöchentlich erscheinen. Die Landsmannschaft Schlesien bringt ihr offizielles Organ »Schlesische Nachrichten« nur 14-tägig heraus.

Es hat sich seit Jahrzehnten die Gewohnheit durchgesetzt, dass, abgesehen von ganz wenigen Ausnahmen, die Zeitungen und Zeitschriften der Vertriebenen auf den honorarfrei arbeitenden Journalisten setzen. Zwar werden die Abonnements von den Lesern bezahlt, aber die Schreiber arbeiten ohne jedes Entgelt. Das tun diese zum einen sogar gern, weil in den allgemeinen Medien kaum etwas von ihren Arbeiten unterzubringen wäre. Zum anderen ist es nicht gut, dass für geleistete journalistische Arbeit, weil sie als selbstverständlich angesehen und erwartet wird, nur ein Dankeschön für die Lieferung von Beiträgen zu hören ist. Das Folgende soll nur hypothetisch verstanden werden. Es fehlt in der Presse der Vertriebenen an guten Federn, die wenigen guten Schreiber, die sich zur Verfügung stellen, können nicht befriedigen, sodass angenommen werden darf, manche gute Feder fällt wegen fehlender Honorierung aus.

Den Vertriebenen ist nachzusagen, dass sie sich gern, was

hier nur als Tatsache notiert werden soll, schnell mit Kritik, Aufregung, wütender Erregung zu Wort melden, ohne aber bereit zu sein, mit den Parteien, Regierungen und Oppositionen das unmittelbare Gespräch, die politisch argumentierende Auseinandersetzung zu führen. Es ist hier von der Scheu, sich parteipolitisch zu binden und festzulegen, die Rede. Man überfordert auf diese Weise aber die Landsmannschaften, denn diese können auch nur sozusagen im Vorhof der Politik artikulieren, was geschieht und nicht geschieht.

Manche Organe aus dem Bereich der Vertriebenen stützen sich in der Auseinandersetzung auf möglichst oft und in großer Zahl zu veröffentlichende offene Briefe. Diese nehmen zwar gebührenden Platz im Blatt ein, sind aber für den Papierkorb, wie wir wissen, geschrieben. Während des Blicks nach innen wird auch offenkundig, dass die Landsmannschaften untereinander recht eigensinnig nur an die eigene Region denken, über die mit allen politischen Weiterungen zu berichten ist. Der Nachbar aus Pommern oder Schlesien mag seine Sache aufmerksam behandeln und verfolgen, aber »wir sind wir«. Das ist schlecht und bis heute so geblieben. Die Ostpreußen erfahren nichts von Schlesien und die Schlesier nichts von Ostpreußen. Darüber hinaus ist es so, um diese Beispiele aufzugreifen, dass die allgemeine Öffentlichkeit ohnehin kaum etwas von Schlesien oder von Ostpreußen erfährt.

Man ist in unseren Medien nicht bereit, weder über die Vergangenheit zu unterrichten noch die Gegenwart darzustellen. Die Universität Breslau feierte ihre Gründung durch die Habsburger vor 300 Jahren. Berichte darüber waren kaum zu finden. 2004/05 lag das seit 15 Jahren angekündigte polnische Minderheitengesetz dem Sejm zur Beschlussfassung vor. Von diesem Minderheitengesetz, begleitet von heftigen Debatten im Sejm und im Senat, das gerade auch für die deutsche Minderheit in Polen von Bedeutung ist, war über unsere Agenturen, Zeitungen, Rundfunk- und Fernsehstationen nichts zu vernehmen, einige wenige überregionale

Zeitungen ausgenommen, denn hier berichteten die in Warschau ansässigen Korrespondenten. Auch die Bundesregierung schwieg beharrlich.

Wann und wo wird über die Existenz der deutschen Minderheit berichtet, Konflikte, die mit einem leider neu erwachten polnischen Nationalismus ausgetragen werden müssen, bleiben unbekannt. Es sieht in unserer Öffentlichkeit fast so aus, dass nicht zuletzt dank der fehlenden Aufmerksamkeit in unseren Medien unser nachbarschaftliches Verhältnis zu Polen mit den saloppen Worten »Friede, Freude, Eierkuchen« zugedeckt werden soll. Zwischen Deutschland und Polen darf es keine Probleme geben. Anders schaut es aus, wenn Kampagnen entfacht werden können. Da gab es eine Zeit lang das Gerede von radikalen Gruppen der deutschen Minderheit oder einreisenden Deutschen mit radikalen Parolen, was sich allerdings als journalistischer Spuk leicht entlarven ließ.

Nachzutragen ist aber auch, dass die Heimatkreiszeitschriften auf all das Gegenwärtige im Plus oder Minus nicht eingehen. Das liegt zum Teil an dem fehlenden Stoff, der zuvor von unseren Medien dargeboten und verarbeitet werden müsste. Aber es mangelt auch in erheblichem Maße an der Öffnung des Fensters in die Gegenwart, weil man sich mit der Vergangenheit und dem »Es war einmal« zu stark beschäftigt. Eine gepflegte Idylle obsiegt.

Auch an einer Berichterstattung über kulturelle Ereignisse aus der Welt der Vertriebenen, um einmal diesen Ausdruck zu gebrauchen, fehlt es. Absichtlich oder fahrlässig? Gemeint ist der Kulturpreis Schlesien des Landes Niedersachsen, jetzt verliehen an Deutsche und Polen mit einem besonderen Bezug zu Schlesien. Die Verleihungsorte des Preises wechseln zwischen Breslau und Niedersachsen. Fazit: für die Medien und die Öffentlichkeit ein lediglich lokales Ereignis.

Man kann all das so ausdrücken: Wir lassen die Vertriebenen, die ohnehin bald ausgestorben sein werden, unter sich bleiben, und zum anderen, diese Vertriebenen machen sich

nicht so recht bemerkbar. Hinzu kommt ein Drittes: Viele
unter den Vertriebenen begnügen sich bewusst mit sich
selbst, wir leben nun einmal im Ghetto, warum sollen wir
ausbrechen wollen! Wenn man von Schuld sprechen wollte,
beide Seiten sind angesichts der mangelnden Aufmerksamkeit die Schuldigen. Man grenzt aus, man lässt sich ausgrenzen. Unser Volk ist gespalten, die Opfer des Zweiten Weltkriegs, die Vertriebenen, und diejenigen, die alles gottlob
überstanden und überlebt haben, die mit der Vergangenheit
nicht mehr belastet werden wollen.

Als gerade über das Motto eines Vertriebenentreffens de-
battiert wurde, zunächst gar nicht in der Öffentlichkeit, son-
dern in privaten Zirkeln, fiel das Wort: Gebt doch endlich
Ruhe, bringen wird euer Tun nichts. Ein offenes Wort gegen
Passivität und Verrat an der Vergangenheit ist gefordert. Aber
man darf auch nicht nur auf die Aktualität bedacht sein. Das
Präsens ist ohne das Präteritum, die Gegenwart ist ohne die
Vergangenheit nicht zu begreifen.

Sich Schlesiens zu vergewissern

Es werden immer weniger Persönlichkeiten von Bedeutung sein, die in ihrem Lebenslauf einen Ort in Schlesien werden nennen können. Als Prof. Dr. Günter Blobel 1999 den Nobelpreis für Medizin erhielt, konnte er, der heutige amerikanische Staatsbürger, Waltersdorf im Kreise Sprottau als seinen Geburtsort nennen, hier 1936 geboren. Aber es werden immer weniger sein, die auf Schlesien verweisen können. Allerdings ist hier nachzutragen, dass die Aussiedler, heute in der Statistik als Spätaussiedler geführt, die in den letzten Jahrzehnten in die Bundesrepublik Deutschland gekommen sind, ihren schlesischen Geburtsort werden nennen können, nur trug dieser zum Zeitpunkt ihrer Geburt offiziell einen polnischen Namen in der amtlichen Urkunde.

Unter den aus der Heimat vertriebenen Schlesiern zählen jetzt, in Generationen gerechnet, zu den Jüngsten, wer heute über 60 Jahre alt ist und, sagen wir mit vier Jahren, Flucht und Vertreibung erlebt hat. Die so genannte Erlebnisgeneration wird immer geringer, der Tod spricht sein Wort. Das hat zur Folge, dass die Mitgliederzahlen der Landsmannschaften Jahr für Jahr kleiner werden, denn in den Landsmannschaften haben sich fast durchweg die Vertriebenen organisiert. Die so genannte Bekenntnisgeneration und die Generation mit überkommener schlesischer Wurzel ist nicht gleich auch zu einer Mitgliedschaft in der Landsmannschaft bereit. Es sind rühmenswerte Ausnahmen, wenn, so benannt, Einheimische mit dabei sind und vielleicht sogar Funktionen übernehmen. Das Ergebnis ist bereits, dass die Zahl der an den Deutschlandtreffen oder an den Tagen der Oberschlesier anwesenden Landsleuten immer geringer wird. Gewiss, an den

Treffen nehmen auch Landsleute, die aus der Heimat kommen, teil, aber über einige hundert geht deren Zahl nicht hinaus. Einzufügen sind hier die aus diesen Umständen resultierenden finanziellen Probleme: Organisation der Landsmannschaften, Durchführung von demonstrativen Treffen.

Bereits 1951, zum Schlesiertreffen in München, hieß das Motto »Schlesien eine gesamtdeutsche Verpflichtung«, und damit waren nicht nur die Politiker gemeint, sondern auch die Bürger der Bundesrepublik Deutschland sollten angesprochen werden. Das war und ist eine notwendige Forderung. Die Schlesier, und das gilt auch für die anderen Landsmannschaften, sind unter sich, sind allein geblieben. Es hat weder eine Solidarisierung mit ihnen gegeben, keine Mitbetroffenheit mit ihrem Schicksal und dem Schlesiens. Und auch die große Politik hat Schlesien den Schlesiern überlassen, gleichzeitig aber mit berechtigter Genugtuung zur Kenntnis genommen, dass von diesen Schlesiern keine radikalen Tendenzen und Manöver ausgegangen sind. Auf den großen Treffen waren zwar die Bundeskanzler, nicht die sozialdemokratischen, präsent und haben höchst willkommene Akzente gesetzt, aber das waren Ausrufungszeichen. Zugegeben sei aber auch, dass angesichts der deutschland- und weltpolitischen Problematik die Möglichkeiten zu operativem Handeln gering waren.

Viel bedrückender ist der Zustand, unter sich geblieben zu sein. So hat auch der Grenzbestätigungsvertrag von 1990, mag man auch seine unabänderliche Festlegung für politisch notwendig halten, noch nicht einmal einen verbalen Protest ausgelöst. Immerhin ging ein Viertel des Territoriums Deutschlands in den friedlichen Grenzen von 1937 in fremde Souveränität über. Es wurde alles ohne Widerspruch so hingenommen, weil dem halt so ist.

Es wird heute und morgen darauf ankommen, dass Schlesien nicht zuletzt im historischen Denken gegenwärtig bleibt. Gern wird aus der Verfassung der Weimarer Republik der Satz zitiert: »Das deutsche Volk einig in seinen Stämmen«. Zu diesem deutschen Volk gehört auch der Stamm der Schlesier. Darum ist die Forderung berechtigt: Der Stamm der Schlesier darf nicht untergehen. Wer in Generationen denkt, dem wird es nicht schwer fallen, auf die alten und nachgewachsenen Generationen und Geschlechter der Schlesier zu verweisen. Dies umso mehr, als es jetzt in Schlesien polnische Schlesier gibt.

»Schlesien lebt«, dies ist selbstverständlich auch und gerade geistig und kulturell gemeint. Zuerst ist es aber die Geschichte, denn ohne Schlesien gibt es keine vollständige deutsche Geschichte. Man kann Schlesien oder Ostpreußen weder ausgrenzen noch als Niemandsland vergessen machen. Und dann das geistige Kapital, ein Kapital, das nicht nur reich ist, sondern auch Zinsen abwirft. Literatur, Philosophie, Baukunst und Malerei können ohne Schlesien, ohne die großen Schlesier als große Deutsche nicht ausgeklammert werden, als ausgelöscht gelten. Eine Fülle von Namen ist hier anzuführen, bis hin zu den zwölf schlesischen Nobelpreisträgern.

Darum ist es geboten, Schlesien wach zu halten. Das ist eine Aufgabe für die Schlesier, klarer gesagt: für jedermann in unserem Volk. Anders ausgedrückt: Wir müssen Acht geben, dass Schlesien nicht in Vergessenheit gerät. Es mag pathetisch klingen, wenn zuerst das Elternhaus genannt wird, wenn gewünscht wird, daheim auch über Schlesien, jedenfalls gelegentlich, zu sprechen. Reisen nach Schlesien, mit Söhnen und Töchtern und deren vielfach nicht in Schlesien geborenen Schwiegerkindern, vor allem mit den Enkeln bieten sich an, Schlesien lädt ein. Während derartiger Reisen wird glaubwürdig, was zuvor als überhöht und als Schwärmerei der Alten abgetan worden war.

Aber dann kommt das gewichtige Thema von Schule und Hochschule. Es müsste, wie es in manchem Bundesland für dessen Landeskinder einen spezifischen Lehrstuhl für die Landeskunde gibt, an manchem Ort Lehrstühle für die Geschichte und Landeskunde Schlesiens bis in die Gegenwart geben.

Aber hiervon sind wir leider noch weit entfernt. Ist überhaupt Schlesien noch Gegenstand einer Unterrichtsstunde? Vor lauter Gegenwartsbezogenheit kommt ohnehin die Geschichte zu kurz. Auch sollten im Unterricht falsche Wiedergaben über das Tun der Landsmannschaften korrigiert werden, denn es haben sich beim Thema Schlesien und den aus der Heimat Vertriebenen Ressentiments, zum Teil verschuldet durch die Medien, festgesetzt.

In der wissenschaftlichen Behandlung des Themas Schlesien sind uns die Polen längst über. Sie erschließen sich Schlesien, sei es, um nationalistische Parolen von gestern zu unterbauen, sei es, und dies geschieht gottlob mehrheitlich, um Schlesien wissenschaftlich zu ergründen. Hier mangelt es deutscherseits, dass historisch oder gesellschaftlich abgesicherte Arbeiten nicht in deutscher Übersetzung vorliegen. Eine rühmliche Ausnahme sei genannt, die deutschsprachige Veröffentlichung der Arbeiten von Edmund Nowak über das Lager Lamsdorf in Oberschlesien.

Es sei jedoch nicht verschwiegen, dass auch bereits in unserer Sprache erarbeitete Studien nicht so gründlich und in großer Zahl gelesen werden, um sich auf dem Laufenden des Wissensstands zu halten, um mehr zu wissen und überzeugender argumentieren zu können als die Mehrheit unserer Mitbürger.

Nicht anders denn die Polen, die den Namen Schlesien, Śląsk, festhalten und benutzen, sollten wir gern und wissend von Schlesien sprechen und Kunde geben. Weder der Stamm der Schlesier noch Schlesien dürfen aussterben und untergehen. Das gehört, um ein viel gebrauchtes Wort zu nutzen, zur Identität unseres Volks. Schlesien wach zu halten ist ein Appell an die Schlesier, an die Generationen der sich Erinnernden, an die Generation der sich Bekennenden, an diejenigen, die sich Schlesien geistig aneignen. Aber der Appell richtet sich an jedermann. Wir sollten nicht schuldig werden am Sterben oder dem Untergang Schlesiens.

»Wir haben guten Grund,
stolz auf unser Land zu sein«

Nach der Rede von Bundespräsident Dr. Horst Köhler, die er zum 60. Jahrestag des Kriegsendes, der bedingungslosen Kapitulation der Wehrmacht des Deutschen Reichs, am 8. Mai 2005 vor Bundestag und Bundesrat gehalten hat, hieß die Schlagzeile in sehr vielen deutschen Zeitungen: »Es gibt keinen Schlussstrich.« Gemeint ist der Schlussstrich nach den grausamen Jahren der Diktatur und des Zweiten Weltkriegs mit all seinen Folgen. Dieser deutliche Satz »Es gibt keinen Schlussstrich«, fast wie eine Sensation empfunden, ist uns allen aufgetragen, der Politik und den Medien, den Schulen und Universitäten, dem Elternhaus und der Öffentlichkeit. Aber war es nicht bislang üblich, dass es unter den Gräueln, die sich mit der Hitlerdiktatur und uns Deutschen kausal in Verbindung befinden, immer wieder darüber gesprochen worden ist und gesprochen werden sollte? All die Geschehnisse, grausam und unmenschlich, deren Opfer Deutsche waren und sind, sollten jedoch ausgeklammert werden. Dass ein Schlussstrich nicht gezogen werden darf, sollte nur uns Deutsche als Täter treffen.

Es gehört sich nicht, die Deutschen als Opfer zu nennen, darum wiederholt aus offiziellem Mund die These: Über die Vertreibung der Deutschen sollten wir endlich schweigen und den so notwendigen Schlussstrich ziehen. Das ist Vergangenheit! Jetzt aber hat der Bundespräsident mit seinen deutlichen Worten kundgetan, dass der Schlussstrich nicht einseitig gezogen werden und relativiert werden darf.

Im Jahre 1985 hat der damalige Bundespräsident Dr. Richard von Weizsäcker in seiner Rede zum 8. Mai 1945, wofür er bis heute gerühmt wird, das Wort Vertreibung im Grunde gemieden und stattdessen von einer »Zwangswanderung« gesprochen. Es sollte alles durch die vorangeschehenen Verbrechen begründet werden. Wir waren die Angeklagten und sollten es auch bleiben, andere anzuklagen war nicht in Ordnung! In der Rede des Bundespräsidenten Dr. Horst Köhler wird mehrmals deutlich und ohne Rückblende auf Hitler von der Vertreibung und den Vertriebenen gesprochen. Wer sich erinnert, und das dürfen wir nicht nur, dass müssen wir, muss sich selbstverständlich der Unmenschlichkeiten erinnern, die im deutschen Namen von Deutschen verbrochen worden sind, aber er darf sich, er muss sich auch der Unmenschlichkeiten erinnern, die uns Deutschen zugefügt worden sind. Warum sollen wir Deutsche nur einäugig geschichtliche Fakten sehen und beurteilen dürfen?

Das ganze Gezerre um das Projekt eines »Zentrums gegen Vertreibungen« resultiert aus der einseitigen und bisher betriebenen Praxis, wir Deutsche sollten uns still und ruhig verhalten, wenn wir behaupten, dass wir Opfer und nicht nur Täter gewesen sind. Es gebe doch einen Schlussstrich, wenn auch nicht so formuliert. Sollte aber Vergangenes, sprich die Vertreibung, behandelt werden, dann darf das nicht den Deutschen in Eigenverantwortung für die Darstellung der Geschichte der Vertreibung überlassen und anvertraut werden.

Es ist dem Bundespräsidenten dafür zu danken, dass er mit dem Satz »Es gibt keinen Schlussstrich« die Bundesregierung gleichsam zur Ordnung gerufen hat, weil er den Schlussstrich als politische Größe und Kompass für politisches Handeln von seiner Einseitigkeit befreit hat, ausgerichtet nur einseitig auf die Hitlerdiktatur und den Zweiten Weltkrieg. Der Bundespräsident nannte nicht nur mehrmals die Vertreibung und die Vertriebenen, die in den Satz »Es gibt keinen Schlussstrich« einzubeziehen sind, sondern auch das Geschehen unter der anderen Diktatur auf deutschem Boden, die kommunistische, eine von der Sowjetunion gelenkte.

Dem negativ formulierten Satz »Es gibt keinen Schluss-

strich« ist der positive Satz anzuschließen: Zwischen
Deutschland und Polen gibt es seit dem 1. Mai 2004, dem
Beitritt Polens zur Europäischen Union, keine Grenze mehr,
sondern in europäischer Gemeinschaft die Oder-Neiße-
Grenze als Linie. Es ist eine Linie, die Souveränitäten schei-
det, aber nicht die Nachbarschaft der Völker. Es war
europäisch gesprochen, als der Bundespräsident sagte, so
darf man es wohl nennen, das Glückhafte von gestern he-
raufzubeschwören und mit Ortsangaben zu regionalisieren.
Zitat: »Es gibt gerade für uns Deutsche in Mittel- und Ost-
europa eine ganze Welt neu zu entdecken. In Prag und Lemberg, in Danzig und Wilna, in Tallinn und Breslau lässt sich
erleben und erahnen, wie reich das Europa der Vorkriegszeit
an kultureller und ethnischer Vielfalt war und welche Kreativität und Reife das mit sich brachte. Dieser Fülle ist dem
Rassismus und dem nationalistischen Wahn zum Opfer gefallen.« Welch freudiges Erstaunen, dass der Bundespräsident auch Breslau und Danzig nennt, deutsche Städte, die
heute der polnischen Souveränität unterstellt sind. Aber zu
Breslau kann von einer »ethnischen Vielfalt« aus der Vorkriegszeit nicht gesprochen werden, denn Breslau war eine deutsche
Stadt, im Gegensatz zu der Vielfalt der Bevölkerungsstruktur
in Lemberg. Aber viel entscheidender ist die Erwähnung von
zwei deutschen Städten aus unserer deutschen Geschichte, fast
schon eine Überraschung. Auch diese Namensnennung macht
deutlich, dass wir Deutsche keinen Anlass und keinen Grund
haben, unsere deutsche Geschichte nur im Ausschnitt der
zwölf Jahre sehen zu wollen und darstellen zu müssen. Im Zusammenhang mit dem Datum des 8. Mai 1945 hatte ein SPD-
Politiker, Egon Bahr, alles, was sich mit dem Ort Auschwitz
verbindet, auf das Schärfste verurteilt, was selbstverständlich
richtig ist, aber im zweiten Satz ausgeführt: »Die andere Seite
ist, dass die Vergangenheit die Zukunft des Landes nicht be-
hindern darf. Und zwar deshalb, weil das nachträglich diesen
Verbrechen noch eine Art von negativer Mitbestimmung
Recht geben würde.« Auch dieser Satz stimmt.

Die deutsche Geschichte ist kein Grund dafür, was gerade auch von den Deutschen selbst im eigenen Vaterland gern getan wird, uns Deutsche ständig auf die Anklagebank zu verbannen und uns selbst zu verurteilen. Es mag daher viele Selbstankläger irritiert haben, dass der Bundespräsident sagt: »Wir haben heute guten Grund, stolz auf unser Land zu sein.« Der Ausdruck »unser Land« steht für den alten Ausdruck »unser Vaterland«. Und eine Bestätigung dieses Satzes: »Wir sehen unser Land in seiner ganzen Geschichte, und darum erkennen wir auch, an wie viel Gutes wir Deutsche anknüpfen können, um über den moralischen Ruin der Jahre 1933 bis 1945 hinauszukommen. Unsere ganze Geschichte bestätigt die Identität unserer Nation. Wer einen Teil davon verdrängen will, der versündigt sich an Deutschland.«

Zur Rede des Bundespräsidenten am 8. Mai 2005 gab es auch kritische Stimmen. Es sei in der Rede zu viel Nationalstolz verbreitet worden und zu wenig Schuldbewusstsein. Offenbar sollen wir Deutsche für alle Zeiten das Gewand des Büßers tragen und uns selbst verdammen. Mit dem Nein zu einem Schlussstrich sollten wir uns als ein ganz normales Volk im Lauf der Geschichte und unsere Position in den vorangegangenen Jahrhunderten in Erinnerung rufen und 60 Jahre nach Kriegsende die jüngste Vergangenheit mit gebührendem Stolz nennen und zielstrebig in die Zukunft schreiten. Richtig ist, auch wenn dies bei unseren Nachbarn böse Sätze auslöst, dass wir Deutsche heute den Bombenhagel auf unsere Städte und die Opfer des Luftkriegs beim Namen nennen, nicht anders als die Vertreibung und die Vertriebenen, und auch als Unmenschlichkeit verurteilen, was in den letzten Jahrzehnten nicht so deutlich zum Ausdruck gekommen ist. Das gehört zum ehrlichen Umgang mit der Geschichte. Die Geschichtsschreibung sollte keine Gefälligkeiten kennen; darum war es notwendig, auch den Schlussstrich, der nicht gezogen werden darf, nicht einzugrenzen auf uns Deutsche als die Täter, sondern auch die Deutschen als Opfer ganz nüchtern mit einzubeziehen.

Schlesien Zukunft geben

Es ist ein gültiges Wort, das auch für Schlesien, für uns die Schlesier, für jedermann heute in Schlesien Inhalt und Bedeutung hat: gemeinsam Schlesien Zukunft geben. Das heißt, man muss im Umgang mit Schlesien eine Vision haben, Perspektiven für morgen und übermorgen. Zur Vergangenheit heißt es: sich dieser Vergangenheit stellen, die Historie sich zu Eigen machen, diese weitergeben und sich dazu bekennen. Zur Gegenwart heißt es: sich behaupten, für sie arbeiten, sorgen dafür, dass die Gegenwart nicht ausschließlich im Schatten der Vergangenheit existiert, dass Schlesien lebt und überlebt. Die Zukunft, das ist ein offenes Feld, es verlangt Optimismus, Phantasie, über das Tagesgeschäft hinausdenken, Visionen. Das Mögliche, Erhoffte und noch im Dunkeln anzuvisierende Ziel erheischt Glauben an das Ungewisse, aber auch Mut und Tatkraft.

Wie soll man Schlesien Zukunft geben wollen, wenn Schlesien, wie die Zeitläufte beweisen, einmal gewesen ist und nicht wiederkehrt? Und die anderen, die Skeptiker meinen, es sei dem zuzustimmen, dass Schlesien jetzt unter polnischer Souveränität besteht, aber dann kommt es erst einmal darauf an, sich jetzt und heute mit diesem anderen und neuen Schlesien engagiert zu befassen. Schlesiens Morgen, das ist nichts anderes als eine Träumerei!

Darauf soll und muss ein trotziges »Nicht so!« die Antwort sein. Eine Toderklärung für Schlesien gibt es bis heute nicht – und darf es auch morgen nicht geben. Um es simpel auszudrücken: Wir müssen uns gemeinsam Sorgen und Gedanken über die Zukunft Schlesiens machen. Gemeinsam heißt ein Wir, die aus der Heimat vertriebenen Deutschen und die heute in Schlesien wohnenden und arbeitenden Polen. Aber das Wir spricht unmittelbar uns Deutsche und unsere Betroffenheit an, sagen wir es juristisch, es gibt den Fall Schlesien.

Begonnen sei unter dem Thema Vision Schlesien mit dem Stichwort »Stamm der Schlesier«. In der Verfassung der Weimarer Republik ist ausdrücklich, was heute manchem romantisch klingen mag, vom deutschen Volk »einig in seinen Stämmen« die Rede. Zu diesen deutschen Stämmen gehören auch nicht anders als die Franken oder Thüringer, die Altbayern und die Rheinländer auch die Schlesier, Pommern, Ost- und Westpreußen. Es gilt also Acht zu geben, dass diese geschichtlich fundierte Kontinuität der deutschen Stämme nicht abbricht, weil es die Stämme der Schlesier, Pommern, Ost- und Westpreußen nicht mehr gibt, nicht mehr geben soll. Um es auf eine Kurzfassung zu bringen: Der Stamm der Schlesier wie auch die soeben genannten Stämme dürfen nicht aussterben. Unter dem heute geläufigen Begriff des Deutschstämmigen muss sich immer auch der Stamm der Schlesier wiederfinden. Das bedeutet, dass wir in Generationen zu denken und zu handeln haben. Der Schlesienstämmige, ein ungutes Wort, der Schlesier und die Schlesierin sind von ihrem Herkommen, ihrer Familiengeschichte her über die Generationen hinweg Schlesier und Schlesierin, auch wenn sie, obwohl sie nicht mehr in Schlesien leben. Aber sie sind nach wie vor in Schlesien beheimatet.

Darum auch die Wahrung des Rechts auf die Heimat. Dieses erlischt eben nicht mit dem Tod der unmittelbar aus der Heimat Vertriebenen. Das Recht auf die Heimat ist die Bestätigung der Verurteilung jeglicher Vertreibung in der Welt. Sollte das Recht auf die Heimat nur ein Ausdruck der Eloquenz sein, so wäre zu folgern, dass Vertreibungen der Menschen aus ihrer Heimat das letzte und rechtlich sogar gültige Wort sind. Man brauchte nur Zeit ins Land gehen zu lassen, dann würde aus dem Unrecht, aus dem Verbrechen aufgrund der normativen Kraft des Faktischen plötzlich neues Recht entstanden sein. Von diesem Recht auf die Heimat muss immer wieder gesprochen werden, es muss immer wieder gefordert werden. Aber mit dem begründeten Zusatz: Durch die Wahrnehmung des Rechts auf die Heimat darf kein neues Unrecht entstehen.

Schlesien, auch von den Polen inzwischen gern als eine Einheit gesehen, unabhängig von der administrativen Aufteilung in drei Wojewodschaften, soll und muss wirtschaftlich vorankommen. Darin, im Wunsch, Verlangen und Streben nach wirtschaftlichem Erfolg gehen die Schlesier als die Vertriebenen konform mit den heutigen Einwohnern. Man kann es mit einem Trinkspruch der studentischen Korporationen ausdrücken: Silesia – vivat, crescat, floreat! Das heißt: Schlesien soll leben, wachsen an Kraft, es soll ein blühendes Land für seine Bewohner werden! Dies geschieht, was gern zugegeben wird, auch aus einem egoistischen Grund: Schlesien soll kein Armenhaus werden, es soll sich so darstellen können wie zur deutschen Zeit bis zur Vertreibung der Deutschen. Anders ausgedrückt, man soll sich in Schlesien wohl fühlen können. Wir wissen zwar, Kohle und Stahl werfen große Probleme und Sorgen auf. Der Reichtum von gestern ist heute eine Last und Belastung, und die Zukunft ist dunkel. Die Arbeitssuche angesichts einer prozentual zur Bevölkerung sehr hohen Arbeitslosigkeit betrifft Polen und Deutsche im Land. Darum ist man dankbar, um nur drei Beispiele unterschiedlicher Größenordnung herauszugreifen, dass in Gleiwitz General Motors mit dem Opel-Werk arbeitet, dass Siemens in Breslau präsent ist, dass in Löwenberg ein Deutscher aus dem Bundesland Baden-Württemberg eine Brauerei betreibt, und dies mit vielen Beschäftigten und einer breiten Streuung des Produkts sowohl im Land als auch jenseits der Oder-Neiße-Linie.

Das gern und viel gebrauchte Wort vom Brückenschlag zwischen Deutschland und Polen, zwischen den Deutschen und im Vordergrund der Vertriebenen und den Polen, vor-

nehmlich der heutigen Einwohner Schlesiens, verlangt über
das gut gemeinte Verbale hinaus Taten. Darum war und ist es
gut, dass seit der Wende vielfach die Patenstädte die Beziehungen zu den vertriebenen Einwohnern und für die schlesischen Städte und Gemeinden sich zu Partnerschaften mit
den jetzt zur Republik Polen gehörenden Städten und Gemeinden ausgeweitet haben. Gerade im Zusammenhang mit
Polens Beitritt und Mitgliedschaft in der Europäischen Union haben die Patenschaften und Partnerschaften helfende
und wegweisende Funktionen ausüben können.

Zur Zukunftsvision gehört auch das Wissen voneinander,
wobei leider als bekannt gelten muss, dass Polen besser Bescheid wissen über Deutschland und die deutschen Dinge
als wir Deutsche über Polen, die besonderen Verhältnisse in
Schlesien eingeschlossen. Wir müssen als Volk noch lernen,
den Blick als Partner unseres polnischen Nachbarn nach
dem Osten zu richten. Hier ist viel nachzuholen und aufzuarbeiten. Die Stichworte Vorurteile, Ressentiments, tradierte
Hassgefühle, Stereotypen, Nationalismen seien genannt.
Die eine Zeit lang hoch gerühmten deutsch-polnischen
Schulbuchempfehlungen des Jahres 1976 waren pädagogisch
nicht hilfreich, sie tragen überdies eine kommunistische und
nationalistische Handschrift. Hilfreich zur Erarbeitung eines
besseren Verständnisses zwischen unseren beiden Völkern
sind die da und dort gegründeten Schulpartnerschaften.

Hier wäre auch, vom Ansatz her, das deutsch-polnische
Jugendwerk zu nennen. Aber was bringt es, wenn nicht die
deutsche und polnische Sprache im Miteinander gepflegt
und gebraucht wird, sondern dass man es bevorzugt, wegen
der sprachlichen Schwierigkeiten auf das Englische auszuweichen, um sich verständlich zu machen. Allgemein ist es
so, dass weit mehr Polen Deutsch sprechen als Deutsche
Polnisch. Zur Erklärung dieser Tatsache gibt es viele Gründe
und interpretierende Sätze, doch das hilft nicht weiter. Die
Aussiedler, vor allem die so genannten Spätaussiedler, bringen als Deutsche ihr Beherrschen der polnischen Sprache

im unsichtbaren Gepäck mit. Das ist ein großer Gewinn für das Miteinander.

Es ist kein Widerspruch zu dem soeben Gesagten, wenn es um die Pflege des Deutschen als Muttersprache geht und für das Lernen des Deutschen als Muttersprache plädiert wird. Es ist bitter, wenn Repräsentanten der deutschen Minderheit in Schlesien nur unzulänglich die deutsche Muttersprache beherrschen. Über vier Jahrzehnte der Entnationalisierung wirken bis heute nach.

Wird das deutsche Volkstum, wird eine deutsche Minderheit im polnischen Mehrheitsvolk überleben, aus eigener Kraft und einer in die Zukunft projektierten Vision? Die Antworten müssen von den Landsleuten in der Heimat selbst kommen, aber die Landsleute haben das Recht, von den in der Bundesrepublik Deutschland politisch und wirtschaftlich und kulturell Handelnden hilfreich unterstützt zu werden. Voraussetzung ist, dass die Deutschen in der Heimat ernst genommen werden, dass man für sie Verantwortung trägt und Folgerungen daraus herleitet.

Die Vergangenheit sollte schon aus greifbaren Gründen in die Zukunft einbezogen werden, es ist vom Geschichtsbild die Rede. Das Geschichtsbild, das unter dem nationalistisch sich aufführenden Kommunismus verbreitet worden ist, findet sich leider immer wieder in kurz gefassten, auf aktuelle Publizität abgestimmten Faltblättern und Prospekten. Man gewinnt den Eindruck, dass blind all das übernommen worden ist, was gestern »lex suprema« gewesen: Heimholung Schlesiens endlich ins Mutterland, durch fremdbestimmte Herrschaft jahrhundertelang Polen vorenthalten. Man muss sich endlich frei machen von einem zwar lieb gewordenen, aber falschen Geschichtsbild.

Im März 2005 während der Internationalen Tourismus-Börse stand »das Hervorheben der touristischen und kulturellen Attraktionen Schlesiens« im Mittelpunkt des von Polen in Anspruch genommenen Ausstellungsgeländes (übrigens die zweitgrößte Fläche nach dem von uns Deut-

schen belegten Ausstellungsareal). Es fielen gleich zwei wer-
bende Transparente ins Auge, einmal »Bis bald in Polen«,
zum anderen »Bis bald in Schlesien«. Die über die Woje-
wodschaftsgrenzen übergreifende Einheit hieß Schlesien,
dem sich auch die Marschälle der drei regionalen Parlamen-
te Niederschlesien, Oppelner Schlesien, Schlesien unterworfen hatten. In den für Städte, landschaftliche Schönheiten
und Kurangebote ausgelegten Prospekten vermied man in
den deutschen Werbetexten durchweg jegliches aufdringli-
che narrative und falsche Geschichtsbild. Aber es galt offensichtlich das Prinzip, die Orte nur polnisch zu bezeichnen,
also entsprechend der polnischen Landessprache, aber da
man doch in Deutschland als einem Land potenzieller Touristen warb, hätte es nahe gelegen, sich grundsätzlich der
deutschen Ortsnamen zu bedienen. In den Texten fand sich
dann da und dort die deutsche Bezeichnung in Klammern
einmal mitgenannt. Ein Beispiel sei herausgegriffen: ein
Stand warb für Świeradów Zdrój. Frage: Welcher Ort kann
darunter verstanden werden? Sicher eins der schlesischen
Bäder, denn Zdrój ist das Wort für Bad, wie man inzwischen
gelernt hat. Es stellt sich dann nach mehreren Nachfragen
heraus, dass hier für Bad Flinsberg im Isergebirge, unweit
Bad Warmbrunn im Riesengebirge, geworben werden soll.

Bei den Kulturbauten werden Kirchen und Klöster genannt, so will es die Werbung, aber deutsche Kulturstätten
und Berühmtheiten bleiben ungenannt. Das ist leider ein
absichtliches Vergessen. Die Reise nach Schlesien, um der
Heimat wieder zu begegnen, unternehmen immer weniger
Touristen, das ist bedingt durch das Alter der heimwehkran-
ken Reisenden. Darum gesteigerte Werbung, was verständlich und nur zu begrüßen ist, für Schlesien als Reiseland.
Auch und gerade das ist eine Zukunftsperspektive, Schlesien, auch ohne jede Bindung an ein Herkommen aus schlesischer Wurzel, als ein schönes, liebenswertes Land mit einer
reichen deutschen Kultur aus der Vergangenheit persönlich
kennen zu lernen. Man kann das Wort, mit einem freundli-

chen Fragezeichen versehen, hören: Bekanntlich ist Südtirol ein beliebtes Reiseland der Deutschen, warum sollte nicht Schlesien ein beliebtes Reiseland der Deutschen werden? Schlesien ist reich an Bädern, von Altheide in der Grafschaft Glatz bis Ziegenhals in Oberschlesien, und es fallen einem gleich Landeck, Reinerz und Kudowa, das sogar seinen Namen behalten durfte, Salzbrunn, mit dem Namen Gerhart Hauptmanns verbunden, weil er hier geboren wurde, und Charlottenbrunn im Waldenburger Bergland, Bad Warmbrunn im Riesengebirge und das schon genannte Bad Flinsberg im Isergebirge ein. Um auch wirklich Badekuren zu machen, bedarf es wohl noch im Augenblick des Zutuns der Versicherungen. Zum Wandern und zum Wintersport laden das Riesengebirge und die Beskiden ein. Der polnische Tourismus setzt auf seine Angebote, und uns Deutschen bietet sich Schlesien zum wiederholten Besuch und zum ersten Kennenlernen an. Ein optimistischer Blick in die Zukunft ist erlaubt. Sprachlich tut sich das gerade genannte Südtirol mit der deutschen Sprache leichter als heute Schlesien, wo jetzt das Polnische die Landessprache ist, aber dank des Kontinentalklimas seien die heißen Sommer und die schneereichen Winter in die Erinnerung gerufen und als Offerte genannt.

Entscheidend ist, unabhängig von den gerade geschilderten Möglichkeiten, Schlesien als Teil der Lebensführung und Lebensplanung nicht allein den Schlesiern, den aus der Heimat Schlesien Vertriebenen zu überlassen und anzuvertrauen, sondern als ein Land mitten in Europa zu erfahren und in die Lebensführung und Lebensplanung als Deutscher, als Europäer mit einzubinden.

Wir lokalisieren dieses Schlesien als Ostdeutschland, als das historische Ostdeutschland, die Polen lokalisieren es als Westpolen. Aber all diesen Begriffen entzieht es sich als etwas ganz Eigenes. Damit ist nicht etwa einem separatistischen Denken und Planen das Wort geredet, wohl aber einer unauslöschlichen Individualität. Die einzelnen Teile Schlesiens, früher hießen die Teile Nieder-, Mittel- und Oberschlesien, dann nur noch Nieder- und Oberschlesien, dieses Schlesien ist eine Einheit. Jetzt besteht Schlesien aus den drei Wojewodschaften, wobei die 1922 nach der Teilung Oberschlesiens von den Polen neu geschaffene Wojewodschaft Schlesien mit Sonderrechten ausgestattet worden war. Aber ein Auseinanderdriften ist bis heute abgewehrt, zumindest aufgehalten und eingedämmt worden. Darum kann und muss stets ganz Schlesien als ein in sich ruhendes Land, ob von Berlin oder Warschau aus, gesehen, beurteilt und als Aufgabe für morgen verstanden werden. Das heißt, ohne dass es eine eingrenzende Verengung geben darf, Schlesien Zukunft geben.

Was sagt Warschau?

Die erste Meldung in den 20-Uhr-Nachrichten über das
Deutschlandtreffen der Schlesier, welche die ARD aus Warschau verbreitete, war das Urteil des polnischen Kommenta-
tors Ryszard Wojna. Ein beflissener kommunistischer Ge-
folgsmann mit besten Deutschkenntnissen. So urteilt Warschau, und das war die kommunistische Polnische Arbeiter-
partei. Erst nach diesem Zitat, welches Ryszard Wojna stellvertretend für ganz Polen zu Protokoll gegeben hatte, wurde
über das Deutschlandtreffen der Schlesier, Teilnehmerzahl
und Redner als Nachricht berichtet. Man musste nur zu berechtigt danach fragen: Warum erhält ein polnischer und
dazu noch kommunistisch ausgerichteter Kommentator als
Erster das Wort über ein Ereignis wie das Deutschlandtreffen
der Schlesier, genießt Warschau das Vorfahrtrecht in Fragen,
die uns als Deutsche zuerst angehen und betreffen? Um die
Nachrichtenfolge im Auge zu behalten, erst am nächsten
Tag wurden Stellungnahmen deutscher Politiker verbreitet.
Warum in der binnendeutschen Nachrichtenvermittlung so
verfahren worden ist, bestimmt nicht verfahren werden
musste, bleibt eine offene Frage. So geschehen während des
Kalten Krieges.

Aber so viel anders sieht es heute zwischen dem freien
Deutschland und dem freien Polen nicht aus. Das Urteil aus
Polen hat immer noch Vorfahrt, wenn es auch gottlob kein
kommunistisches mehr ist. Selbstverständlich sollten und
müssen wir zur Kenntnis nehmen, welche Kräfte in Polen
das Sagen haben, politisch handeln und urteilen. Wenn damit gesagt wird, dass uns die Stimmen unseres polnischen
Nachbarn nicht gleichgültig sein dürfen, ist aber daraus

nicht zwangsnotwendig die Konsequenz zu ziehen: zuerst
das Urteil in Warschau einholen, bevor deutscherseits Entscheidungen getroffen werden.

Ein Beispiel aus der jüngsten Zeit. Wir Deutsche, genauer
gesagt der Bund der Vertriebenen mit den Landsmannschaften als Stiftung, planen ein »Zentrum gegen Vertreibungen«.
Daraufhin tönen heftige und sich laut Gehör verschaffende
Stimmen in Polen. Man meldet, dass angeblich in Polen
Ängste geweckt würden, die Deutschen könnten die Geschichte umschreiben, um nicht nur Täter gewesen zu sein,
eine bekannte und immer wieder tradierte Stereotype, sich
die Rolle eines Opfers anmaßen wollen. Die Feststellung
vom Deutschen als Täter gehört zum Geschichtsbild hüben
und drüben, aber dass in dieses Geschichtsbild auch die Vertreibung mit einbezogen werden sollte und muss, die Deutschen als Opfer, das soll und darf in das Geschichtsbild der
Polen offenbar nicht eingefügt werden.

Was tun? Den Polen ist ein derartiges Geschichtsbild
nicht zuzumuten. Wir Deutsche müssen auf polnische Ängste und Besorgnisse Rücksicht nehmen, haben darauf wohl-
wollend und heilsam einzugehen, zu reagieren. Zudem muss
auch, selbstredend, von einem Standort eines solchen »Zentrums gegen Vertreibungen« in Berlin Abstand genommen
werden, zumal sogar der frühere polnische Außenminister
Wladyslaw Bartoszewski seine Stimme gegen diesen Standort
in Berlin als einstige Hauptstadt Preußens erhoben hat. Die
Mehrheitsparteien im 15. Deutschen Bundestag beschlossen
daraufhin, dass ein derartiges Zentrum keine Sache nur der
Deutschen sein dürfe, sondern dass, wenn schon ein »Zentrum gegen Vertreibungen« errichtet werden sollte, dies nur
unter der Fahne Europa geschehen dürfe. Es sei dem Bund
der Vertriebenen, der sie von der Vertreibung betroffenen
Deutschen politisch repräsentiert, aus der Hand zu nehmen.
Die Bundesregierung unter Gerhard Schröder begann auch
gleich zu handeln und erfand ein »Netzwerk Erinnerung
und Solidarität« mit Sitz in Warschau.

Als im Wahlprogramm der CDU/CSU für die vorgezogene Bundestagswahl am 18. September 2005 der Satz zu lesen war, dass man sich mit dem Projekt »Zentrum gegen Vertreibungen« identifiziere, setzten gleich unüberhörbar Proteste des seinerzeit aussichtsreichen Kandidaten der regierenden Postkommunisten SLD, Wlodzimerz Cimoszewicz, und der Partei »Recht und Gerechtigkeit« mit Lech Kachynski, dem Spitzenkandidaten, ein. Der eine erklärte: »Wir fürchten, dass dieses Projekt zu dem Versuch führen könnte, die Darstellung der Geschichte des 20. Jahrhunderts zu verändern.« Und der Kandidat der rechtskonservativen Partei »Recht und Gerechtigkeit« formulierte: »Diese Entscheidung der CDU/CSU ist falsch – und sie stellt ein falsches Bild von der Geschichte des 20. Jahrhunderts dar.«

Bis in die Deutsche Bischofskonferenz hinein war die polnische Stimme soufflierend zu hören. Kardinal Karl Lehmann verkündete für die in Fulda versammelten deutschen Bischöfe, dass dieses »Zentrum gegen Vertreibungen« kein deutsches Zentrum sein und nur als europäische Gemeinschaftsleistung in Angriff genommen werden dürfe. Schon zuvor hatte der Berliner Kardinal Georg Sterzyniski gegen ein von den Deutschen initiiertes Projekt protestierend seine Stimme erhoben, denn ihm fehlt die Wahrhaftigkeit des Bekenntnisses zur Versöhnung. Selbstverständlich hat auch der Vertreter des polnischen Episkopats, Erzbischof Jozef Michalik, vor einem deutschen Projekt gewarnt und bereitwillig dem kirchlichen deutschen Standpunkt seine uneingeschränkte Zustimmung vermittelt.

Wir Deutsche nehmen polnische Anmerkungen und polnische Kritik nicht nur bitterernst, sondern handeln dementsprechend, um unserem polnischen Nachbarn zu Gefallen zu sein.

Unser Verhältnis zu Polen steht noch immer, auch 60 Jahre nach Kriegsende, unter den Ereignissen zwischen 1939 und 1945. Das wirkt sich auch darin aus, dass wir uns in der Politik und Publizistik bemühen, zurückhaltend, schonend, wegschauend mit Polen umzugehen. Ein Teil dessen liegt allerdings auch daran, dass wir ohnehin über unseren größten Nachbarn im Osten zu wenig, geradezu kaum etwas erfahren. In einem Schlesien-Seminar in Oberschlesien wurde erst kürzlich Klage darüber geführt, dass »man uns als deutsche Minderheit in Polen in den deutschen Medien totschweigt«, immerhin die größte deutsche Minderheit jenseits unserer Grenzen. Aber nachweislich auch über die polnische Innenpolitik zu berichten, wird nicht für geboten erachtet. Es hatte seine Gründe, dass die polnische Regierung am 25. September 2005 abgewählt wurde. Über den wachsenden Nationalismus im Lande ist nichts zu erfahren. Warum fällt Polen in den Nationalismus während der Zeit zwischen den Kriegen und unter dem Kommunismus, der sich des Nationalismus bediente, zurück? Nationalistische Ausfälle gegenüber der deutschen Minderheit sind für unsere Medien tabu.

Tabu ist leider auch der vom Orden der Redemptoristen in Polen betriebene Rundfunksender »Maryja«. Dieser Sender zeichnet sich nicht nur durch streng katholisch ausgerichtete Sendungen aus, sondern zugleich durch antisemitische, antideutsche, antieuropäische, fremdenfeindliche Sendungen. Man stelle sich übrigens einmal vor, ein derartiger Sender, immerhin sollen ihm über vier Millionen in Polen, also über zehn Prozent der Bevölkerung, regelmäßig zuhören, stünde in Deutschland, statt antideutsch antipolnisch ausgerichtet, mit nur zu berechtigten Protesten würde Polen trommeln. Aber im Falle Polens wird all das brav verschwiegen, was sich in Polen tut. Die künftige Regierungspartei, »Recht und Gerechtigkeit«, nachdem sie die Mehrheit der Parlamentssitze und die Präsidentenwahl gewonnen hat, genießt die wahlentscheidende Unterstützung dieses Senders. Verwunderlich und nicht zu verstehen ist zugleich, dass die so mächtige Stimme der katholischen Kirche in diesem überwiegend katholischen Land mit einer schrankenlosen Toleranz all das hinnimmt. Bevor man an einem deut-

schen »Zentrum gegen Vertreibungen« Anstoß nimmt und
es als Ärgernis empfindet, schweigt man (aus Rücksichtnahme?) zu den Hetztiraden eines katholischen Senders, denn
als solcher versteht er sich!

Unter Politikern gegensätzlicher Meinung und Standpunkte gilt das Wort, dass man gut daran tue, in Augenhöhe miteinander zu sprechen, zu verhandeln, zu wirken. Diese gleiche Augenhöhe zwischen Deutschen und Polen besteht auf
vielen Feldern noch nicht, vor allem in Politik und Publizistik
leider immer noch nicht. Wir beugen uns polnischen Urteilen
im Voraus, bevor wir Entscheidungen treffen, wir nehmen
schweigend Rücksicht auf offensichtliche Missstände im
Nachbarland. Das heißt, wir gehen nicht ehrlich miteinander
um. Und es gibt viele genug, die das für richtig, ja für notwendig erachten. Eine »deutsch-polnische Erbfeindschaft«
darf es ebenso wenig geben, wie wir es geschafft haben, die
»deutsch-französische Erbfeindschaft« in den Orkus der Geschichte zu verbannen. Aber Ehrlichkeit im Umgang miteinander ist das Gebot. Es wächst die dritte Nachkriegsgeneration heran, vielleicht und hoffentlich schafft es diese.

»Zur Nachbarschaft verurteilt«, dieses Wort fand sich
jüngst in einem Buch über das deutsch-polnische Verhältnis.
Wer hat dieses Urteil gesprochen? Deutsche und Polen ist
das Gegebene, darum das Wort von der »ewigen deutsch-
polnischen Nachbarschaft«. Diese Realität ist unumstößlich,
Herausforderung und Aufgabe zugleich. Vorauseilender Ge-
horsam aus Gründen der Gefälligkeit ist jedoch ein schlech-
ter Umgang mit der Geschichte.

Einerseits Barbarei, andererseits Tragödie

In der Buchbesprechung des Erinnerungsbandes von Wladislaw Bartoszewski, nach der Wende von 1989 zweimal Außenminister der Republik Polen, Titel »Und reiß uns den Hass aus der Seele«, schreibt der inzwischen emeritierte Inhaber des Lehrstuhls für Politische Wissenschaften an der Bonner Universität: »Wie schwierig und dornenreich dieses Unterfangen der Aussöhnung zwischen Polen und Deutschen nach dem Zweiten Weltkrieg – das heißt nach dem Ende der nationalsozialistischen Barbarei in Polen und der Tragödie von Flucht und Vertreibung von Millionen Deutschen aus ihrer angestammten Heimat – gewesen ist, hat Bartoszewski immer offen bekannt.« Das Wort »barbarisch«, stellvertretend für grausam, unmenschlich gewählt, trifft, und da gibt es keine Nuancierungen, für die Entfesselung des Zweiten Weltkriegs und die folgenden Brutalitäten zu. Aber war nicht auch das, was 1945 und danach geschehen ist, barbarisch? Warum wird jetzt, wenn die Vertreibung aufgerufen wird, im geläufigen Deutsch nur von einer »Tragödie« gesprochen?

Im allgemeinen Sprachgebrauch wird für bedeutende Werke des Theaters, aus dem Griechischen hergeleitet, Wort und Begriff »Tragödie« gesetzt. Tragödie bedeutet Schicksalsschlag und Unglück, und es gibt im täglichen Leben den tragischen Unfall und Tod. Tragödie benennt Leidende, zu Unrecht Getroffene. Das Wort barbarisch will wohl begründet Handelnde, Schuldige treffen, das Wort Tragödie beschreibt das Leid des Erduldens. Aktives Handeln dort, vom Leid und Schicksal getroffen hier. »Barbarisch« konkretisiert schuldig Handelnde, wenn diese Schuldigen auch zunächst anonym bleiben. »Tragödie« bezeichnet etwas, was wir als Menschen dieser Erde hinzunehmen haben, etwas Irrationales, Schicksalsschläge, die einen leider treffen, so genannte Betriebsunfälle eines Lebenslaufs.

Darum Widerspruch, wenn einmal von barbarischem Handeln gesprochen wird, und das geht leider auch in Ordnung, das andere Mal aber die Bezeichnung der Barbarei bewusst vermieden wird, als gehöre es sich nicht, die Vertreibung der Menschen gleichfalls barbarisch nennen zu dürfen. Es ist eine Beleidigung der Vertriebenen, wenn die Vertreibung nicht barbarisch genannt werden darf, sondern nur in einer Schönschrift der Gefälligkeit eine schicksalhafte Tragödie gewesen sein soll.

Offensichtlich will der Rezensent als Wissenschaftler das polnische Selbstverständnis nicht lädieren oder gar infrage stellen. Dies geschieht aber mit dem Mittel der Unehrlichkeit, in einer Art von Appeasement, indem man sich bereitwillig und gerne anpasst. Das war schon so, übrigens bei ebendiesem Politologen, als es in den 70er-Jahren um die deutsch-polnische Schulbuchempfehlungen gegangen war. Die beflissen benutzte Schönschrift, indem man die Bezeichnung barbarisch nur für die Verbrechen der Nationalsozialisten benutzt, aber für die Nationalisten in unserem Nachbarvolk ausspart, sobald es um die Vertreibung der Deutschen geht. Es ist die falsche Antwort auf die Fakten der Geschichte. Diese können und dürfen nicht wegretuschiert werden.

Erstaunlich ist, dass immer wieder neue Versuche unternommen werden, für die Vertreibung Ersatzwörter zu finden und in Umlauf zu setzen. Die Vertreibung kann zwar nicht als tatsächlich geschehen infrage gestellt werden, aber zum anderen will man, sollte man der anderen Seite, Polen und Tschechen, entgegenkommen und das Wort Vertreibung meiden. In der Abwertung und Verwerfung des Wortes Vertreibung war sogar jüngst zu hören, auf die Vertreibung der Sudetendeutschen bezogen, dass der Ausdruck »Odsun«, auf

Deutsch »Abschiebung«, der bessere Ausdruck ist, denn im Wort Vertreibung stecke etwas Hasserfülltes. Das in Warschau geplante »Netzwerk Erinnerung und Solidarität« spart das Wort Vertreibung sogar gänzlich aus.

Um sich nicht schuldig sprechen zu lassen, dass man die Vertreibung bewusst ausgrenze, hat man schnell einen neuen Begriff erfunden: »Zwangsemigration«. Wäre das die richtige Nennung für das, was 1945 und danach mit den Deutschen geschehen ist, müsste der Bund der Vertriebenen schleunigst seinen Namen ändern und sich nunmehr Bund der Zwangsemigranten nennen!

Migration ist ein Begriff der Soziologie. Der Wechsel des Arbeitsorts, das Überschreiten der Grenzen aus Gründen der Sicherung des Arbeitsplatzes, wird mit diesem Wort bezeichnet. Jetzt soll mit dem Zusatz Zwang von Migration die Rede sein. Trotz der Verbindung von Migration, gleich Wanderung, mit Zwang kann diese Zwangsmigration das Ereignis und Verbrechen der Vertreibung nicht ersetzen oder gar als zuverlässige Bezeichnung hingenommen werden.

Selbstverständlich ist danach zu fragen: Warum musste dieser Ausdruck von einer Zwangswanderung überhaupt erfunden werden? Die Antwort fällt leider schnell: Das Wort Vertreibung wird von unseren polnischen und tschechischen Nachbarn nicht akzeptiert, denn eine Vertreibung der Deutschen aus ihrer Heimat habe es doch nicht gegeben, zumal diese sich dann als Opfer einer Vertreibung bezeichnen würden und Schuldige anzuklagen wären. Migration klinge doch ganz soziologisch und unverbindlich, und der Zusatz eines Zwanges, der bestanden haben soll, ist bereits ein freiwilliges Zugeständnis für unsere Beteiligung an diesem Geschehen einer Wanderung. Die jüngsten Nachrichten stellen bereits eine Wanderausstellung »Zwangsmigration im europäischen Kontext« in Aussicht!

Deutscherseits wurde von den Initiatoren der Warschauer Institution eines europäischen Netzwerks versichert, dass man sich dank des Begriffs von der Zwangsmigration davon befreit habe, das Geschehen jener Jahre nach Kriegsende »national verengt« zu sehen.

Weder Schönschrift noch Verdunkelung durch Begriffe aus der Retorte vermögen auszulöschen, was geschehen ist: das Verbrechen der Vertreibung. Die immer wieder und von neuem bemühte Wortakrobatik wird es nicht erreichen, das geschehene Unrecht der Vertreibung zu leugnen. Gemeinsam müssen wir darauf achten, dass sich Vertreibungen nicht wiederholen, indem wir die Vertreibung des 20. Jahrhunderts ächten und damit überhaupt gegen jede Art von Vertreibung Position beziehen. Voraussetzung, Wort und Begriff Vertreibung nicht in beschämender Weise zu beschönigen oder gar ganz zu ersetzen, aus einer wie auch immer zu begründenden Rücksichtnahme.

Schlesien kennt kein Amen

»Schlesien lebt«, so lautete 1957 das Motto des Deutschland-treffens der Schlesier in Stuttgart. Aber das Wort war bereits im Umlauf, als sich die aus der Heimat vertriebenen Schlesier in der Diaspora, in der Zerstreuung, in der sie nun leben mussten, wieder zusammenfanden und sich zusammenschlossen. Die Heimat Schlesien sollte auch jetzt in der Ferne und Fremde leben, Schlesien musste überleben, Schlesien durfte nicht untergehen. Das war zunächst nur Vision und Hoffnung.

Heute wissen wir es klarer und überzeugender, Schlesien existiert, kann gar nicht untergehen. Schon geografisch besteht es ohnehin fort. Aber auch politisch, wirtschaftlich, kulturell ist es Gegenwart.

Gern vergleicht man Schlesien mit einem Eichenblatt, mit der Oder als der Mitte dieses Blattes, und die vielen Neben-flüsse rechts und links der Oder – früher seit der Schulzeit immer der Reihe nach auswendig vorgetragen – sind in diesem Eichenblatt die Seitenrippen. Schlesien ist ein offenes Land gen Süden, Osten und Norden, im Westen begrenzt durch den Gebirgszug der Sudeten, vom Iser- und Riesengebirge bis zu den oberschlesischen Beskiden. Nahezu in der Mitte des Landes ist Breslau die Metropole. Reiches Kohleland und fruchtbares, ertragreiches Agrarland, so lautet die Stereotype, heute allerdings nicht mehr ganz stimmig.

700 Jahre deutsche Geschichte, 60 Jahre polnische Gegenwart, das ist die eine gegenwartsbezogene Kurzformel. Während der deutschen Geschichte Schlesiens wechselnde Souveränitäten und Richtpunkte, im überraschenden Gleichmaß von jeweils zwei Jahrhunderten: Prag, Wien und Berlin, die

staatlich bestimmenden Souveränitäten Böhmen, Österreich, Preußen. Heute heißt der Richtpunkt Warschau.

Schon administrativ hat sich Schlesien trotz des Umbruchs von 1945 behauptet, auch wenn es bis zur Neufestlegung der Wojewodschaften 1999 einige Verwerfungen gegeben hat, eine Aufteilung des Landes in ortsbezogene Bezirke, vergleichbar der Gliederung seinerzeit in der DDR.

Zum Bestand der Bundesrepublik Deutschland, wie sie nach der Wende unter Einschluss der fünf alten Länder, aber nunmehr neuen Bundesländer besteht, gehört ein Zipfel Schlesien, mit Görlitz als Hauptstadt der schlesischen Oberlausitz.

Aber sagen nicht viele bei uns im Lande, Schlesien gibt es nicht mehr, Schlesien war einmal, Schlesien ist als deutsches Schlesien gestorben? Es ist jetzt auch politisch entschieden, völkerrechtlich ist Schlesien, mit Ausnahme des Zipfels rings um Görlitz, Teil Polens und dessen Souveränität unterstellt.

Verschiedene, sogar gegensätzliche Standpunkte fundieren dieses Urteil von »Schlesien, es war einmal«. Die einen begründen ihr Urteil politisch und gegenwartsbezogen. Schlesien ist, um es deutlich zu sagen, politisch abgehakt. Warum die Beschwörung einer nicht wieder herzustellenden Vergangenheit? Die vertriebenen Schlesier mögen zwar ein Unrechtsbewusstsein haben und von dem Heimweh sprechen, aber das ist dann mit der nächsten und übernächsten Generation zu Ende.

Unter den unmittelbar von der Vertreibung und ihren Folgen Betroffenen herrscht der Blick zurück vor, man möchte am liebsten alles verdrängen, was die Gegenwart betrifft. Ein jetzt polnisches Schlesien ist zwar eine Tatsache, aber diese Tatsache verurteilt man nicht nur, sondern nimmt sie erst gar nicht zur Kenntnis. Die Verurteilung des Unrechts und der Blick zurück obsiegen. Dies kann dann so weit gehen, dass leidenschaftlich gestritten wird, zwischen deutschen Schlesiern und polnischen Schlesiern in der Gegenwart zu unterscheiden. Aber es gibt heute sowohl deutsche als auch polnische Schlesier. Übrigens verbindet beide ein gewisses

Trotzgefühl gegenüber der zentralistisch regierenden Hauptstadt, bis 1945 der deutschen Schlesier gegenüber Berlin,
heute der polnischen Schlesier gegenüber Warschau.

Wie lebendig das Land und der Begriff Schlesien ist,
machte jüngst der polnische Tourismus während der »Internationalen Tourismus-Börse« in Berlin deutlich, denn das
Motto für die Werbung lautete »Bis bald in Schlesien«.
Selbstverständlich steckt dahinter die kommerzielle, durchaus verständliche Absicht, den so genannten Heimwehtourismus der vertriebenen Schlesier durch die Offerte dieses
Landes Schlesien für den begehrten Tourismus zu ergänzen,
besser gesagt zu ersetzen. In diesem Angebot kommt übrigens Niederschlesien, was verständlich ist, am besten weg.

Dass dieses Schlesien etwas Besonderes, Eigenes ist, hat
Hans Poelzig, einer der bedeutendsten Architekten Deutschlands während des 20. Jahrhunderts, in seinen Erinnerungen,
als er, der Berliner, von 1903 bis 1916 in Breslau wirkte, so
beschrieben: »Schlesien ist ein Land, hat jedenfalls den Ty-
pus eines Landes, nicht einer Provinz. Der Weg von Berlin
nach Schlesien ist weit länger, als die Bahnstunden es ausdrücken. Man fährt durch Breslau oder Schlesien – innerhalb Deutschlands – nicht hindurch, sondern man fährt
hin ...«

Man muss sich erst gar nicht bemühen, Schlesien zu vergegenwärtigen, Schlesien existiert als geistiger Nährboden
und dank seiner kulturellen Bedeutung, gerade auch mit
dem Blick in die Vergangenheit, aber die Gegenwart will
dem nicht nachstehen. Das Wort für Schlesien heißt Präsens. Es gab gerade auch von polnischen Parlamentariern
spontane Zustimmung, als das Motto des Deutschlandtref-
fens der Schlesier 2005 in Nürnberg verkündet wurde:
»Schlesien in der Mitte Europas«. Zu Schlesien gibt es keinen Schlusspunkt, nicht das Amen, mit dem Gottesdienst,
Predigt und Gebet schließen. Schlesien kennt kein Amen.

Bitte beachten Sie
die folgenden Seiten

Herbert Reinoß (Hrsg.)
Es gab kein Zurück

*Literarische Augenzeugenberichte der
verlorenen Heimat*

Bekannte Autoren und prominente Persönlichkeiten erzählen in dieser einfühlsamen
Anthologie von ihren schmerzlichen Erlebnis-
sen und Schicksalen während der Vertreibung
1946. Es war für sie wie auch für Millionen
andere ein Abschied von einem vertrauten
Ort, wo sie ihre Kindheit, ihre Jugend und
auch oft ein ganzes Leben verbracht hatten.

Ihre Erinnerungen ergeben ein Gesamtbild
jener Zeit – ohne Anklage –, die niemanden
unversehrt ließ. Und doch erzählen sie auch
von der Kraft der Menschen, die diese Katas-
trophe überstanden haben und den Willen
zum Weiterleben fanden.

280 Seiten, ISBN 3-7844-3046-5
LangenMüller

Lesetipp

BUCHVERLAGE
LANGENMÜLLER HERBIG NYMPHENBURGER
WWW.HERBIG.NET

Herbert Reinoß (Hrsg.)
Letzte Tage in Ostpreußen

Erinnerungen an Flucht und Vertreibung

Flüchtlinge und Heimatvertriebene aus Ostpreußen erzählen von ihren letzten schmerzlichen Tagen in der Heimat – damals, als
Hundertausende leidvoll die Rechnung des
verlorenen Krieges bezahlen mussten. Noch
heute liest man Berichte derer, die damals
vergewaltigt, nach Russland verschleppt
oder nach der völligen Ausraubung aus ihrer
Heimat vertrieben wurden, mit tiefer Er-
schütterung.

Viele Ostpreußen werden in den Erinnerungen dieses Buches ihre eigenen Erfahrungen wiedererkennen, denn die Berichte sum-
mieren sich zu einem Gesamtbild einer Zeit,
die kaum jemand unversehrt ließ.

336 Seiten, ISBN 3-7844-2868-1
LangenMüller

BUCHVERLAGE
LANGENMÜLLER HERBIG NYMPHENBURGER
WWW.HERBIG.NET

Ulrich Schacht (Hrsg.)
Letzte Tage in Mecklenburg

Erinnerungen an das Kriegsende in Mecklenburg

Mag Mecklenburg auch von den schlimmsten Schrecken des Krieges und der Vertreibung verschont geblieben sein, so gab es doch durch den unerbittlichen Druck einer brutalen Diktatur einen stetigen Strom von Menschen, die um der Freiheit willen den Verlust ihrer Heimat auf sich nahmen und »letzte Tage in Mecklenburg« erlebten und erlitten.

Ulrich Schacht hat viele bewegende Erinnerungen Brandenburg – u. a. von Uwe Johnson und Walter Kempowski – an das Land zwischen Ostsee und Mark gesammelt und in diesem Band zusammengefasst.

284 Seiten, ISBN 3-7844-2867-3
LangenMüller

Lesetipp

BUCHVERLAGE
LANGENMÜLLER HERBIG NYMPHENBURGER
WWW.HERBIG.NET